文明と文化の思想

松宮秀治

白水社

文明と文化の思想

目次

装丁　三木俊一（文京図案室）

序章　人間が世界の支配者へ

「文明」「文化」というふたつの概念は西欧近代がそのプログラムを始動させるため、はじめは怖ず怖ずながら、次第に明確な確信をもって提示した革命的な価値観念であった。「文明」「文化」の両概念が共に革命的であるのは、両概念が人類史上初めて伝統社会のすべての価値体系を見直し、それまで存在しなかった価値体系を創出するために案出された画期的な思想を表明する概念だったからである。

「文明」「文化」の両概念がもつ画期的な思想とは、人間が世界の支配者、主導者、管理者になるべきであるという考えである。今日のわれわれからすればそのようなことはあまりにも当然すぎて、改めて強調されること自体が不思議に思われるが、歴史的に見ればこの考えこそが他のいかなる思想よりも革命的なものであった。なぜなら西欧の「近代」社会以外に、世界が人間によって変革できるとも、また人間によって支配され主導されうるものと考えた時代も民族も存在しなかったからである。西欧近代以前において人間は神の被造物であって、主体的な意志で世界の進行に参与しうる存在ではなく、近代以前の西欧キリスト教時代にあっては人間の自由意志という概念自体が存在しなかった。

したがって「文明」「文化」が、人間の主体的関与によって世界が変革され、支配され、主導されうるという前提で成立しうる概念であるとすれば、それは人間が神に代わって、世界の新たな形成主体となることを意味するのである。神に代わって人間が世界の形成主体となるということは、人間が世界の新たな創造者となることである。人間が世界の新たな創造者となるということは、人間が神を殺し、葬送し、鎮魂の儀式を行なうことであり、人間が「世界史」の設計者となることで「普遍史」としての神の世界設計を無化し、人間が主体となる「世界」を新たに設計していくことである。

この意味で「文明」「文化」とは、人間の行動すべてを神の意志とは無縁な、人間の主体的意志の産物とみなそうとする思想のプログラム設定のために案出された概念である。西欧近代以前のどの世界もまたどの時代も、神や超越者という絶対者の意志を超えるいかなる世界を想像することさえできなかった。つまり、そこでは世界の進行、人間の運命はすべて神の御心や天命といった超越者の意志のなかで決定され、予定されたものとして、人間の主体的意志とは無関係なものとされていた。「歴史」とは神の摂理、恩寵のなかで予定調和的に決定された時間の進行のことであって、人間の主体的意志が関与する余地のないものであった。「歴史」が人間の主体的意志の産物とされるためには、神や超越者という絶対者の関与を排除する機能を始動させうる「文明」「文化」という概念の創出が必要であった。

文明と文化の区分

「文明」は進歩の観念と結合して人間が生み出す技術的、科学的成果という方向をとりながら、人間社会の物質的豊かさを促進させる価値の総称として伝統社会の宗教的価値に代わる価値観念体系となっていく。それに対して「文化」は人間の精神的、内面的な成果とより多く結びつく方向で、人間の道徳的向上、人間性（フマニテート、ヒューマニティ）の増進、情緒的豊かさ、知的向上、教養の拡大を目指す人間的諸活動の成果全体を意味する概念となっていく。

だが「文明」と「文化」は辞書的な説明のように、前者は外面的な技術や科学的な成果、後者は内面的な精神的、人間的な成果と截然と区分してしまうべきではなく、むしろ両者を相互補完的で、意味の互換性をもつ概念と捉えるのがより適切である。今日の一般的な語の用法では、「文明」は進歩主義の観念とされ、「文化」は保守主義的で、歴史主義的な観念とされ、その概念区分もかなり明確になってきているように思われるが、往々にしてそう考えられているような対立概念ではなく、その歴史的な用法から見てもそれは相互補完的な概念であると同時に、つい近年までは意味が複合し、用語上でも意味の互換可能性をもつもので、明確な概念区分が困難な語であった。

一八世紀にはほぼ同義的で、また相互補完的で、意味の互換性をもっていた「文明」と「文化」が、一九世紀末から二〇世紀初頭、それまでのイギリス・フランスの「文明」の成果が圧倒的に優勢のなかで、「文明」概念が「文化」概念を呑み込んで、文化価値が文明価値に圧倒されると、文明が両概念の代表概念の役割を果たしてくる。われわれにとって最もわかりやすい例を挙げれば、日本の近代化は「文明開化」の標語のもとに、福澤諭吉に代表される「文明」概念が、「文化」概念を内包させ、大正教養主義の出現まで「文化」概念を育成させることがなかったことに相当する。二〇世紀に入ってドイツの「文化」概念の拡大にともなって、「文明」と「文化」は並立概念となりながら、両者は概念混合を加速させ、ほぼ同一概念化と意味の互換可能性を強めていった。

しかし、二〇世紀の科学技術文明の批判拡大にともなって、「文明」がその進歩主義的な側面への信頼を失うことで、保守主義的で、歴史主義的な「文化」の内面的・精神的な側面との対立が顕在化してくるようになる。それによって両概念は概念分化がはじまるが、その概念分化は必ずしも概念対立に至るものではない。

それにもかかわらず、「文明」と「文化」が成立当初から対立概念であるという印象を拡大させてしまったのは、一九六九年に出版されたノルベルト・エリアスの『文明化の過程』の影響力に拠るところが大きかった。彼は必要以上に「文明」と「文化」の概念を対立化させ、ドイツの文化概念とイギリス・フランスの文明概念の差異を際立たせようとする。彼の言葉を直接引用すると次のようなものである。

文明化という概念は、民族間の国家の相違をある程度まで後退させる。この概念は、すべての人間に共通であるか、もしくは——この概念の担い手の感情にとって——共通であるものを強調する。国家としての境界と国民としての特性が完全に確定しているために、それらが何百年来もはやとりたてて論じられることのない民族の持つ自意識、ずっと以前から国境を越えて広がり、国境の彼方に植民している民族の自意識がこの概念に表われている。

これに反して文化というドイツ語の概念は、国民の相違、グループの独自性を特に強調する。そして特にこの機能によってこの概念は、たとえば民俗学と人類学の研究領域において、ドイツ語の言語領域とこの概念の根源状態をはるかに越えて意味を獲得した。その根源状態とは、両方の諸民族と比較すると非常に遅れてやっと政治的な統一と安定に達した民族の状態であり、その国境では何百年も前から現在に至るまで、何度も領土がちぎり取られたり取られようとした民族の状態である。

（赤井慧爾訳）

これがいわんとするところは、「文明」とは早くから国民国家意識を育ててきた先進国の国民のもつ自意識で、国境を超えてその自意識を拡大させることで、人類共通の進歩の指標にまで発展させたいとする意識が生み出した概念であるとする。それに対して「文化」は遅れて政治的な統一を達成するか、あるいは政治的な統一達成を得ようとする民族の自意識から生み出された概念で、自己の後進性を「文明」諸国の先進性に対抗させうるだけのものとするため、自国民、自民族、自己の所属する集団やグループの精神的、内面的価値に対する誇りを育てるために案出された概念だというのである。

エリアスのいう「文明」の概念とは、この二、三百年のヨーロッパ社会がそれ以前の社会あるいは同時代の「もっと未開の」社会よりもより進歩したかたちで所有していると信じているものすべてをまとめるためのものである。いうなれば「この概念によってヨーロッパ社会は、その独自性を形成するもの、自分が誇りにしているもの、すなわちその技術の水準、その礼儀作法の種類、その学問上の認識もしくはその世界観の発展などを特徴づけようとする」ものが「文明」という概念のもとに整序させられてきたというのである。

別ないい方をすれば「文明」とは、ヨーロッパ世界が非ヨーロッパ世界に対する優越意識を明確に指標化するための観念体系を支える基礎概念だというのである。そしてこのヨーロッパ世界対非ヨーロッパ世界の対置の構図は、ヨーロッパ内部での先進国と後進国の意識の相違のなかにもち込まれ、その概念使用に大きな差異を生じさせるというのである。さらにエリアス自身の言葉で語ってもらうと次のようになる。

「文明化」はヨーロッパのさまざまな国にとって、同じものを意味するのではない。とりわけ、この語の英語およびフランス語における使用と、ドイツ語における使用との間には大きな相違がある。前者においてこの概念は、ヨーロッパと人類の進歩に対して自国民のもっている意義についての誇りをまとめて表現している。後者、すなわちドイツ語の言語習慣においては、「文明化」は確かに全く有益なものを意味してはいるが、二流の価値を意味しているにすぎない。すなわち人間の外面、人間存在の表面だけを包括するものを意味しているにすぎない。ドイツ語で自分自身を解釈するのに用いられる言葉、自分の業績と自分の本質をまず第一に表現するのに用いられる言葉は、「文化」である。（同前）

要約すれば、「文明」という語と概念は、ヨーロッパ人の優越意識の表明として自己の業績の指標化を目指して概念整備されてきたものであるが、諸国間の意識のズレが語法上の差異を生じさせ、結果としてドイツ人は「文明」に対する語として「文化」を生み出すことになったというのである。いうなれば当初は「文明」が「文化」を包括する概念であったが、ドイツ人が自己の「文化」概念を「文明」の上位概念とすることで、文明と文化の両概念の間に対立が生じ、さらにそれが進んで相互対立、相互対抗概念にまで発展してしまう結果を招いてしまったというのである。

ドイツ語としての「文化」

ではエリアスは「文明」と「文化」の概念対立の発展過程をどのように考えているかといえば、それはこのようなものである。

ドイツ語の「文化」という概念の機能は「文明化」の対立物を意味することであるが、この機能は明らかに一九一九年に、またすでにそれ以前に、再び勢いを取り戻した。それは、「文明化」の名においてドイツに対して戦争が行なわれたためであり、ドイツ人の自意識が、講和条約締結によってつくられた新しい状況に新たに通じなければならなかったからである。しかしまた、こうして戦後のドイツのこの歴史状況の中から、いわばただひとつの新しい衝動が、すでに長い間、すでに十八世紀以来これらの両概念によって表現されてきた対立命題へ流れこんだ、ということも同様に明らかであり、確認されうることである。（同前）

このプロセスをエルンスト・トレルチは『ヨーロッパ精神の構造』（編者ハンス・バロンによる論文集）の第一篇「世界戦争におけるドイツ精神と西欧精神」の第一論文「一九一四年の理念」（一九一四年ドイツ協会における講演、一九一六年）で、次のように説明してくれている。

世界戦争［第一次世界大戦］はまず第一に、往々にして荘重な超理想主義者が欲しているような、精神及び文化対立の戦争では全くない。世界戦争は、若干の強国への地球の分割と、ドイツの競争を抑圧しようとする要求から生じた、帝国主義的世界緊張の結果なのである。

勢力［帝国主義的な勢力拡張］と生活［生存競争］とを賭けていたのであって、そのほかは一物も賭けてはいなかった。なかんずくわれわれ自身は、最初はそのように感じていた。なぜなら、問題になっていたのはわれわれの生存で、他人の生存ではないからだ。敵もひたすら道徳的に有効な戦争の合言葉を欲し、ドイツ精神自体に対する戦いはなんら欲しなかった。それどころか、政治的没我の場合にはある承認をドイツ精神に拒もうとはしなかったのである。けれども生存闘争において は、生活と一緒に精神も問題となった。男という男、女という女をすべて役立たせた自己防御は、己が故国に対する、故郷に対する、己が長所の制限のうちにたしかに存する己が本質に対する情熱的な愛を喚起した。従来の日常の仕事の表面下におかれ、戦争において最後の深みと力とをえようとした。われわれ自身の自己を把握しようとする熱望が、全国民を満たし、われわれの敵の公訴状によって増大した。敵はわれわれの最初の成功に対して彼らの戦争の合言葉をいち早く継続して全近代ドイツ精神を追放しようとし、誹謗、非難、戯画を雨あられとわれわれの上にふり注いだ。自己［本来］帝国主義的な権力戦争だったものは、かくして精神及び性格の戦争となっていった。自己把握はただちにそれ自身でも反抗や精神力の手段と化し、かかる力に充満して、ドイツ民族は限りない反抗力をえたのである。

（西村貞二訳。カッコ内は引用者による）


この一文はエリアスの「文明」と「文化」の根源的対立性という観念を修正し、両概念の対立が歴史の特定の段階での人為的な誘導であったことを明らかにしてくれる。トレルチによれば、その対立は人間の生存闘争が国家間の戦争という一大事件にまで追い込まれたとき、国民的な意識統合のためにイデオロギー的に誘導された結果であるということになる。戦争とは「往々にして荘重な超理想主義者が欲しているような、精神及び文化対立」などではない。いいかえればそれは先進国イギリス・フランスの「文明」と後進国ドイツの「文化」の闘いではなかったのである。ところが戦争のみならず、それらがいかなる小さな私闘であっても、闘争の持続化や長期化のなかで、自己の正当性の合言葉や標語化がなされ、自己の正義と相手の不正や非道が常態化される。つまり、トレルチによれば、英仏の「文明」に対するドイツの「文化」はこの文脈の中ではじめて対立的なものとなり、その対立にひとつの思想的な意味を見い出そうとする動向が始動したというのである。

論が進みすぎてしまったので元に戻せば、「文明」と「文化」はそもそも対立概念なのか、それとも同一の意味が別の言葉で現われた同義概念なのか、あるいはきわめて近似した概念であり、対立というよりは相互補完概念なのかというのが出発点にあった問題である。本書は「文明」と「文化」をあまりにも対立概念化してしまう考え方が、両概念のもつ歴史的な意義と価値を見誤せるものであるという考えから、とりあえずノルベルト・エリアスのような「文明」と「文化」の根本的対立、さらには進んで「文明」が先進国民（民族）の自意識の表明であり、「文化」は後進国民（民族）の対抗意識、つまり物質的、技術的には差をつけられているが精神や道徳価値においては優先しているという自意識の表明であるという考え方をひとまず背景に後退させることから再出発を目指すものである。

世界を呪術から解放する観念装置

もう一度出発点に戻れば、「文明」と「文化」とは西欧近代がそのプログラムを始動させる革命的な概念であり、その概念が西欧の「近代」を成立させる諸価値を観念体系にまで育てていく役割を担ったということである。つまり、西欧の「近代」の諸価値、たとえば「科学」「技術」「芸術」「歴史」といった近代の新しい諸価値がそれぞれの観念体系を創出し、人間を神という超越者の被造物の位置から、神に代わる「世界」の新しい創造者の位置にのぼらせるもの、それが「文明」と「文化」の概念の役割であった。さらに両概念は「歴史」を神の摂理、つまり神が被造物をその救済の目標に導こうとする計画の実現過程とみる見かた、あるいは仏教的な宇宙原理の進行、さらには中国の天命思想の反映とするような宿命的な人類の運命とみる見方から、人間の主体的な世界への働きかけの結果としてみる見方へ転換させ、人間こそが歴史の主体的形成者であるという考え方を確立させていったものなのであった。いいかえれば「文明」「文化」とは、人類の歴史と現状が神や超越的な存在者の意志の結果ではなく、人間自身の意志の集結物と見なされるという考え方に転換させるべく案出された概念だということである。つまり人間の歴史とそれが置かれている現状とは神や超越者の関与の産物ではなく、人間自らの進歩への意志と自己完成への意志の結果、人間自らが達成させてきた業績そのものであるとする考え方から創造された概念なのである。

その意味で「文明」はより科学的、技術的な成果へ向けられたものであり、「文化」はより精神的、内面的、芸術的な成果へ向けられたものであるとはいえ、両概念はともに人類の自己努力による「進歩」の成果を規準、尺度として案出された概念であるといえるのである。いうなれば「文明」と「文化」は西欧啓蒙主義の進歩の観念の産物なのである。

西欧の啓蒙主義とは、神という絶対的な超越者という主人に隷従させられてきた人間という奴隷あるいは囚人を宗教的神学、つまり神話から解放し、自力で自己の運命と歴史を切り拓く存在に導く思想である。ホルクハイマーとアドルノの『啓蒙の弁証法』の言葉を借りれば、「啓蒙のプログラムは、世界を呪術から解放することであった。神話を解体し、知識によって空想の権威を失墜させることこそ、啓蒙の意図したことであった」ということであるが、まさに神話を解体させ、世界を呪術から解放するための概念装置の役割をもっとも大きく担ったものこそが、「文明」と「文化」という概念であった。いうなれば啓蒙主義とは人間の思考を「脱魔術化」させる思想であったが、一七、八世紀の西欧の啓蒙主義ほど徹底した脱魔術化のプログラムを提出した思想は他に存在しなかった。たしかに「古来、進歩的思想という、もっとも広い意味での啓蒙が追求してきた目標は、人間から恐怖を除き、人間を支配者の位置につけるということであった」（ホルクハイマー／アドルノ）といわれるように、人類史上、さまざまの地域や時代において、「啓蒙」の試みが存在していた。だがそれらの「脱魔術化」の試みが西欧の一七、八世紀の啓蒙主義ほどの成果を得ることができなかったのは、ひとつにはなによりも西欧の「文明」「文化」の概念に匹敵する概念も観念体系も作り出しえなかったためであり、ひとつには西欧の汎神論、理神論、無神論という継承的で徹底的な宗教との闘争を持続させることができず、その意志が欠落していたためである。

歴史と社会から超越者の影響力が減少され、排除されればされるほど人間は被造物性と絶対者への隷属から解放され、自律的な領域の拡大と確立を自己のものとすることができるからである。人間が自律的な領域を拡大し、確立させるということは、人間が世界の主体的形成者であると同時に、被造物として人間と同一範囲内で捉えられていた「自然」とも分離され、人間は主体的進歩者に、自然は客体的進化者にされることでもある。つまり人間は主体的な創造者となり、自然は人間領域とは別の、人間の関与の度合によって関係性が測定される客体的な対象物に変えられるのである。

ホルクハイマーとアドルノの「神話は啓蒙へと移行し、自然はたんなる客体となる」というテーゼは真である。啓蒙の進展は一方では人間に対する宗教の支配領域を減少させ、社会領域でも神聖価値の領域の減少という宗教の「世俗化」現象を一般化させると同時に、世界認識の領域においても自然の客体化が促進され、人間による自然支配が加速、増大されることになる。いうなれば人間の自律化とは、人間による人間の合理的支配と人間による世界と歴史の合目的支配の開始であると同時に、人間による自然の恣意的な支配の開始でもある。啓蒙による脱魔術化という神話の解体が人間による人間と世界と自然に対する独裁者的な支配の開始となるのは『啓蒙の弁証法』のいう次の言葉が示している通りである。

人間は、自己の力の増大をはかるために、彼らが力を行使するものからの疎外という代価を支払う。啓蒙が事物に対する態度は、独裁者が人間に対するのと変るところはない。独裁者が人間を識るのは、彼が人間を操作することができるかぎりである。科学者が事物を識るのは、彼がそれらを製作することができるかぎりである。それによって即自的な事物は、彼にとって対自的なものとなる。この転換のうちで、事物の本質はいつも、不変の同一のもの、支配の基体としてあらわになる。（徳永恂訳）

啓蒙主義以後、つまり西欧の「近代」以後、世界と歴史と自然は人間の認識能力の操作力に比例した客体的対象へと変貌させられる。つまり世界と歴史と自然は「文明」と「文化」の概念枠内の存在となり、すべてが人間の勢力範囲内のものとして、神や超越者が存在するすべてのものを神話的解釈の枠内にとどめてきたと同じように、「科学」という合目的な意図のもとに再編成されることになる。いうなれば西欧の「近代」以後にあっては、「文明」と「文化」が伝統社会の神や超越者に代わる新しい神々を創造する概念装置となり、「科学」「技術」「芸術」という神聖価値の観念体系を構築する基礎となる。それゆえ、「文明」「文化」という概念は宗教的な神聖価値に代わる新しい世俗価値創出の概念装置として、近代世界に見合った新しい神聖価値、つまり「民主主義」や「科学」や「技術」「芸術」といった新しい神々を創出する観念体系をつくっていくことになる。啓蒙と神話の関係がここにおいて二律背反的なものとなる。自ら神話を排除しながら、自らも神話の製作者になるという両面性に陥らざるを得ないという二律背反性《アンチノミー》の抱え込みである。しかしながら、これは再び『啓蒙の弁証法』の言葉を借りれば、「啓蒙によって犠牲にされたさまざまの神話は、それ自体すでに、啓蒙自身が造り出したものであった」という逆説そのものの露呈である。その事情は次のような言葉のなかで巧みに説明される。

> さまざまの神話がすでに啓蒙を行うように、啓蒙の一歩一歩は、ますます深く神話論と絡まり合う。啓蒙は神話を破壊するために、あらゆる素材を神話から受け取る。そして神話を裁く者でありながら神話の勢力圏内に落ち込んでいく。（同前）

つまり、「啓蒙は、宿命と応報の過程に報復を加えることによって、その過程から逃れようとする。神話においては、あらゆる出来事は、それが起ったということに対して償いをしなければならない。啓蒙においても事情は変らない」のである。

新たな神話の創出

『啓蒙の弁証法』が語るように啓蒙が宗教的神話を破壊することは、神話を完全に無化させ、まったく新しい神話なき人間社会をつくりあげていくことではない。それは自らが破壊した神話を自らの体中に呑み込んでそれをマナとして自己の新しい神話創出の養分としていくことである。宗教的神話は破壊され、解体されたが、啓蒙は新しい「近代」神話という世俗神話をつくり出してくる。これは宗教的神話に対する哲学的神話ともいうべきものである。

「近代」の神話は「科学」「技術」「芸術」「民主主義」といった新しい神々をつくり出し、またそれは近代の啓蒙の哲学が考え出した理性、悟性、感性という人間認識能力の三つの方向での機能に基づくものとされ、宗教的認識の基礎である「信仰」の非合理性に対して、実践理性という合理的、合目的的な思考体系を目指すものとされる。

宗教的神話がその教義体系を絶対的な「要請」ないしは「公準」としての承認を命じる、つまりポストラート（絶対的公理）として「信仰」を要求するのに対して、哲学的な近代神話は宗教を社会領域から追放し、人間の内面と精神の領域に閉じ込めるような、近代の神々に対する命令的な強制、つまり絶対的な「信仰」の命令は行なわれない。それは「真・善・美」と「真理」「正義」「創造」と「自由」という近代神話の最高価値の概念が理性、悟性、感性という自律的人間の内面領域のなかで、強制なき自由意志という主体的な判断にまかされているように見え、またそう考えられているからである。

だがその相違はごく外見上のことにすぎない。キリスト教の異端に対する苛酷な弾圧、異教に対する理不尽な軽蔑は、近代において消滅するか減退を余儀なくされたかのように見えるが、近代の哲学的神話も「文明」「文化」という教義の観点から見通せば、非西欧圏に対する自己の優越とそこからくる傲慢は決して理性的なものでもなく、また正義、真理や理性にかなったものでもなく、自己中心的な「要請」や「公準」から解放されたものでもないのである。

また「科学」「技術」「芸術」「民主主義」という神々もかならずしも人びとの良心的で公平な自由意志によって神格化され、近代的な神聖価値を与えられたものではなく、それもまた近代の神々への「信仰」がポストラート（絶対的公理）として人びとを強制しているのである。「民主主義」は議会制度と三権分立と司法の独立という教義を通じて、「科学」は真理の探究と学問の自律性の要求という教義や高等教育機関・研究機関の制度化という教義と実践を通じて、「芸術」はミュージアムの神殿化と美の自律的価値という、制度と教義を通じて、「技術」は社会進歩と人間の幸福の増大という教義を通じて、近代の神聖価値を体系化し、近代の神学を創出することで、近代神話への「信仰」を不可避なものとしていく。

このプロセスはまさに『啓蒙の弁証法』が語っている「啓蒙は神話を破壊するために、あらゆる素材を神話から受け取る。そして神話を裁く者でありながら神話の勢力圏内に落ち込んでいく」という言葉を裏づけるものとなる。また近代の哲学的神話の民主主義的な教義が自らの教義を展開、発展させるなかで内なる自己疎外を生じさせ、自己のうちにいわゆる外化された別の自己を生み出してくる。そしてその自己であって自己でない別の自己が自己を変化させ、自己内に異化された自己を生み出すことで、内部矛盾を解決できない姿を露呈させてくることになる。

「民主主義」はファシズム化あるいは衆愚政治化への危機を内在させることになり、「科学」は超越的な絶対者への領域に踏み入り、「芸術」は独断的自己満足の道を歩み出し、「技術」は公害・環境破壊（自然破壊）、地球汚染という破壊力を拡大させることで、近代の神のもつ異貌が顕わになる。「啓蒙は宿命と応報の過程に報復を加えることによって、その過程から逃れようとする」。だがそれは弁証法的な連鎖のなかで「神話においては、あらゆる出来事は、それが起ったということに対して償いをしなければならない」のである。

宗教はすべての人間生活と人間の運命をコントロールしうるという思いあがりゆえに「近代」によって反撃され、その思いあがりを挫かれただけではなく、政教分離という近代の民主主義の原理によって、その社会的勢力を奪われることになってしまった。近代の哲学的宗教もその思いあがりから反撃され、その教義の神聖価値に対する信仰が力を減少させ、またその絶対的な価値に対する疑問を公然化させてきている。

第一章　啓蒙主義の歴史哲学

禁欲の否定と奢侈の肯定

すでに指摘してきたように、「文明」「文化」とはヨーロッパの啓蒙思想が神の世界支配から離脱して、人間による世界支配の新しい価値体系を構築するために価値規準の指標を明確化した観念である。神による世界支配に代わる、人間による世界支配とは、人間が神の被造物とされていた世界観を放棄して、自らが世界の創造者になるための新しい世界観を提示していくことである。別ないい方をすれば、西欧近代が宗教的、禁欲的な世界観から離れ、人間性の解放のための理念的な指標として設定したのが「文明」「文化」という価値観念だったのである。

人間性の解放とは感性と情念の解放であり、欲望の解放である。キリスト教に限らず、すべての世界宗教は禁欲と情念、感性の抑制と固有のタブーを基礎としている。個別宗教内における聖職階層と一般信徒の分離が制度的に定まってくると、禁欲も両者間で差異化されるが、いずれの宗教の禁欲も聖職者の苦行的禁欲をもととして禁欲の実践内容が制度化されるようになる。聖職者層の苦行的な禁欲は、本能的欲求の否定と現世否定の思想を統合し、心身の欲求を統一的に抑制することで宗教的理想を実現する手段としていくことである。霊と肉を分離させる二元論的な傾向の宗教ほど禁欲的傾向が強くなる。典型的な二元論宗教であるキリスト教が他の宗教に較べてはるかに禁欲的性格が強いのは、聖職者層の禁欲が理念的に一般信徒（世俗信徒）の中により多く取り込まれているからである。

世俗信徒が聖職者の禁欲実践を世俗生活のなかで実践することはできない。もしそうすればそれは世俗内禁欲ではなく、すでに世俗外禁欲の領域になっているからである。しかし、この世俗外禁欲を理念的に世俗内禁欲に転換させることは可能であった。それが西欧の「宗教改革」の理念であったと考えたのがマックス・ウェーバーのプロテスタンティズムの倫理の分析であった。

ウェーバーはキリスト教の禁欲をヨーガ行法や禅宗教団的な瞑想主義、神秘主義的な禁欲とは区別して、聖職者の「世俗外禁欲」と一般信徒の「世俗内禁欲」という二つの理念型に分けた。彼によればキリスト教の行動的禁欲は、個人を神の意志を遂行する道具とし、持続的な自己統御と自己審査に基づく計画的禁欲生活の組織化ということになる。楽園追放という人間の本源的堕落の克服として実践される中世の修道的禁欲は「世俗外禁欲」とされ、現世にあって世俗的な職業（召命）によって人間の本源的堕落を制御する方向で組織されたものが「世俗内禁欲」であるとされる。

世俗外禁欲であれ世俗内禁欲であれ、本能の抑制、情念と感性の抑圧を含む禁欲からの解放こそが啓蒙の目標であった。宗教的な禁欲は情念や感性の抑圧にとどまらず、人間性そのものの抑圧であるとするのが啓蒙の根本思想である。それゆえ宗教的禁欲から人間を解放し、人間性を奪回することが啓蒙の課題となる。人間性の奪回とは、人間を霊的存在の範囲に押し込めるのではなく、人間を肉体的な存在者としても認めることである。

魂の神への回心、神との霊的な交感という高次の霊的法悦ではなく、より低次の五感の物質的快楽、食欲、性欲、物欲という人間の本性的な欲望をも人間性の基本的な構成要件として認めること、これが啓蒙の宗教的禁欲を否定する中核の思想である。ピーター・ゲイのヨーロッパ啓蒙主義の社会史を論ずる『自由の科学』は、この禁欲主義と宗教的神秘主義からの解放を「神経の回復」と名づけ、啓蒙主義の特徴を次のように規定する。

十八世紀の経験――それに対して私は「神経の回復」という名前を与えたのであるが――、それはこの「神経の衰弱」という現象とはまさに対極をなすものであった。この世紀は、神秘主義の衰退、生への希望の増大、努力に対する信頼の回復、探求と批判への積極的参加、社会改革への関心、世俗主義の増大、あえて危険に立ち向かおうとする意志の増大を特徴とする世紀であった。

（中川久定ほか訳）

引用文中の「神経の衰弱」という用語は、古典文献学者ギルバァト・マレーの『ギリシア宗教発展の五段階』の中の、宗教的禁欲主義と神秘主義の特徴を定式化した文章で、「禁欲主義と神秘主義、ある意味ではペシミズムの台頭。自信・現世に対する希望・正常な人間の努力に対する信頼感などの喪失。忍耐強い探求への絶望、無謬の啓示を求める声、国家の幸福への無関心、魂の神への回心」というものを「ある種の精神的感情の高まり」と呼び、そのような特殊な感情の高まりを生の衰退として「神経の衰弱」と名づけたものであった。

啓蒙主義にとってはこの生の衰退からの生への欲求への回帰を「神経の回復」とすることで、それを人間生存の目標とすることこそが人間性の回復そのものであった。ということは人間は霊と肉との分離という二元論的な存在者ではなく、両者の結合と均衡を求めて努力する存在者であるということになる。宗教的禁欲の対極にあるものは当然、世俗的欲望であるが、その欲望を組織化し、体系化し、方向性を与えるのが欲望の解放、つまり奢侈である。そのため宗教的禁欲から悪徳の代表格とされていた奢侈を哲学的に再編して、啓蒙の徳目のひとつを昇格させねばならない。ディドロとダランベールの『百科全書』の「奢侈」の項目はその実例を示すものである。執筆者はサン＝ランベールで、分量も他の項目と較べても大部なものになっているのは、この項目のもつ意義の大きさを表わしている。その項目は次のように書き始められている。

奢侈とは、快適な生活をえるために、富や勤労を使用することである。

奢侈の第一の原因は、われわれの現状に対する不満である。すなわち、すべての人間のなかに在り、また在るはずのより良くなりたいという欲求がこれである。この欲求は、人間の情念や、徳や、悪徳の原因となるものである。この欲求は、必ずや人間をして富を愛させ、求めさせる。だから、富をえたいという欲求は、財産の平等や、共有に基礎をおいていないあらゆる政府の原動力 ressorts の一つとして数えられるし、また数えられねばならない。ところで、この欲求の主要な目標は、奢侈でなければならない。（河野健二訳）

冒頭の「奢侈とは、快適な生活をえるために、富や勤労を使用することである」は、奢侈が単に禁欲から情念や感性や人間の本源的な欲求を解放するだけのものではなく、社会的に組織されるべきものであることを述べている。つまり奢侈とは一個人の幸福と快楽の増大という心理学的次元の問題にのみとどまるのではなく、社会的な富の形成、労働の組織化、産業の整備、知識と諸技術の発達などと関わりあう社会学的次元の問題だということである。

ここで論をさらに先に進めるために、すこし補足しておかねばならぬことがある。それは『百科全書』の「奢侈」の項目がいう奢侈という語の用語法と啓蒙時代のこの語の一般的用語法のことである。それはこの時代の重商主義の経済学的用法と重なり合うものであるが、それは財産の蕩尽や浪費を意味するものではない。それは特定の個人、王侯とか大貴族とか特定の富豪への富や財宝の集中とその眩惑的、眩示的浪費のことではない。『百科全書』や啓蒙主義者のいう「奢侈」とは、いつの時代においても偽善的なモラリストたちや禁欲主義者の格好の批判の対象とされてきたものであるが、それは「富をえたいという欲望と、その富を享楽したいという欲望は、社会が始まって以来、人間の本性のなかにあるから、また、これらの欲望はすべての大きな社会を支え、富まし、活気づけるものであるから、また奢侈は一つの善であり、それ自体はなんらの悪をなさないものであるから、したがって哲学者や、君主のように、奢侈をそれ自体として攻撃すべきではない」(同前) ということになる。

『百科全書』の「奢侈」の項目の執筆者はかならずしも有能な執筆者とはいえないし、その論理も多少整然さに欠け、論の展開もはっきり言って明解ではないが、言わんとするところはなんとか汲み取ることはできる。そのなかでもよく意を汲み取りやすい箇所は次のようなものであろう。

富をもつ人びとにおける享楽の欲望や、必需品しかもたない人びとにおける富をえたいという欲望は、工芸やあらゆる種類の産業を刺戟するに違いないと思われる。ここに、われわれを奢侈にみちびく本能や情熱、および奢侈それ自身の第一の結果がある。新しい工芸や、産業の増加は、人民に新しい生存の手段をあたえ、したがって人口を増加させるに違いない。奢侈がなければ、交換および商業は少なく、商業がなければ、国民の人口はより少ないに違いない。国内部に農民だけしかもたない国民は、農民や、船員や、織布工をもつ国民よりは僅かの人口しかもたないはずである。少しの奢侈しかもたないシシリアは、最も豊かな土地をもつ国の一つであり、緩和された政府の下に置かれているが、しかし富裕でもなければ、人口も多くない。（同前）

ここまでくると啓蒙主義時代の「奢侈」の概念が一般的な用語法での浪費や蕩尽的消費とは違って、土地中心の農産業から商工業中心の産業資本整備の基礎的要件とされることが理解される。これは視点を変えればアダム・スミスの『国富論』の産業育成論につながる論点をもつものであり、二〇世紀に至ってのマックス・ウェーバーとヴェルナー・ゾンバルトの資本主義の起源論争にまで持ちこされる論点を含んだものである。

マックス・ウェーバーは資本主義の起源をカルヴィニズムの「世俗内禁欲」に求め、勤勉を神の召命（職業）を感ずる心性に求めたのに対して、ヴェルナー・ゾンバルトはその著書『恋愛と贅沢と資本主義』（一九二二年）において、資本主義の成立根拠を奢侈と恋愛に求め、絹織物・レース・毛織物・陶磁器などの奢侈産業の発展を資本主義の発展との平行関係とにおいて跡づけた。

ウェーバーの「プロテスタンティズムの倫理」は二〇世紀の発見であったのに対して、ゾンバルトの「奢侈」論は百科全書の奢侈論と同一地点に立つだけでなく、一八世紀の絶対主義王政の重商主義の産業理論とも軌を一にしたものである。

ともあれ啓蒙主義の「奢侈」論は、宗教的禁欲主義の否定に終始するだけではなく、人間の欲望の解放を産業振興理論と結び付けるものだったのである。いうなれば奢侈とは人間の社会的進歩と国富論、人類の最大多数の最大幸福という功利主義的な主張が結合する結節点に置かれた概念だったのである。別ないい方をすれば「文明」「文化」の概念は抽象的な理念ではなく、産業、通商、国家富強、国民の幸福度によって測定され、またそれを目標として進展すべき概念とされる。物質的幸福から精神的・内面的幸福へと進展することで国民全体の幸福が促進されるのが「文明」である。そして精神的・内面的幸福を安定させ、それを物質的幸福や人民の都会的洗練、マナーの向上、倫理的完成の方向へ進展させるのが「文化」ということになる。

国富論と産業振興論の基礎としての「奢侈」

『百科全書』の「奢侈」の項目の用語法があまりにも一般的な用語法と異なるため、もう一度その用法を整理しながら論を進めるのがよいだろう。啓蒙主義時代以前、つまり前近代社会の奢侈の用語法は、王侯貴顕あるいは宗教的な権門に集積される富、たとえば宮廷の宝物室や「ヴンダー・カンマー」や「クンスト・カンマー」に蓄えられる金銀、宝石、財宝といった特権的財とその誇示的出費や権威維持的出費といったものに連想が集中するのであるが、啓蒙主義時代の奢侈や贅沢とは、いうなれば「必需品を上まわるものにかける出費」ほどの意味で、この概念はきわめて相対的である。しかし啓蒙主義哲学の奢侈概念はこの相対的な価値を相対的価値のままにとどめ置くのではなく、それを社会的な価値規準と心理的価値規準の双方から絶対的な規範に統合させようとするのである。したがって奢侈は単に必需品を上まわったものというだけではなく、社会的有用性と人間の情念の正しい解放の方向性とをもつもの、つまり社会倫理的にも社会的悪徳とは相反する方向性を志向するものでなければならないとされる。

いうなればそれは国家財政の健全化、つまり国家富強に属すると同時に、国民の欲望の解放、情念の解放を善導するものでなければならない。つまり奢侈とは恣意的な情念の解放ではなく、共同体の精神と共同体の利益に一致したものとして国家がその組織化を行なってゆくべきものということになる。啓蒙思想にとって「奢侈」「贅沢」とは決して個々の私人の私的な金銭支出の問題ではなく、国家や政府によって国家富強政策と共同体精神の建設に向けられるべき社会性と倫理性の集約のための産業と勤勉の組織化なのである。『百科全書』の当該項の集約的要点は次の文章のなかに表わされている。

政府は各市民の財産を保証しなければならない。しかし政府は、市民の間で財産への愛や、財産を増加し、それを享楽したいという欲望を維持し、高めさえもする一方、全員の保持と最大多数の利益とを目的としなければならない。政府は市民の間で共同体の精神や、愛国精神を維持し、高めねばならない。政府は市民が富をえようとしている方法や、それを享楽しうる方法について注意を払わなければならない。富をうる手段は、国家の富に貢献しなければならないし、また享楽の方法にしても国家に有用であることが必要である。各々の財産は共同体のために役立たねばならない。市民のどの階層の幸福も、他の階層の幸福のために犠牲とされてはならない。要するに、奢侈や、奢侈にみちびく情念は、共同体の精神や、共同体の利益に従わしめられなければならない。奢侈にみちびく情念は、市民の間で必要とされる唯一のものではない。それは、他のもの、すなわち野心や、虚栄心や、名誉心と結合しなければならない。

これらすべての情念は、共同体の精神に従属するものである。共同体の精神のみが情念を秩序づけるし、それなくしては情念はしばしば不正を生み、損害をあたえるであろう。

これらの情念のどの一つも、他の情念を破壊してはならず、したがってすべてが均衡しなければならない。もしも、奢侈がこれらの情念を圧倒してしまえば、奢侈は手に負えない、いまわしいものとなり、そうなればもはやそれは共同体の精神に合致しないであろう。しかし奢侈は行政がそれを手放しにするか、富や産業や奢侈をもつ国民のなかで、行政が共同体の精神を破壊するかしなければ、共同体の精神に従うものである。

要するに、有害な奢侈が見られるところではどこでも、また習俗や国家の利益に反する富への欲望やその使用が見られるところではどこでも、共同体の精神、すなわち社会のすべての力がその上で働くところのこの不可欠の基礎は失われてしまったとわたしは言いたい。（河野健二訳）

読んで明らかなように「奢侈」は確かに経済学的な概念ではあるが、それがもはやここではそこに留まらず、中世キリスト教の欲望の禁圧、情念や感性に対する嫌悪と反世俗主義の精神に対する強力な挑戦を集約する概念にまでなっていることが理解できる。「金持が天国の門をくぐるのは、ラクダが針の穴を通り抜けるより困難である」という言葉に象徴される世俗的価値に対する反感が、ここでは欲望と情念の解放の新しい指標として、世俗主義理論の集約点へと変化している。宗教的な禁欲主義、清貧主義はその高邁な理想主義によってひとりの人間をより高潔な人格者へと変貌させることができるかも知れないが、社会の進歩という観念とは無縁なものである。それに対して、「奢侈」を肯定する世俗主義は、人間の活動領域を単に私的な精神領域にとどめ置くのではなく、その経済的、社会的諸活動の領域へ移行せしめることで、社会進歩を促進させ、またその社会進歩を人間価値の拡大に転換させる力を持つに至る。

奢侈や贅沢や浪費という人間の経済活動は禁欲的な精神主義の価値観から見れば、虚飾・虚栄という非人格価値の領域に貶められるものであるが、世俗主義という社会価値の次元においてはまったく新しい価値領域を開拓するのである。先の引用文の中で「奢侈にみちびく情念は、市民の間で必要とされる唯一のものではない。それは、他のもの、すなわち野心や、虚栄心や、名誉心と結合しなければならない」といわれたことと深くかかわってくる。そして引用文はさらに続けて「これらすべての情念は、共同体の精神に従属するものである。共同体の精神のみが（これらの）情念を秩序づけるし、それなくしては情念はしばしば不正を生み、（社会に）損害をあたえるであろう」という結論を導き出してくる。

禁欲的な精神主義のもとでは負の価値しか与えられない野心、虚栄心、名誉心までもが世俗主義のもとでは正の価値に転換されるばかりでなく、もっと積極的に「共同体の精神」の必須要件にまで高められてくる。なぜそうなるのか。禁欲主義、清貧主義、精神主義にとって欲望の否定の結果得られる霊的人格の獲得と精神の豊饒感と満足感は、高い価値目標となり、社会規範としても推奨に値するというより、至高目標、至高善とされるべきものであるが、欲望や情念の解放を目指す社会にあっては、それはきわめて片隅の私的領域の善とされるだけで、社会的な価値目標とはなりえない。

世俗社会にあっても、清貧、高潔、求道的人格は、個人的倫理価値として賞讃に値するものには違いないが、それが共同体の精神的な価値にはなりえない。アッシジのフランチェスコや越後の禅僧良寛、近江聖人といわれる中江藤樹の生き方が賞讃される社会の価値観と欲望と情念の解放が目標となる近代の世俗価値推奨の時代の価値観は大いに異なる。ここでは野心、虚栄心、名誉心は後ろめたいものとされることはなく、また、奢侈に後めたさを感じない人格がより高い社会的価値をもつことになる。大邸宅を構え、多勢の使用人や召使いを置き、家具、調度品はもちろん、豪華な衣装、宝飾品にとり囲まれ、華美で耳目を驚かす乗物を乗り回し、大宴会や舞踏会、狩猟会を主宰し、野心や虚栄心や名誉心を隠すことの人物の方が、孤立せる高潔な人格者より、奢侈が社会価値として公認されている社会では、より高い評価を得ることになる。

『百科全書』が「奢侈」を啓蒙の徳目の最大級の価値のひとつに高めようとするのは、欲望の解放・情念の解放こそが世界を人間中心の思想へ変革するための最も有効な手段であることを明確に洞察していたためである。「勤勉」や「誠実」「刻苦勉励」という徳目ではなく、「奢侈」が世俗価値の徳目の筆頭に置かれるのは、それが場合によっては個人的な悪徳へ転化される危険性を孕むものであっても、社会集団の共同体的な価値としては、個々人の悪徳をも償って余りあるほどの社会的徳目となりうるものを有しているからである。また奢侈はそれだけで単独に育成されるべきものではなく、野心や虚栄心や名誉心と結合することでより強大な社会的価値を生み出す方向において解放されるべきであるとされる。政府は市民の財産を保証するだけでは不十分である。「政府は、市民の間で財産への愛や、財産を増加し、それを享楽したいという欲望を維持し、高めさえもする一方で、全員の保持と最大多数の利益とを目的としなければならない」のである。

『百科全書』の時代、「文明」と「文化」の概念はまだ概念形成の緒についたばかりで、後代におけるような概念成熟を果たしてはいないが、『百科全書』の中心思想は、世界は禁欲的な欲望抑圧を脱し、新しい人間中心の価値を構築していくべきであるとする。そしてその世俗的価値とは「文明」と「文化」の価値軸で整序されるべきであるということである。

もう一度「奢侈」の項の冒頭部に戻ってみたい。「奢侈の第一の原因は、われわれの現状に対する不満である。すなわち、すべての人間のなかに在り、また在るはずのより良くなりたいという欲求がこれである」。つまり社会の現状に対する不満と改善への要求が奢侈への欲求という形であらわれるのは、社会は変革可能なものであり、また変革しなければならないものであるということである。その要求が個人的な次元に留まると、それは社会性をもたないだけでなく、宗教的な欲望否定の思想への回帰に終わってしまうことになると啓蒙主義者たちは考える。奢侈は必ずや「共同体の精神」に従属するものでなければならないものである。共同体の精神とは世俗的価値によって解放された市民全体の共同の欲望である。この市民の共同の欲望を『百科全書』は「共同体の精神」という名で呼ぶ。

資本主義の精神の本質は奢侈なのか清貧なのか

奢侈、野心、虚栄心、名誉心の結合が共同体の精神の欲求として容認されることは、社会が最大多数の最大幸福を目標に「文明」の進歩という思考軸にそって社会を宗教価値でなく、人間価値で再編成し、さらには、社会の進展をつねに先どりしながら社会設計を行なっていくことをも意味する。このような思想は、二〇世紀の用語法を用いれば、「資本主義の精神」あるいは「企業精神と利益欲」

というものに置き換えることができる。もちろん前者はウェーバーの用語であり、後者はゾンバルトの用語であるが、それはともに一八世紀に存在しなかった「資本主義」という経済学の用語内に取り込まれた概念となってしまっている。だがこの奢侈の概念、さらにはそれとの結合において近代の世俗主義の特定の価値概念を形成する、野心、虚栄心、名誉心は、経済学という特定ジャンルの枠内に押し込めてしまうことのできないものである。それらすべての個別的な概念は西欧近代の資本主義思想の構成要件となりうるものではあるが、それを経済学的な術語の枠組だけにとどめ置くことのできない、より広い近代主義の思想との結合が考慮される必要のある概念である。

マックス・ウェーバーのかの有名な「資本主義の精神」とは、『百科全書』の「奢侈」の思想とはまったく逆に、宗教的禁欲主義からの欲望と情念の解放ではなく、プロテスタンティズムの「禁欲主義」そのものを発生源にしているというのである。百科全書派の奢侈概念や社会資本整備の思想は、利益の追求、つまり営利そのものが自己目的化され、ひたすら社会資本の増加が倫理的にも「善きこと」あるいは「義務」とさえ考えられ、すべての社会生活は、個人の日常生活も含めてすべてがそうした究極目的のために合理化され、組織化される精神ということになる。この百科全書派の「資本主義の精神」とマックス・ウェーバーの「資本主義の精神」は「宗教的禁欲」の概念の解放において相互に相容れないものをもつが、ウェーバーの豪腕はその対立を「職業倫理《ベルーフ》」という概念で見事に解消してしまったことである。

ルターであってもカルヴァンであっても資本の畜積そのものを自己目的化することもなければ、「資本主義の精神」のそれ自体の合理化や肯定は行なっていない。それにも拘らずウェーバーは歴史とともに古い「営利欲」と近代資本主義の利益追求の精神は本質的に異なるものであるとする。彼のいう近代資本主義の利益追求の精神は利益の追求それ自体が目的でなく、それは「勤勉」という職業倫理の結果であるというのである。奢侈や贅沢に流れず、ひたすら自己の職業を神から与えられた使命とするところから生まれる「勤勉」が結果的に利益を生み、その利益は自己の「奢侈」という消費生活の中で浪費されるのではなく、労働自体の自己展開と労働者の生活保証という、より高次の倫理的目的のなかに吸収されていくことになるとする。いうなれば「職業への誇り」というよくできた二〇世紀の「寓話」というべきものであろう。二〇世紀後半から二一世紀にかけての金融資本主義がこの寓話を完全に打ち砕いている。この寓話がかろうじて生き残っているのは大学の一般教養課程における経済学の講義の中だけであろう。これはマルクスの『資本論』と並んで経済史と「世界史」の偉大な寓話である。ウェーバーの資本主義の精神と西欧合理主義は二〇世紀における「文化」概念の再整序の産物であるが、それについては後に詳述することになるので、話を戻そう。

プロテスタンティズムの禁欲精神が近代資本主義の中心思想であるとする考え方は、二〇世紀の思想の産物であって、一八世紀の啓蒙主義の思想にあっては、キリスト教的禁欲の否定と情念と感性の解放こそが、伝統社会と宗教支配からの脱却であり、「世俗主義」という新しい価値観念体系の創出と新しい「世界」解釈への出発点となったものである。

「世俗主義」、いいかえれば「西欧の近代精神」とは、人間を被造物とみなすすべての人間観、世界観を打ち砕き、「文明」と「文化」という概念枠のなかで、「世界史」は神の年代記ではなく、人間が原始的な未開段階から文明・文化への段階へ自らの努力で発展させてきたものと考える思想である。別ないい方をすれば、「文明」「文化」とは、「世界史」の発見によって概念形成を果たしてくる世俗的な価値体系の統括観念だということである。つまり「世界」が神の被造物と見なされ、「歴史」も神の意志実現過程として定められた進行の枠内の事象として、人間の意志を超えたものとされること への反論の理論化の概念であることを意味する。

世界史とは

それに対して「世界史」の発見とは、「歴史」を人間の自己展開とみなす思想の創造を意味する。「文明」「文化」とは神の意志や恩寵・摂理とは関係なく、人間が自力によって自己展開させたものを集約し、総括し、神的な価値とは無関係な人間中心の価値で整序させたものの総称である。

今日的な概念規定では、「文明」とは人間が自力で展開させた諸技術の成果を「進歩」の観念に結びつけ、技術的進歩が結果的には人間の内面的進歩と連動してくるという考えを概念化したものである。「文化」は人間の美意識や倫理、集団的結合や離反を促進させる「共同体の精神」を組織化し、価値として整序することで、人間の社会化を進展させ、その共同体の精神の内面的価値が、結果的には技術の進歩がもたらす人間の物質的進歩とも連動するものの概念化である。いうなれば「文明」は物質的進歩が出発点に置かれながら、帰結点においては人間の内面的・精神的価値とも結合するものの場であり、「文化」は精神的価値が出発点に置かれながら、帰結点においては物質的・社会行動規範的な価値と結合するものの場である。両者は質的には同一のものでありながら、始動と帰結点のベクトルの方向が逆向きになっているのである。

だが、本来的には、それらは個別概念ではなく、それぞれが他を含んだ独立概念で、「文化」は文明を含み、「文明」は文化を含んだものとして概念形成を果たしてきた。「文明」「文化」とは、上は科学・思想・哲学・芸術から、下は集団的生活の富裕や戦闘方式、中間は交易・交換・衣装・化粧・医療・呪術・宗教・祭礼・儀式まで人間活動の全領域を包括するものであるが、両概念の形成期にあっては、理念的な価値を基準にまで高めた高位価値事象を中心に整備されていたので、没価値的で価値自由な領域はその概念に含まれないのが普通であった。「文明」が概念化される際は、「歴史」概念と結合することで、未開・半文明・文明という段階に応じた文明の段階差が明瞭になると概念枠に必然的に集約されることになる。つまり「未開」という概念はそれ自身として存在しているのではなく、高次「文明」という概念の成立を伴ってはじめて意味をなす概念である。

このように時代によって価値水準が変動する「文明」「文化」の概念に統一性を与え、同一の概念枠内で統括可能なものにしていくのが「歴史」という概念である。「歴史」という概念は、一八世紀に入ると過去の出来事の記録という意味を超えて、出来事と出来事との間の「持続的関連性」を意味するものになる。「持続的関連性」とは「文明の進歩」と「文化の進歩」の意であり、神や超越者の意志とは一切関連のない人間、つまり人類全体の自己展開を意味しているものである。したがって「世界史」とはキリスト教的な神の被造物としての神の年代誌（記）ではなく、未開段階から文明段階に至る人間の自己努力の「持続的な道程」という相互連関性が歴史哲学的思考となったものである。

ここで私たちが再確認しながら見ていかなければならないことは、啓蒙の歴史主義の哲学的歴史思考というものが人類史上の思想革命そのものであったという事実である。それ以前のいかなる伝統社会の歴史観も宗教的歴史観も「人類の進歩」という観念とは無縁なものであったということを想起しなければならない。伝統社会の歴史観も宗教的な神学史観も共に歴史の栄光はその出発点にあり、時代の進展は人類の堕落と衰退、衰亡へ向かうという下降史観を基本としていたということである。伝統主義社会の歴史観も神学的な宗教的歴史観も歴史の帰結点は「終末」かあるいは「来世」という観念で締めくくられることになる。

それに対し啓蒙の歴史主義思想は、人類の無限の進歩を前提として出発する。いうなればそれは「理性」の自己展開という非完結的な「進歩」の意志に支えられたものとされる。このような伝統社会の歴史観と宗教的な神学史観から啓蒙の歴史主義への転換は一八世紀の用語でいえば、キリスト教的「普遍史」観から世俗史観的な「世界史」への転換ということになる。「ユニヴァーサル・ヒストリー」から「ワールド・ヒストリー（ヴェルトゲシヒテ）」への転換ということになる。

キリスト教の聖書年代記に代表されるような伝統社会の人類史は、その起源においても終末においても基本的には、神や超越者の意志の実現という宗教的教義によって整理された特定の「神話」と結びつけられる。いいかえれば、人類の歴史とは人間の自由意志とは完全に無関係にあらかじめ予定されていた進路を辿る行程とされ、歴史に対する人間の能動的関与の余地が存在しないものである。つまり人類は基本的には歴史に対して受動的な役割しか与えられない存在である。啓蒙主義の歴史哲学はこの関係を逆転させ、「世界史」を人類の「理性」の実現過程とすることで、人間を歴史の主役の位置に据えるのである。それによって歴史は「神話」から解放され、人間の歴史的な進展の軌跡としての「文明」「文化」の歴史に転換させられるのである。いうなれば啓蒙の歴史哲学は人間の歴史意識における「コペルニクス的転換」であり、人類の思想の歴史における最大級の革命とされるべきものである。この思想によって人間ははじめて神の「宇宙」創造の中に被造物として受動的に投げ出された存在から、「世界」という人間が主体的に創造していくことのできる空間の中で主体的に歴史の創造にかかわっていくことのできる存在となったのである。この思想の転換は「歴史主義の成立」と呼ぶことができるが、この人類史上の偉大な革命がマイネッケ流にそう呼ばれることで問題の焦点が曖昧化され、その価値が割引きされてしまう結果を招いてしまった。

歴史主義の成立

「文明」「文化」の概念の成立と啓蒙主義の歴史思想とのかかわり、人類史の宗教史観的な「普遍史」から歴史哲学的な「世界史」への転換の意味を改めて考え直してみるためには、この「歴史主義の成立」という問題にしばらくかかわっていくことが必要である。なぜならこの問題はフリードリッヒ・マイネッケの『歴史主義の成立』によって、その問題が啓蒙主義の普遍主義とロマン主義の個性主義の対立という図式に還元されてしまうことで、より大きな次元での伝統社会の歴史決定論から近代社会の歴史創造論への移行という人類思想史上の革命が西欧近代の合理主義対非合理主義の葛藤という文脈に移し換えられる結果を招いてしまったからである。すこしこの点に立ち入ってみることにしたい。マイネッケは『歴史主義の成立』の本文の冒頭でまず次のように書き出している。

まず歴史主義の成立の要点を記しておこう。問題の中心はすべて、人間の最高の理想の永遠性と人間本性の恒久的同一性を信ずる頑強な自然法的思考を軟化させ流動させることにあった。この第一歩はすでに十七世紀のデカルト哲学に見られるような、哲学的思考の全面的転換によって行われている。それまで人々は素朴に人間理性の力を確信し、世界を客体としてこの人間理性によって把握しようとしたが、今や認識する主体の問題、あるいは主体そのもののうちに見出される法則にもとづく、その主体の認定の問題が前面に押し出されてきた。

（菊盛英夫・麻生健訳）

マイネッケは歴史主義の出発点を「人間本性の恒久的同一性を信ずる頑強な自然法的思考」を軟化させ、流動化させることにあったとする。つまり彼は「理性」の普遍性を前提に出発する西欧近代の合理主義哲学、つまり啓蒙主義哲学の思考に対する感性の非合理性を基盤とする反合理主義、反理性主義、つまりロマン主義的な反自然法的思考の出現のなかに「歴史主義の成立」を見い出していくのである。このような歴史主義こそが彼にとっては思考の革命を意味するが、その思考革命の前に立ち塞がっているものこそ「啓蒙主義」の普遍であるという。前の引用文につづけて彼は次のようにいう。

来るべき思考の革命、ほかならぬわれわれが述べようとする革命のまず第一の徴候は、このような主体の問題への転換にあった。しかし、革命の秘かな準備であるべき転換が、むしろ古い状態をはじめは固定化し、しかもそれを長期化しようとするのはめずらしいことではない。デカルトや彼の影響のもとに、フランス啓蒙主義者たちが眼前に見た認識する主体は、まだ多様な歴史的現象の中の個別的主体ではなく、普遍的な主体、つまり自然法的な抽象的人間であった。それゆえ、その中で発見された普遍的法則はとりあえず、人間の事柄の認識への鍵を握っているという確信と意識をもった自然法的思考によってのみ保証されえたのである。

（同前）

マイネッケによれば歴史主義の成立の契機を与えたのも啓蒙主義哲学であったが、その成熟を最も強く妨害したのも啓蒙主義だというのである。そして歴史主義的思考を最も強く体現していったのはドイツ・ロマン主義の非合理主義的思考への欲求ということになる。つまり「魂の非合理的な力、すなわち理性を誇る自然法がこれまで軽蔑していた感情、衝動、激情の世界を一層精密に知ろうと」する欲求と「それらのもつ因果的意味、時にはまた人間の諸目的に対するその効用をよりよく評価する方法」の修得にたいする欲求が啓蒙主義の理性の普遍性と自然法への信頼と対置されることになる。

このマイネッケの思考法そのものが、実はノルベルト・エリアスがドイツの「文化」概念に対するフランスの「文明」概念という図式をもたらしたと同様に、歴史思想におけるフランス啓蒙主義対ドイツ・ロマン主義の対立という考え方を決定的なものとしてしまったのである。この対立・対決の図式は相互補完関係の図式に修正されなければならない。なぜなら啓蒙主義の歴史哲学とロマン主義の歴史思想は本質的に対立するものではなく、相互補完的に西欧近代の新しい価値意識によって創出された「歴史」という観念体系を形成したものだったからである。

結論を先取りしていえば、西欧近代の「歴史」の観念がつくりあげたもので最も革命的な意義をもつものは「世界史」と「国民国家史」という観念を確立したことである。マイネッケ流の歴史思考にとどまれば、最終的には人間を「人類」という観念的集合としてとらえ、またそれを普遍的な理性的共同体として考察するのが啓蒙主義の歴史哲学であり、それを個別的な考察に置き換えていくものがロマン主義の歴史主義ということになる。啓蒙主義の歴史哲学が最終的に目指すのは、普遍的な理性の共同体である人類の理念の合目的的な達成を目指す「世界史」の意味の解明であるのに対して、ロマン主義の目指す歴史とは感情という個別的な動因によって個体化される個人や地域集団や民族集団の個性化の過程、つまり「国民国家史」的な世界史の分別ということになる。

だがそれも近代の「歴史」の観念が究極的には人類の「文明」史的展開と民族の「文化」史的な展

開軸という措定によって成り立っているものであるかぎり、啓蒙主義の歴史哲学とロマン主義の歴史主義が、相互対立関係にあるものではなく、相互補完関係のなかで、近代の「歴史」観念の形成に与してきたものと見るべきであろう。

世界史と国民史（民族史）が目指すもの

「世界史」という概念は、人類の歴史を再構築するために神の意志の実現過程と見る「普遍史」を、啓蒙主義が人類という理性共同体の自己理念の実現への転換過程の中に再編成的に整備し直した概念である。それはヴォルテールの歴史哲学に例をとれば、人類の歴史的発展を諸民族、諸宗教集団のそれに分割し、それら諸民族、諸集団の習俗や生活様式、思考様式の展開主体としながらも、全体としては人類の理性の普遍性の枠組のなかで考える歴史思考の産物であると捉えうるものであるとした考え方である。カントやヘーゲルの歴史哲学は諸民族や諸宗教集団の習俗や生活の型の形成過程にほとんど無関心で、一方は理性が設定する人類の世界市民的理念の実現過程ととらえ、一方にあっては自由の理念の実現過程と見ることで、関心はもっぱら理性の展開、精神の発展という思想史の領域に限定されるものであれ、問題意識はつねに人類の発展の全体という「世界史」の観念のもとになされる歴史思考である。

それに対し、歴史主義の歴史思考は、「世界史」という人類全体の発展から個別的なもの、特殊なものの独自性の追求に関心を集中させていく。そのかぎりでは、歴史哲学と歴史主義は認識の方向性を異にするが、それは対立的離反の方向を明確化していくというよりは、相互補完的に協同しあい、人間存在の歴史性を確認することで共通の目標を追求していくものである。その人間存在の歴史性の確認作業を主導していく歴史観念の中心にあるものが「文明」と「文化」という概念である。この概念装置が存在してはじめて、「普遍史」が「世界史」に転換しうる契機が与えられる。

マイネッケでさえもが認めざるをえないように、歴史主義の出発点は啓蒙主義のなかに求められるべきである。それは啓蒙主義がキリスト教の普遍史から世俗主義の世界史への転換を可能にするさまざまな概念装置を創出し、人間を神の被造物とするキリスト教の諸観念体系を破壊し、世界を世界史と人間の主体的な創造物とする観念体系の形成を始動させたためである。この啓蒙主義の世界と世界史という新しい観念は理神論の展開のなかで整備されてきたものということができる。理神論はその出発点にあっては神の存在を合理的に証明していくという護教論の展開過程から生まれながら、その帰結においては神の存在を否定する無神論にさえ転換しうるほど神の世界と世界史に対する関与を制限してゆき、ついには宇宙創造だけを神の領域に残し、他はすべて人的、普遍的理性の実現過程の産物としてしまう理論に転換されていったからである。

この理神論の浸透は、キリスト教内の神学者やキリスト教的普遍史研究者たちのなかにも聖書の歴史的事実を合理的・実証的に再検討すべきとする改革的神学、一八世紀の「新教義派」神学を生み出してくる。プロテスタント地域のドイツにおいてこの新教義派の思想は強力な影響力を発揮し、啓蒙主義の哲学にも新たな刺激の源となる思考法と方向を提供していった。「新教義派の真の教師たち」と呼ばれるモースハイム（一六九三―一七五五）、ミハエリス（一七一七―九一）、エルネスティ（一七〇七―八一）、ゼムラー（一八三五―九一）がゲッティンゲン大学を中心に活躍し、ここに古代語の文献学的研究と聖書の本文の批判的研究を合体させた実証主義に立脚する歴史学科創設の基盤を与える。

それによってガッテラー（一七二七―一七九九）やシュレーツァー（一七三五―一八〇九）という同時代にあっては全ヨーロッパ的な名声と影響力をもっていた「普遍史」学の大スター的存在を生み出す。そしてこの「普遍史」学から「歴史哲学」が生まれ、さらにそこから世俗史としての「世界史」が生まれてくるのであるが、それについては後回しにして、とりあえず先に進むことにしたい。

啓蒙主義の「世界史」は一方的にキリスト教神学の「普遍史」への対抗思想として、それとは別個の論争的思考として生み出されてきたものというよりは、むしろ大きな時代全体の理神論的な雰囲気のなかで、相互に協同し、協調していくことで生み出されたものといえる。私たちは新しい思想というものはつねに前時代の思想に対する反措定、反撥から生まれてくるという歴史の弁証法的な発展の図式に捉われすぎているために、「世界史」は「普遍史」に対する反措定、「文化」は「文明」に対する反措定、歴史主義は啓蒙主義に対する反措定として生み出されたものと考えてしまう。

そのためエリアスがフランスの「文明」概念は先進国民の自意識として先に生み出され、「文化」はそれに対して後進民族の対抗措置であったとしたことと同じく、またマイネッケがドイツ・ロマン主義の歴史主義を啓蒙主義のアンチ・テーゼとしたことに対して、われわれはほとんど何も疑問をさし挿まずに、その説を妥当なものとして受け入れてしまうのである。だが「文明」と「文化」、啓蒙主義と歴史主義は時間的にも前後した発生過程をもち、思想的にも対抗・対決が前提となっていたものではない。

啓蒙主義の「世界史」の概念と「文明」「文化」の概念がどのような統合過程を経て近代の新しい価値に成長していったのかを考えていくに先立って、われわれが時間的には相前後し、思想的にも反措定として生み出されたと考える歴史上の諸概念や諸価値の成立プロセスをもうすこし時系列に則して見ておきたい。

まず「文明」と「文化」の概念の成立から見ていこう。ジェイムズ・ボズウェルの有名な『サミュエル・ジョンソン伝』は、ジョンソン博士の『英語辞典』の第四版の準備中の一七七二年の段階で英語における「文明」の概念のあり様がどのようなものであったかを示してくれている。

三月二十三日月曜日は、私は彼が二折版の『英語辞典』第四版の準備に忙しくしているのを見出した。昔の彼の筆耕者の一人であったペートン氏が彼を助けていた。私が彼に side という単語で彼が省略した血統という語義、つまり父方とか母方のように使われる場合を伝えたところ、彼はそれを挿入した。……（中略）……彼は civilization〔文明〕という単語を認めず、その意味は civility という語で充分表わされると主張した。彼に異論を唱えることになるが、私は to civilize〔教化する〕という語の派生語であるこの civilization という形の方が barbarity〔野蛮〕に対照する意味では、civility〔丁寧さ〕よりもよいと思っている。実際に彼の用例では civility が一語で二つの語義を兼ねる結果となるが、それよりは語義ごとに別の言葉があった方がよいと私には信ぜられる。

（中野好之訳）

一方、この文章に遅れること一二年、一七八四年のカントの『世界市民という視点からみた普遍史の理念』では「文明」「文化」の語が次のような使われ方をしている。

私たちは芸術と学問によって高度に kurtiviert されている。また私たちは作法と礼儀正しさ身につけるまでに、煩瑣なほどまでに zivilisiert されている。だが私たちが既に道徳化されているといいうるためにはいまだ多くのものが欠けている。なぜなら文化（Kultur）には道徳性という理念が必要である。この理念の使用、それに単に道徳めいたものだけを目指した虚栄心と外面だけの礼儀正しさにとどまるものであるなら、それは単に Zivilisierung をなすだけのものとなるであろう。

基本的な語はあえて原語のまま引用した。ここでも「文明」や「文化」という語は成熟した概念として使用されていない。名詞として独立した概念とはなっておらず、まだその主要な用法は動詞の形容詞化として、kurtiviert や zivilisiert の形にとどまっている。Zivilisation という概念も完全な名詞化に達するほどの概念成熟には至っておらず、Zivilisierung という動名詞段階にとどまっている。kurtiviert は訳される場合、「文化化」が原義に最も近いが、日本語としては不自然な印象が強く「教化されている」とか「文明に達している」という語が選ばれる。

ともあれ、「文明」も「文化」も一八世紀の七〇年代と八〇年代にはそれほど概念として成熟しておらず、社会的な認知が行き渡っていたものではなかった。またエリアスがいうように「文明」が先行し、「文化」がその対抗概念として生み出されたものでもなかった。両者を対立概念に仕立てていったは二〇世紀の思想であって歴史的な実態は二つの引用文でも推察できるように、もっと混沌としたかかわり方をしていたのである。ボズウェルとカントの引用文が示しているように、「文明」と「文化」の概念は明確に時間的に前後関係をもって成立しているものではなく、同時発生的で、しかも両者の概念間の関係もきわめて混沌としたものだったのである。

確かにカントの用例に見られるように「文明」の概念は、社会生活における人間の儀礼や作法の洗練化、外形的な人間の振舞い、つまりマナーの上品化を意味する方向で、「文化」の方は人間の道徳的・精神的な教養の進歩の方向で概念化されるというベクトルの相違はすでに示している。だが、それもボズウェルの『サミュエル・ジョンソン伝』のcivilizationという語に対する拒否的な態度と合せて考えてみると、一八世紀末以後ヨーロッパ諸国で概念的成熟を果たしてくる「文明」と「文化」の両概念は、一方が人間の物質的・儀礼的作法の進歩、進化と結びつき、一方が人間の精神的・内面的、道徳的な進歩、進化という方向に截然と分れて概念形成を行なってきたものでないことが理解されるであろう。

突き詰めて考えて見ると「文明」「文化」という概念は人間を神の被造物と見るか、あるいはその被造物性を逃がれた主体的な「世界」の形成者と見るかによってその概念化が抑制されるか促進されるかの差と連動しているということができそうである。

カントのようにキリスト教をも「単なる理性の限界内での宗教」と見る理神論者にとっては、「文明」も「文化」もともに人間の世界史的使命の達成過程の段階的な成果を表わす概念として積極的に取り入れていくことのできる概念となるであろうし、一方ジョンソン博士のように敬虔なクリスチャンで、時代の理神論的な傾向に不同意で、しかもつねにきわめてシニカルに人間の思いあがりに冷水を浴びせつづける性格の人物にとっては、「文明」だけではなく、「文化」という概念も無条件には受け入れることのできない概念であったろう。

ここから見えてくることは、「文明」「文化」の概念が先進国民の自負と後進国民の対抗意識から概念形成されてきたものではなく、とはいってもその要素を全面的に否定することはできないが、人間が自己の歴史的発展を神の摂理と神意のなかに見い出すのではなく、自己の主体的な関与による形成の場とみなし、その業績を分類学的な思考のもとに整序していくなかで生み出していったものであるということである。つまり「文明」「文化」という概念は西欧近代の歴史思想が歴史を人類史という観念で再構成し、人間活動の全体を個々の活動領域に範疇化していくプロセスのなかで次第に概念成熟をはたしてきたものであるということである。

人類の歴史的活動のカテゴライズは、神に代わる人間の学問的、技術的進歩としてフランシス・ベーコンやディドロに代表される百科全書派的な方向でなされるときは、人類の発展的農業史、産業技術史、商業史、発明史の方向で人類史がより多く「文明」史的方向で整序されるが、「文化」史的な方向での整序と対立的になされるわけではない。またヴィンケルマンの『古代美術史』、レッシングやヘルダー、シュレーゲル兄弟の美術史や文学史という芸術の歴史による人類の発展史の整序作業が歴史を「理性」の歴史というよりは「感性」の歴史として、「文化」史の方向を主軸になされるものであるとはいえ、それが「文明」の発展を完全に度外視することにはならない。またランケ流の政治史やサヴィーニーとグリムの歴史法学もドイツ・ロマン主義の歴史主義を代表する歴史思想であるとはいえ、つねに狭く民族精神の発達史だけを目標とする「文化」史学だけに閉じ込もろうとしたのではなく、両者とも啓蒙主義の「文明」史学の「人類の理念の発展史」の観念を排除するか、それと敵対することで自己形成を果たしてきた歴史思想ではない。

今日私たちは一九世紀以後の西欧の歴史学が人類の歴史を再構成して、それらをすべて「文明」「文化」の概念のもとで理解しうるものにしているので、この概念の成立が遅々とした成長過程でやっと今日的な使用が可能になった語であることを失念してしまっている。たとえば一例だけを挙げるなら、かの有名なヘーゲルの『歴史哲学講義』は、実質的には世界史の文化史的な展開を論じたものでありながら、「文化」という語はほとんど使用せず、それに代えて「精神」の語を用いているのである。もう一例つけ加えれば、かの悪名高い「近代の超克」の座談会でも、今なら当然「日本文化」の語によって語られるものが、ほとんど「日本精神」の用語法で語られている。まだ戦前の段階の日本では学術的な使用以外では、「文化」の語が一般的な使用を許容するほどの成熟語にはなっていなかったということである。

対概念としての文明と文化

話を戻せば、今日的な意味での「文明」「文化」の概念の成立は啓蒙主義と歴史主義が世界を歴史的に分類していく作業のなかで遅々として成熟を果たしてきたものである。つまりそれは神学的世界観にあって統一的に解釈されていた世界が、哲学的、科学的、世俗的に「文明」軸と「文化」軸によって再解釈され、領域別に分類され、その分類された領域がそれぞれに自律性を主張しあうなかで形成されたものである。その分類された領域は一九世紀を通じて政治史、経済史、法制史、芸術史、文学史というように個別科学の領域形成と自律性の過程と複合的に並行しながら、それぞれの個別領域への価値賦与的な役割をも同時に果たしてきたのである。文化人類学が未開人の「文化」という脱価値的な方向を開拓してくるまでは、「文明」「文化」は人間の特定領域を価値化するための概念であり、またその役割を十分に果たしえたものであった。だがそれが文化人類学という学問が「文明」「文化」の概念範疇からは無価値であった未開人を学問的な対象として見なし始めたとき、従来の「文明」「文化」の価値が相対化され、学問的な価値同化、つまり没価値が始まった。以後この両概念は価値概念と没価値概念という両義性のなかで概念の曖昧化を促していくことになる。

ともあれ、ほぼ一九世紀末と二〇世紀初頭にいたるまでは「文明」「文化」の概念は一義的に価値概念であり、人間の諸々の活動領域をその両概念を基準に分類し、自律化させることで、そこに人間的諸業績の個別価値化の役割を果たすものであった。人間の活動は神の統一的な意志の支配のもとで同一的方向に導かれるものではなく、個人、集団、民族といった個別的な意志で独自に個性的領域を形成してきたとするのが、啓蒙主義の「世界史」と歴史主義の「国民史」の観念である。前者はより「文明史」に、後者はより「文化史」に軸足を置いたものであれ、これから見ていくように時代の代表的な歴史書は、両概念が今日われわれの視点から整備できるような整然たる区分のなかにあったわけではない。

すでにボズウェルとカントの引用例文に示されているように、「文明」「文化」の概念はいまだ成熟した概念でもなく。名詞としての独立性を十分に獲得した概念ではなかったが、それが成熟、独立した領域と価値を獲得してくるだけの観念体系、いいかえれば人間の諸活動領域を分類し、そこに価値を与えるだけの価値の観念体系は十分に準備していたといえる。

西欧の「近代」が創出した価値概念のなかで「文明」「文化」が最も複雑で多義的で、その概念規定がきわめて難しいのは、それらが概念成熟を果たす以前に、その概念を規定し、概念を構成する諸要素が言葉の成熟より先に観念群として観念的に独立した領域を創りあげてしまっていたからである。具体的にいえば、それらの概念が未だに成熟過程にあった一七七〇年代、八〇年代以前に、その両概念を構成する文明史、文化史的な諸領域を分類して、民族史や習俗史、精神史、文学史、美術史という観念体系がつくりあげられてしまっていたからである。たとえばヴォルテールは一七五一〜五六年の『ルイ十四世の世紀』においてすでに文明史、文化史の領域を開拓し、さらに五六年の『諸国民の風俗と精神について』においても、さらに習俗史、精神史、民族史の領域を開拓している。ヴィンケルマンは一七六四年の『古代美術史』において美術史、芸術史の観念体系の創出を果たしている。ヘルダーは一七八四〜九一年の『人類史の哲学に対する理念』において民族史、文化史、文明史、精神史という観念を先行させ、「文化」という概念を自明なものとして使用している。すこし遅れて、一七九三年になるがコンドルセはその著『人間精神進歩史』のなかで、文明史という領域を完全に独立したものとした。

このように概念が成熟する以前にその概念を形成する諸領域の方が先に成熟を果たしており、その諸領域を「文明」や「文化」の概念が自らの領域の中に取り込み、整序していった。だがそれに対して「文明」と「文化」はその内包的領域を確定できずに概念的な確立を果たしていくことが遅れる結果になってしまった。両概念は同時的な成長と共通の錯綜した成熟過程のなかで、明確な概念区分を不可能にする諸要因をかかえ込んできている。それゆえエリアスのような両概念の時系列的な整備や先進民族と後進民族の対立という整備の仕方は、歴史事実を無視したものになっている。

このことはマイネッケ流の啓蒙主義と歴史主義の整理にもあてはまる。私たちは以下より具体的に歴史に則して見ていくのであるが、結論を先取りしていえば、「文明」と「文化」、さらには啓蒙主義と歴史主義を対立するものというよりは、それぞれが相互侵犯的な関係でそれぞれの概念や観念を形成してきたものと考えている。もう一度戻っていえば、「文明」と「文化」がそれぞれ相互補完的に、また相互侵犯的に概念形成を果たしてきたのは、啓蒙主義と歴史主義の思想的な対立のなかではなく、むしろ「歴史」という概念と観念を「普遍史」から「世界史」へ転換させたという歴史的な過程のなかにおいてのことであった。

西欧人の歴史思想に対する私たちの見方はほぼ二〇世紀に整理された史学思想史に、つまりマイネッケ流の歴史主義論とほぼそれに則した史学が整備した見取り図によって規定されている。そのためキリスト教的な「普遍史」的な歴史思想に対する視点が完全に欠落してしまっている。それは既に克服されたものとして忘却のうちに投げ入れられてしまっているが、啓蒙主義の歴史思想や歴史主義の歴史思想の理解のために必要なのは、両思想の対立構図を明らかにすることではなく、両思想がキリスト教の歴史思想の克服のために展開させてきた理論整備の方向とその目標を知ることである。

その歴史思想の流れを要約的にいえば、「キリスト教的世界史から科学としての歴史学」への転換、あるいは「普遍史から世界史へ」の転換といえる。このような視点から西欧の歴史思想を整理する試みは内外ともにきわめて稀である。その稀な史学史家のなかに岡崎勝世がいる。氏の主著は『キリスト教世界史から科学的世界史へ』（勁草書房）であるが、その書の啓蒙版にあたるものに『聖書VS.世界史』（講談社現代新書）と『世界史とヨーロッパ』（同前）がある。

世界史とは人類の歴史認識の革命

私たちはそれほど深く考えることもなく「世界史」という言葉を使用するが、それは高等学校の教科書のような日本史、東洋史に並置された概念でなく、またその機械的な概念でもない。それはこれまでたびたび触れてきたようにキリスト教的な「普遍史」に対する人類の文明史、文化史としての

「世界史」という歴史哲学の新しい近代価値の観念体系の構築を意味するものだったのである。

岡崎はこの「普遍史から世界史へ」の転換におけるヴォルテールの『諸国民の風俗と精神について』を西欧の歴史思想史における「コペルニクス的転換」と評価し、それがキリスト教の普遍史のヘブライ人的・キリスト教徒的な世界観の狭隘さの打破、いいかえれば空間的にはヨーロッパに限定され、精神的には異教として「世界」の外に置かれた領域の世界への編入、つまり実質的な地球規模での世界の拡大の開始をそこに見い出している。氏のことばで直接語ってもらうと次のようになる。

しかも、ただ世界が拡大されただけではない。中国、インド、イスラムなど、普遍史では従来ほとんど触れられることすらなかった諸文明を取り上げ、それらいずれにも高い評価を与え、「カルデア人、インド人、中国人は、最も古く文明開化した民族であるように思われる」（一〇章）と総括しているのである。彼は、こうして文明の一元的発生を述べている聖書に反対し、その多元論的発生論の立場を主張している。

さらに、普遍史で重要な役割を果たしているヘブライ（ユダヤ）人については、「この民族はもっとも新しい部類に属する」（三八章）と主張する。しかも彼は、旧約聖書に現れている神は、ユダヤ民族以外の人々が崇拝することを許さない、排他的な民族神に他ならないということを、至る所で主張している。

こうして彼によれば、旧約聖書は、もっとも新しい一民族であるユダヤ人の、しかも偏狭な民族宗教の教典にすぎないとされるのである。この議論もまた旧約聖書を基礎としている普遍史に対する強烈な批判であることは、繰り返すまでもないことであろう。

（『聖書VS.世界史』）

ヴォルテールが啓蒙主義史学、つまり歴史主義の先駆者であり代表者という認識はマイネッケの『歴史主義の成立』以来ほぼ異論なく承認されていることであるが、それは単にそこにとどまるのではなく、聖書学と聖書年代記を基礎とする「普遍史」から、人間の歴史をすべて「文明」と「文化」の概念のもとに超越者や神とは切断された世俗世界の進歩と発展とする「世界史」への歴史意識のコペルニクス的転換の起点となったものであった。この点についてもう少し立ち入って考えてみることにしよう。ヴォルテールの『歴史哲学』(『諸国民の風俗と精神について』の序論を独立させたもの。一七六五年)の一八の「中国」の章は古代中国人の歴史記述の信頼性の高さを詳述したあと、その歴史意識そのものについて次のように語る。

この(中国)民族がとくに他の諸国民と異なっているのは、彼らの歴史が、かつてその法律に大きな影響を与えたはずの聖職者集団についてまったく触れていない点である。中国人は、人間が他の連中を導くためにその人びとを欺く必要があったような、そういう未開時代まで決して溯らないのである。他の諸民族は、自分たちの歴史を書く際、世界のはじまりから書き始めた。ペルシア人の『ゼンド』、インド人の『シャスタ』と『ヴェーダム』、サンコニアトン、マネトンからヘシオドスに至るまで、みな、事物の起源に溯り、宇宙の形成を語った。中国人はこのような愚行を一切しなかった。彼らの歴史は、歴史時代の歴史だけである。

われわれの大原則をとくに適用すべきは、まさにここにおいてである。その原則とは、強力にして賢明な一大帝国の存在を初期の年代記が証明しているような国は、それより前何百年かの間に、民族集合体をすでに形成していたに違いない、というものである。そこでこの民族を見るなら、四千年以上も前から、日毎に年代記を綴ってきたではないか。（安斎和雄訳）

ヴォルテールのこの一文には彼の反「普遍史」の思想と世俗世界史の思想が明確に表明されている。「世界」の歴史が神の被造物としての歴史、つまり神の創世神話として記述を開始されようが、あるいは事物がそれぞれの起源をもつ「開闢」神話として語りはじめられようが、このように人間の主体的な関与とは無関係なものは、歴史記述から排除されるべきであるという思想がその根本にある。そこからさらに歴史は民族集団が形成され、その民族集団が「文明」の歴史を開始させ、「帝国形成」をはじめる段階、そしてその帝国形成とその歴史記述（年代記記述）が中国のように同時代的に平行するか、そうでなくともオリエント諸帝国のようにその記憶が消失をまぬがれる段階で記録されるような歴史段階から歴史記述は開始されるべきであるという思想とつながってくる。つまり、人類の未開段階を神秘化して、架空の神話的な起源を作ることで宗教的なイデオロギー化を計っていく歴史思想への反撥の表明である。したがって考古学以前の時代のヴォルテールの歴史思想が考古学時代、無文字時代、さらには人間の「未開時代」の歴史に無関心であったことを咎め立てる必要はない。

ヴォルテールにとって、今日われわれが有している考古学的思考や未開民族の生活習慣を記述する文化人類学的思考がたとえ彼の思考領域に取り込まれる可能性が芽ばえていたとしても、「世界」が神の被造物であるという思想と引き替えにそれを受け入れなければならないとしたら、それらを進んで捨て去ってしまったであろう。ヴォルテールは創世神話の容認は諸民族の神話時代、英雄（半神）時代の容認と同様、歴史の神秘化、秘教化の是認につながるものとして、その「歴史哲学」から排除されるべきものとなる。歴史哲学とはのちにカントやヘーゲルにおいて「世界」の合目的的発展へと誘導されていくが、ヴォルテールにあってはいまだ合目的な世界発展の意識よりも、反「歴史神学」的性格が強く、世界史の反聖書年代記的進展の証明が急務となっている。

ヴォルテールの中国の「発見」は聖書年代学の否定、つまり聖書年代学の嘘と欺瞞の暴露にとって願ってもない助けとなったものである。中国の歴史記述が歴史記述のひとつの模範となるのは、そこに宗教の支配の形跡がほとんど見い出されないこと、そしてそれがまたヨーロッパ世界の普遍史的な聖書年代記の誤りを認識させ、それに代わる新しい歴史認識の開始の一助となる点である。

聖書年代記は引用の岡崎勝世氏作成の世界年代記表を参照してもらいたいが、天地創造からかイエスの誕生まで最長でも五千八百数年、最短では三千七百から九百年と今日のわれわれの常識から見れば異常といえるほど短い人類史画定である。ヴォルテールの時代にはまだ黄河文明、インダス文明、エジプト文明、チグリス・ユーフラテス文明というタームは出現していないが、彼がそれに比定させている古代文明、あるいは古代帝国文明はすでに聖書紀元四千年以前に成立しているので、西欧的な神話的歴史の嘘とキリスト教的な摂理史観の嘘を暴く格好の手引きとなるとヴォルテールは考える。

だから彼はキリスト教の聖書年代の嘘に対して彼が長年いだき続けてきた鬱憤を思い切り晴らすかのように次のような文章を書き加えている。

彼らの（中国人の）皇帝の治世は、それぞれ同時代の人びとによって書かれた。その人たちの間では、時間の記述の仕方になんらの差異もない。年代記相互の間にはいささかの矛盾もない。この地を旅行したわれわれの伝道師たちは、率直に、次のような話を報告している。彼らが賢明なる康熙帝に、『ウルガタ聖書』と『七十人訳（聖書）』と『サマリヤ五書』の間に見られる年代記述の著しい相違について話したとき、康熙帝は彼らに「あなた方が信じておられる諸書が相対立するなどということがありうるのですか？」と応じられたという。（同前）

痛烈な聖書年代記批判である。言論の自由も存在せず、キリスト教批判が封殺されていた時代にあって、いかに名声によって多少は身を護られているヴォルテールといえど、このような言動は一種綱渡りの危険を伴なわないわけにはいかない。微妙なバランスの上でこのような発言をなしうるヴォルテールの面目躍如たる皮肉に満ちた文章術は敵にとっても味方にとっても気を抜けない緊張感を与える。ともあれヴォルテールの聖書年代記批判は、キリスト教の「普遍史」思想批判にとどまるだけでなく、キリスト教そのものの批判に至る道を準備するものである。なぜなら彼はキリスト教が「世界史」の視点において決して絶対的なものではなく、他の種々の宗教と同様、人類史上の相対的な宗教のひとつにすぎないことを知っており、その『歴史哲学』が反復強調するように旧約聖書の文明が世界史の視点では最も後発の文明であり、ユダヤ人の宗教そのものが世界宗教というよりは、一民族の民族宗教であり、地域宗教にすぎないことを確認してしまっていたからである。

「普遍史」と「世界史」の違い

ここで論を先に進めるために、「普遍史」と「世界史」の概念区分を整理しておかねばならないだろう。今日でもフランス語ではこの概念区分はなく、両者とも histoire universelle であり、英語も

universal history と world history の区分がそれほど明確ではない。ただドイツ語のみが、Universal-geschichte と Weltgeschichte の区分が一八世紀末から一九世紀初頭にかけて明確な概念で分岐を果たしてきている。英仏語が「普遍史」と「世界史」の概念分化を徹底させえなかったのは、ルネサンス期以来の人文主義（humanism/humanisme/Humanismus）の「人間性」探究がフィレンツェの新プラトン主義やエラスムス人文主義に代表されるように、キリスト教思想との未分化状態で継承され、持続されてきたのに対して、ドイツ一八世紀の古典主義思想は「人間性（Humanität）」の概念をキリスト教の「神聖性（Divinität）」から明確に分離させ、それをギリシア的異教主義と世俗主義に結び付けることで、神聖性の支配する神聖世界（Universum）と人間性が支配する世俗世界（Welt）を明確に区分しはじめたのである。

その結果、ドイツではキリスト教的な意味での世界史を意味する「普遍史」と世俗主義的な人類史を意味する「世界史」の概念分化が他の国に比べて容易に進行しえたのである。ただし、仏語の世俗世界を意味する「世界」の語の monde も英語の world も独語の Welt も、それぞれ神聖領域を含む「世界」、univers（仏）、universe（英）、Universum（独）に対しての現実世界、世俗世界、人びとという人間の集まりという明確な区分概念を有しているので、実質的には宗教的世界観から創られた「普遍史」と神聖価値を排除し、人類の「文明」と「文化」の歴史として啓蒙思想が新たに提示する世俗的な「世界史」の概念をさして労せずとも浸透させていくことができた。

したがって「普遍史」と「世界史」の概念区分は啓蒙主義の普遍史に代わる世俗世界史の要求によって明確にされ、啓蒙主義の歴史主義の思想に由来する「世界史」が、「普遍史」を駆逐してしまって、それに続く近代歴史学の専門科学としての独立が聖書年代学と「普遍史」を完全に無効化してしまう。すると新たに「世界史」に関して新しい問題が発生してくる。その新しい問題とは二つの方向に向かう。ひとつはヘーゲルの『歴史哲学講義』やシュペングラーの『西洋の没落』、さらにはトインビーの『歴史の研究』において現われてくる理念史的な歴史哲学が問いかける問題であり、もうひとつは専門歴史科学の領域において現われる問題である。

つまり、科学的な「世界史」の記述は可能かという問題である。カントやヘーゲルの歴史哲学のように「世界史」を人類の合目的的な理念への達成過程とみる見方、そのような歴史記述は可能であり、正当性をもつ。なぜならそこにおいては個人や集団や民族の歴史は人類全体の歴史に吸収され、全体の発展のなかでのみ意味づけされ、歴史的意義を与えられるものとされるからである。それに対して、科学的・実証的な歴史科学は「世界史」を理念的な発展と考えるのではなく、歴史を個体的発展とみる歴史主義の思想を出発点としているからである。すでに述べたように歴史主義の「歴史」とは究極的には「文明」と「文化」の形成主体としての個体的歴史主体を分類していくものであって、「世界」という抽象的な全体性を解体していく思想だからである。

それぞれ地域的には孤立しながら、時間的には同時発展を示す複数の「文明圏」「文化圏」をどのような順序と配列で歴史的に記述するのかという問題である。この問題を突き詰めれば、果たして「世界史」というものが歴史科学的に存在可能かということになる。この問題に関しては、大航海時代開始とヨーロッパ人の世界進出による地域的孤立の解消をもって「世界史」の時代の到来と「世界史」記述の可能性の出現という考え方が提出される。このように異文明、異文化間の交渉の地球規模的な出現を「世界史」の出発点に置く考え方がそれなりの世界史の記述の出現の手がかりとされると、大航海時代以前や「地理上の発見」の時代以前にもモンゴル人の世界帝国の形成やアレクサンドロス大王の東征とヘレニズム世界の形成も「世界史」の出発点に据えうるという考え方が出てくる。

このようにさまざまな「世界史」の起点が模索されること自体がその成立の困難さを表わしているが、どこにその起点を求めようともそれがすべての文明圏、文化圏の人びとに受け入れられるものとなることはできない。なぜなら歴史主義とは究極的にはそれぞれの文明圏、文化圏を価値として相対化してしまい、「世界史」の起点そのものの設定を無意味化してしまうだけでなく、「世界史」という考え方そのものを無効化してしまうからである。近代の歴史思想とは啓蒙主義の歴史哲学によって「世界史」の理念を設定しながら、歴史主義の科学的実証的な歴史哲学で「世界史」を解体させるという二律背反を背負い込んでしまったのである。

しかし、この西欧近代の歴史思想の矛盾は歴史主義のみがもつ性質ではなく、広く歴史記述全般がもつ問題でもある。歴史とはどの民族、国家、集団の歴史記述であれ、自己の他に対する優越性あるいは自己の独自性と価値の主張というイデオロギー的な要求を基盤とすることが、その本質だからである。その意味で例外的なのはカントの歴史哲学だけであって、ヘーゲルの歴史哲学でさえもゲルマン的キリスト教民族であるドイツ人による自由理念の達成というイデオロギーに帰着してしまうのである。だが西欧の近代価値としての「歴史」はこの啓蒙の普遍主義とロマン主義の融合を、たとえ形式的であっても標榜していったのである。結果はやはり西欧イデオロギー中心の「世界史」になってしまったとしても、そこには科学的な価値自由の要因を含ませていたという方向性は残していたとフォークトの『世界史の課題』（原書一九六一年、邦訳一九六五年、勁草書房）は言っている。

地球上の全域にわたる歴史の総体について、その構造を把握し、またその意味を認識しようとする試みは、今世紀になってからのことである。十九世紀までのところ、文化諸民族の歴史意識は、人類全体の過去をその多様性のままに理解しようとはしなかった。ヨーロッパ人、アラビア人、中国人、インド人は、つねに自分たちの世界を世界全体と同一視し、〈世界史〉のもとに自分たちの文化圏の歴史を理解していた。このような思考態度は、古代中国やローマの世界ばかりでなく、すでに古代エジプトにも認められる。つまり、自分たちの文化域の外に住む人々は野蛮人であり、未成熟者であり、自分たちの世界帝国に対する付属物であるとし、あるいはまた諸民族の展開する光景のうちに溶けこまない残りものであると見る態度である。このような視野の狭さが、ヨーロッパ人の歴史思想にもつきまとっている。なるほど西欧の人々は、国家的、文化的生活の連続を古代ギリシア＝ローマ時代にまで遡ることができたし、また聖書を通じて古代東方の国々について学んだり、イスラームとの絶え間ない遭遇を経験したりした。だが、それにもかかわらず、古代―中世―近代という周知の時代区分が示すように、かれらは全くヨーロッパ的に規定された脈絡で世界史を捉えていた。その上かれらは、新たな諸大陸を発見して、幾世紀にもわたり海のかなたに植民地を築くようになっても、依然としてヨーロッパを人類史の中心とかたく信じていた。あらたに発見された国々の歴史は、ヨーロッパと密接に接触するようになったその瞬間から、ヨーロッパの歴史と結びつけられる。それはあたかも文化を異にするさまざまな領域から芸術作品が収集されて、ヨーロッパ諸国の首府の博物館を飾るのと同じである。

（小西嘉四郎訳）

フォークトのいう「世界史」とは、「地球上の全域にわたる歴史の総体について、その構造を把握し、またその意味を認識しようとする試み」ということであるが、彼はこのような世界史の思想が西欧人の歴史思考の中に着実に根付き始めたのが歴史科学の専門科学化の経過と共同歩調を取ってきたという。しかし、その西欧の歴史科学は「世界史を同等の価値をもつ文化の多元として理解したり、あるいはまたこれまでのいっさいの出来事を人類共同の過去として整理し、遥か彼方に人類共通の目的を予見」する方向には進まずに、過去のすべての文明圏・文化圏の歴史記述がそうであったように自己中心の「世界史」の限界を打破できずに、やはり西欧中心の世界史像をつくり出してしまったという。

だがこのような西欧中心の世界史像から脱脚して新しい世界史像を形成するのは、決して困難なことではなく、既にオスヴァルト・シュペングラーの『西洋の没落』やアーノルド・トインビーの『歴史の研究』にその範が示されているので、「われわれが普遍的な世界史への道をもとめるには、何も新しい道を探すにはおよばない。専門歴史学がこれまでに辿ってきた道をほんの少しだけ先に進めればよいのである。もちろん、それよりも、専門家たちのゲレンデを大胆に高く飛び越すことの方が、もっと面白く思われるだろう」と彼はいう。

つまり、彼のいわんとすることは一九世紀以後の過度なまでに専門科学化した歴史学の思考に「歴史哲学」的思考を加えてゆくべきであるという提言なのである。

フォークトが『世界史の課題』を発表した一九六一年の時期に西欧中心でない世界史の構想を模索し始めたということは、第一次及び第二次という二つの世界大戦によって、ヨーロッパの地位が著しく低下し、代わってアメリカとソヴィエト連邦の存在感の強大化と第三世界のヨーロッパの植民地支配からの独立という客観的な事実を踏まえての提言であることはもちろんであるが、それは単にヨーロッパの世界史的な地位の相対的低下という消極的な態度や「西洋の没落」という悲観的な感傷からの提言ではなく、むしろヨーロッパの一九世紀以後の歴史学の科学的知見の厖大な集積と到達度の高さに対する信頼感と啓蒙主義以来の、つまりヴォルテールやカント、ヘーゲル、ヘルダー以来のヨーロッパの「歴史哲学」の世界史の構想への信頼が一体化しているためである。またさらに彼の歴史科学に対する信頼を強固にしているものに社会学、人類学、民族学の発展やより具体的に歴史科学に対する側面的支援の通路を開いてくれている文化社会学や文化形態学というきわめてドイツ的な文化科学への期待の大きさがあるからである。彼は「歴史哲学」のもつ世界史構想という体系的な構想について次のようにいっている。

これらの体系的構想は、専門的歴史科学を少なからぬ混乱に陥れはしたが、にもかかわらず、それはヨーロッパ精神史に深く根ざすものであって、その源はヘーゲル哲学を越えてヘルダーのヒューマニズムの理念や、また啓蒙の進歩思想にまで遡ることができるのである。つまり、十九世紀ヨーロッパの歴史学の内部に展開していたさまざまな動向の中に、すでにこのような人類の発展という包括的な解釈が用意されていたのであり、したがってそれがまずもって研究される必要があるであろう。このような「歴史哲学の包括的な世界史解釈の伝統と専門科学としての歴史科学の平行的進展の」回顧――それは一般にランケを越えてゆくことはないとされるが――によって、「専門科学としての」歴史叙述が基本的には国家史の観点に、あるいはまたヨーロッパ的な観点に捉えられていることが明らかになる。

けれどもまた、他方にはそれと並んで、フランス・イギリスの実証主義から生まれた社会学があり、さらにはまた、多くの源泉から養われ、人類全体を一望の下に看取する見地としての有機体的文化論がある。やがてはランケの世界史も二十世紀における普遍的世界史の要請に対しては不十分なものであることが明らかとなった（中略）エルンスト・トレルチはいっさいを歴史的制約の下に見、かつ理解するその驚嘆すべき能力にもかかわらず、人類史の全体には到達し得なかった。かれのこのようなほとんど絶望的な状況のうちに、歴史主義の後期的局面が示されている。さらにわれわれは、シュペングラー、トインビーと並んで、全人的なもの、「原人」的なものについての認識を促進した諸学問――人類学・民族学・社会学――に注目したいと思う。もっともここでは、社会学といっても、とりわけアメリカにおいて包括的な文化論に実り多い貢献をなした社会学が、またドイツではとくにアルフレート・ヴェーバーによって代表される社会学が、取り上げられるであろう。

最近数世紀の一般的な歴史思想のこのような展望の下で、ドイツ精神の尽力がひときわ際立っていることが理解されるであろう。われわれの考察は、その本質において、人類史の素材全体を把握し、構成しようとする研究であって、決して歴史哲学的抽象でも、現代の文化批判的診断でもないことをはっきりと言っておきたい。このような抽象や診断が歴史思惟にとって価値あるものであることは認める。だが、われわれの目的は、今日では人類史こそ歴史科学の課題であることを明らかにするという問題に、一つの寄与をなすことである。（同前）

フォークトの考え方はあくまでも楽天的であり、西欧近代の諸科学に対する信頼を失うことがない。だから彼は「だが、われわれが普遍的な世界史への道をもとめるには、何も新しい道を探すにはおよばない。専門歴史学がこれまでに辿ってきた道をほんの少しだけ先に進めばよいのである。もちろん、それよりも、専門家たちのゲレンデを大胆に高く飛び越すことの方が、もっと面白く思われるだろう」と楽天的な見通しを示す。そして、一九、二〇世紀が蓄積してきた歴史科学の専門的方法意識と史料批判技術、さらにはその背後で西欧の歴史意識を支えていた歴史主義思想と啓蒙主義以来の歴史哲学の思想との思想的な結合、いいかえれば歴史科学と歴史哲学の再結合こそが西欧中心の「世界史」思想の相対化への突破口となると彼はいう。なぜなら「歴史哲学」という「体系的構想は、専門的歴史科学を少なからぬ混乱に陥れはしたが、にもかかわらず、それらはヨーロッパの精神史に深く根ざすものであって、その源はヘーゲル哲学を越えてヘルダーのヒューマニズムの理念や、また啓蒙の進歩思想にまで遡ることができるのである」からである。だが、この楽天的な期待もそれ自体が西欧の近代がもたらした西欧中心主義の「幻想」に終わってしまうのではないか。本書は「文明」や「文化」、さらには「世界史」がそれ自体ひとつの壮大な虚構の価値ではなかったかという観点から以下の叙述を進めていきたい。

第二章　ロマン主義と文化

ロマン主義と啓蒙主義の「文化」

一九世紀末以後のドイツ人とドイツ語圏の人びとは「文化」（Kultur）という語に特別な意味を込め、その語に自己の心性と自己の生存の意味を同化させようとしてきた。ヘルムート・プレスナーの『遅れてきた国民』（一九三五年）はこの間の事情を次のように説明している。

文化《クルトウーア》とはドイツ語では、世俗的な分野における精神活動とその成果を総括する概念であり、他の言語に翻訳しがたい言葉である。これは文明とも合致しないし、洗練、教養ないし仕事などとも一致しない。文化の訳語としてはこれらの概念は冷やかだったり、表面的すぎ、形式的あるいは「西欧的」にすぎ、また他の領域に縛りつけられている。つまり重量感や豊かな充実感や心からの情熱がないのだが、これこそ十九、二十世紀のドイツ人の意識のなかで文化という語と結びついていたものであり、なぜこの言葉がしばしば強調して用いられたのかもそこから理解できるのである。文化という言葉は完全に世俗的な枠内にとどめられ、世俗的なものにふさわしい特徴をもっているにもかかわらず、宗教的地盤との繋がりを保持している。それは十八世紀の理性という言葉やその次の時代の精神とか生とか民族という言葉と同じである。これらの言葉のなかにドイツ人特有の深み、世俗化された敬虔さの深みが表現されている。そしてその根源は世俗的な労働と職業活動に対するルター主義の関係にある。

（土屋洋二訳）

プレスナーのいわんとすることは、本来「文化」という概念は「文明」の概念同様に宗教的な世界観から人間を解放し、神の被造物としての人間を世界創造の主体へと転化させるための観念体系構築の中心的な概念であった。いいかえれば、それは徹底的に世俗的な概念だったものである。それがドイツにおいては他の西欧諸国とは異なって再びルター主義の労働観、職業活動観と結びついて、新たな「世俗宗教」的な神聖価値を帯びだしたというのである。

プレスナーはドイツのナショナリズムが国家ではなく民族に、文明ではなく文化の概念に結びつくことで、ビスマルクからヒトラーの時代の「ドイツ精神」の神性化というドイツ・イデオロギーの生成過程を歴史家的な中立性を保ちながら解明していこうとした。それに対してフロイトは民族性や国民性という装着された二次的な人間精神ではなく、意識下の本源的な人間精神の探究者として、「文化」の全人類的性格を解明しようとする。フロイトは「文化」が人類全体に対しては神聖価値からの解放者の役割を果たしながらも、個体としてのひとりひとりの人間には抑圧者的な役割をもつ二重性をつねに問題とした。その代表的なものが『文化における不快なもの』（一九三〇年）であるが、それは彼が宗教批判を通じて「文化」の神聖化そのものがもつ人間精神の抑圧性を明らかにしようとした『幻想の未来』の問題意識を継承したものである。その問題意識とは西欧思想とキリスト教に帰着するものであるが、晩年のフロイトにとっては人間の個々人の病理的な問題よりも人間集団の「文化」のもつ攻撃性の問題の方がより大きな関心事となったようである。『人間モーセと一神教』（一九三九年）はその最終的な仕事となったものといえる。

ともあれ『幻想の未来』においてフロイトは「文化」を次のように定義している。

ここでまず、人間の文化について定義してみよう。文化とは、人間の生を動物的な条件から抜けださせるすべてのものであり、動物の生との違いを作りだすもののことである。だからわたしは文化を文明とは区別しないつもりである。ところで文化を観察する者からみると、文化には二つの重要な側面がある。まず人間が自然の力を制御し、人間の欲求を充足するべく自然のさまざまな財を獲得するために手にしてきたすべての知識と能力全体であり、いまひとつは人間の相互関係、とくに獲得できた財の配分を定めるために必要な制度すべてである。（中山元訳、訳文を多少変更）

フロイトにとって「文化」とはなによりもまず、「人間の文化」、つまり人類全体の文化であって、特定の人間集団、つまり特定の国民や民族、さらには特定の地域集団や特定の共同体のそれではない。また特定の国民や民族の精神はその歴史の聖別化の対象とされるべきものでもない。文化とは「人間が自然の力を制御し、人間の欲求を充足するべく自然のさまざまな財を獲得するために手にしてきたすべての知識と能力全体」のことである。それは人類全体が共通に獲得してきた知性の進歩と技術の進歩の全過程に対して与えられるべきものである。いいかえれば、それは神という絶対者や天命といった超越者によって人間に分与された神聖価値の下賜物ではなく、人間の欲望の充足への努力と欲望の相互調整過程で生み出されてくるそのときどきの社会制度との関係そのものが文化ということになる。

自然の力を制御し、自然からさまざまの財を手に入れようとする人間の欲求充足の活動が人間の文化であるなら、人間相互間の欲望を調整し、欲望の馴致のために創り出された社会の諸制度も文化である。いいかえれば個人の欲望の充足のためになされてきた人間の知的進歩と拡大、技術の進歩と拡大も文化であれば、個人の欲望に敵対し、それを制御し調整しようとする社会の諸制度も文化である。だからフロイトは先の引用文に続けて、「文化のこの二つの側面はたがいに分離したものではない」として、その相互関係こそが文化の本質であるとする。そしてその本質の解明への仕事に着手するために、個人の欲望の文化への攻撃、個人の欲望からの文化の防衛という点から論を展開させていく。

人間はただ一人で生存することはほとんど不可能である。それなのに共同生活を可能とするために文化から要求される犠牲を、大きな制約と感じるのは何とも奇妙なことである。そこで文化を個人（の欲望）から防衛することが必要となる。文化の機構、組織、規制などは、このために存在するのである。これらのものは、財を分配するためだけではなく、文化を維持するためにも必要なのである。文化に敵対する個人の営みを制御し、自然の支配と財の生産に有益なすべてのものを保護する必要があるのだ。人間が作りだしたものはすぐに破壊されてしまうし、人間が創造してきた科学と技術は、それ自体を破壊するために利用することもできるからだ。

（中山元訳）

これはプレスナーが論述した一九世紀末から二〇世紀のドイツ人のように自国民族の精神と自国の文化を神聖価値化し、そこに自己のアイデンティティを求め、それに自己を一体化させた態度とまったく別な文化に対する態度である。

「文化」という概念と観念は突き詰めていけば最終的にはこの二つの方向に分岐するものである。一方は「文化」を「文明」から峻別し、それを自国や自民族の精神価値の神聖化、優越価値化の方向で概念化し、そしてそれに対応する観念の体系化を目指す方向である。もう一方は「文化」と「文明」の間に概念的差異を拡大させず、個人を国家や民族に結びつけるよりもむしろそれを「社会」や「公共圏」といったゲゼルシャフト的な集合体に結びつけることによって、特定の個別的な国家、民族、集団の価値よりも「人類」と「世界」の普遍的な価値を目指す方向である。前者はプレスナーが分析したようなドイツの「文化」概念である。それは「文化」と「文明」が概念を峻別し、精神価値に関する領域と物質価値の領域をことさらに区別し、「文化」の「文明」に対する優越性を信奉する。それに対して非ドイツ的な「文化」概念は「文明」と峻別されることなく、両者は状況に応じて融合し、両概念は容易に意味の互換性が与えられ、精神価値と物質価値の峻別を嫌うのである。前者は啓蒙主義的思考に対する意図的な対立のなかに自己の存立根拠を据えようとするロマン主義とナショナリズムの思考の産物であり、後者は物質的、技術的な進歩によって、「人類」と「世界」の功利主義的な改善の恩恵の享受を標榜する啓蒙主義の思考の産物である。

その意味でフロイトの「文化」概念は啓蒙主義の正統の継承である。それに対してプレスナーの分析するドイツの「文化」概念はロマン主義とナショナリズムの真性の継承である。本章はロマン主義とナショナリズムの文化概念とその観念体系の特徴を見ていこうとするものであるが、問題点をより鮮明にしていくために、もうすこしプレスナーとフロイトの文化概念の差異にかかわっていきたい。

解放としての「文化」と抑圧としての「文化」

プレスナーが分析したドイツ語の「文化」概念は、「文化という言葉は完全に世俗的な枠内にとどめられ、世俗的なものにふさわしい特徴をもっているにもかかわらず、宗教的地盤との繋がりを保持している」ものである。西欧諸国の一般的な文化概念が宗教的な基盤を徹底的に破壊することで、「理性」という言葉とだけ結びついて、「人類」と「世界」の普遍性と共通の普遍的な価値を目指したのに対して、ドイツ語の文化は「一八世紀の理性という言葉やその次の一九世紀の精神とか生とか民族という言葉と同じである」といわれるように、「理性」との結合だけにとどまらずに、「精神《ガイスト》」とか「生《レーベン》」とか「民族」という言葉との結合をも果たしてしまったのである。その結果、啓蒙主義が世俗価値と峻別した宗教価値が再び世俗価値のなかに侵入し、世俗価値の宗教化と神聖化が再開されはじめる。

キリスト教神学、つまりその教義体系において信徒の世俗生活における神に対する義務と信仰生活における教会に対する義務との間に境界は存在しない。両者は神の恩寵と摂理のなかで完全に受動的な生を享受するだけである。それに対してルター派のキリスト教徒にとっては世俗生活における神に対する義務と、信仰生活における教会に対する義務はそれぞれに別なものとして一致してはいない。プレスナーのいうようにドイツの文化という言葉が「宗教的な地盤との繋がりを保持している」のは、すでに述べたように、啓蒙主義においてそれが「理性」という言葉とだけ結合していただけであったのが、ロマン主義とナショナリズム思想のなかで特有な意味と意義を与えられてくる「精神」と「生」と「民族」という言葉と結びついて、それらを「文化」の重要な内包概念とするためである。だから彼は「これらの言葉のなかにドイツ人特有の深み、世俗化された敬虔さの深みが表現されている。そしてその根源は世俗的な労働と職業活動に対するルター主義との関係のなかに求めることができる」とする。そしてドイツの「文化」概念を世俗生活の神聖化、宗教化するルター主義の特徴から次のように説明する。

ルター派キリスト教徒にとって神に対する義務と教会に対する義務との境界は一致しない。なぜなら国家と家族と職業とが信仰の業をなすべく神から与えられた領域だからである。世俗的な職業の価値を決定するのは社会的名声のような外的な評価ではなく、その仕事を果たすときの信仰心である。この信仰心から世俗的行為は召命の意味を帯び、信仰心によって神聖なものとなる。ルター派信者は信仰の事柄に関しては内的な自由と決断の力を「大切にしそれを」手放そうとしないから、宗教的なアクセントは労働の成果よりも行為の意思に、つまり労働と行為者の人間との内的な結合に置かれることになる。人間はある「職業《ベルーフ》」を、信仰しつつ行うことで神に仕える。ここにおいて能動性の側面は、その時々の目標から分離しうる意思によって強調される。労働というかたちで現世的な行為それ自体が神聖化され（適切な精神においてだけであるが）、それとともに労働の形式化が果たされる。つまり文化概念の本質的な要素はあらかじめみなそこに揃っている。

（土屋洋二訳）

このような文章を読まされるとおおかたの人はウェーバーの『プロテスタンティズムの倫理と資本主義の精神』(一九〇五年)のエートス論や近代化論が蒸し返されたものに出会ったような思いにうんざりさせられるに違いない。だがそれはウェーバーのように西欧における近代資本主義の発生とプロテスタンティズムの禁欲的合理主義の結合を確認するためのものではない。それはむしろその著の章題とそのサブタイトルが示しているように、「西欧文化」に対応する「ドイツ文化の宗教的な基盤」、つまり「ルター派の精神が啓蒙宗教とカトリシズムに示した抵抗」に論を進めるためのものである。

プレスナーがいわんとすることは、ドイツ人が一九世紀から二〇世紀にかけて育てあげていった「文化《クルトゥーア》」という概念は啓蒙主義が説いてきたような「世界」の脱神聖化、世俗化的な解釈の上にのみ構築された概念でもなく、またカトリック的な宗教思想が継承してきたような世俗生活における人間の「神に対する義務」と信仰生活における「教会に対する義務」との間になんの分裂、つまり不一致も存在しないという思想の上に構築された概念でもなかったということである。いいかえればドイツの「文化」概念は啓蒙主義やその申し子のフロイトのように反宗教的で世俗的性格のみを強調する方向で観念体系化されたものでない。またカトリック的な神秘主義が主張するように、人間の知的発展も人類と世界の科学的、技術的な進歩も究極的には神の超自然的な神秘的な力と神の支配する「コスモス」の秩序を越えることはできない。それゆえに、人間の個人的な主体的「自由意思」など、大局的な見地からすればとるに足らないものであるとする。ドイツの「文化」概念は、この啓蒙主義的な「文化」と「文明」の成立の方向とは異なった方向を歩んで形成されたものであったということである。

プレスナーのいう「文化という言葉は完全に世俗的な枠内にとどめられ、世俗的なものにふさわしい特徴をもっているにもかかわらず、宗教的地盤との繋がりを保持している」というのは、ドイツ人が「文化」という概念を一九世紀から二〇世紀にかけて再解釈し、再構成してきたプロセスを説明したものである。ドイツのロマン主義は啓蒙主義ほど宗教を人間の知性発展の不完全な段階での「幻想《イリュージョン》」とも、「幻覚《ヴィジョン》」とも考えず、またキリスト教神学のように「世界」の存在の「第一原因」とも考えない思想で、人間の世俗活動の神聖化を押し進めようとしたのである。

プレスナーが解説するように一九世紀末から二〇世紀の初頭にかけて推進させられてきたドイツ語の「文化」概念の特殊なドイツ化は後づけされた理論の産物であり、帝国主義時代の西欧諸国の国家間の利害闘争を反映したイデオロギー的な主張を多分に含んだものである。そこでは「西欧的」で、「世俗的」な文明の概念に対置された文化がことさらに「ゲルマン的」で、「宗教性」と結びついた神聖で神秘的な民族の精神価値を強調しようとする傾向をもつ。だが一八世紀末から一九世紀初頭の歴史の現実に戻してみると、ドイツにおいては「文明」も「文化」もいまだに言葉としても未成熟で、概念としても整備されておらず、日常語としても文章語としても使用頻度のきわめて少ない語にすぎなかった。

日本でも戦後の新憲法が国民の「文化的生活」を保証するまでは「文化」という概念は学術語としてもまた文章語としても未成熟、未整備な概念で、日常語としては「文化庖丁」「文化鍋」「文化住宅」といった安手で簡便な代用品的な意味が主要な用法で、民族の精神価値には結びついていなかった。その例を挙げるなら戦時中のかの有名な「近代の超克」の諸論文と座談、またこれに連動する京都学派の人びとの座談会「世界史的立場と日本」「東西共栄圏の倫理性と歴史性」「総力戦の哲学」のなかに「文化」という語がまったくといってよいほど出てこないということを挙げることができる。これと類似のことがドイツの一八世紀末と一九世紀初頭、つまり啓蒙主義の時代とロマン主義の時代についても言えるのである。「ドイツ民族性」のマニフェストとされるフィヒテの『ドイツ国民に告ぐ』においても、「ゲルマン民族の世界史的使命」の教義書とされるヘーゲルの『歴史哲学講義』にも、「ドイツ文化」という語はおろか「文化」という語そのものも出てきていないのである。

「文化」や「文明」という概念は本来きわめてゆっくり成長をとげてきたものである。それはその言葉自身の自己発展によって成熟へと向かったものというより、プレスナーがいうように、「それは一八世紀の理性という言葉や次の時代の精神とか生《レーベン》とか民族という言葉と同じものである」といえる。いいかえると「文明」や「文化」という言葉はその意味範囲の広さをそれ自身が負いきれないため、「理性」や「精神」という人間の個人的な主体性と同義的なものによって代表的に表現されるか、あるいはキリスト教的な受動的な、彼岸的な人間の「生」に対するアンチテーゼとしての主体的で現世的、世俗的な生活としての人間の「生」、あるいはその集合的表象としての「世界」と「民族」によって代替的に用いられてきたのである。

人間存在の様態と人間価値

「文明」「文化」の概念が次第に成熟して人間生活全体の人間活動の価値を意味するようになってくると、このように人間生活そのものやその活動の様態、あるいはその所属領域全体と同義的な意味をもつものとなってくる。そしてその概念が啓蒙主義的な「人類」「世界」「理性」といった世界市民的な概念成熟の方向から特に西欧世界の民族主義的な諸特徴の表象価値、いうなればロマン主義的な方向での「国民」「民族」「精神」の価値への転換を果たしてくると、啓蒙主義の人類全体の普遍的な価値の指標から特定の地域、特定の民族と国家の精神価値が概念の中核的な構成要件となってくる。ここにおいて両概念は西欧と西欧人の自己価値を中心に意味領域が規定されるようになってくる。

西欧人が宗教的、神学的な世界解釈から離れて人間の世俗活動を総合的に捉えた概念は、「アルス」であり「テクネ」であった。それは高度な学術的な思索から単純な肉体労働までを包括する概念で、「科学（学問）」「技術《テクノロジー》」「芸術」から職能的なノウハウ、スポーツや遊戯の技術までを含むものであった。しかし、ロマン主義時代の思想において「文明」「文化」の概念の中核となっていったものは、「芸術」「学問（科学）」という高度な精神価値領域であったが、ここでいう「科学」とは自然科学、人文科学と哲学・思想という世俗的価値世界を意味するものであった。しかしそれにとどまらずロマン主義は「宗教」をも文化・文明の概念の中核的な構成要件に再編していった。ここでいう宗教とは教会制度として組織され、社会的な強制力を意味するキリスト教のことではなく、内面化され、個人の良心として倫理的な自己規制としての宗教であった。つまりプレスナーの引用文中にあった「教会に対する義務」としての宗教ではなく、社会制度から離れ、個人の内面でのみ責任を負う「神に対する義務」を意味するものであった。

いうなればロマン主義の「文明」「文化」の概念は啓蒙主義がキリスト教の神聖価値から独立させた人間の世俗活動の領域を再び神聖化する方向に進み、改めて人間活動の再聖別化の概念に変化しはじめたのである。「文明」と「文化」という西欧近代の新しい価値概念は近代以前の宗教的価値観や伝統社会の価値観が社会秩序の維持のために最も忌避し、負の価値しか与えなかった諸観念を新しい概念群によって価値を逆転あるいは転換させるための中心的役割を担った言葉である。

前近代の伝統的価値体系の社会にあって最も忌避され、否定的な評価しか与えられなかった観念は「進歩」であり「変革」であり「革命」といった既存の社会秩序の変動や破壊を想定させるものであった。なぜなら伝統社会も宗教価値支配の社会もともに権威主義的な価値によって社会秩序を維持していくことが出発点であると同時に目標点でもある社会だからである。伝統社会の価値はあらゆる社会活動の規範が「しきたり」や「ならわし」といった伝統的な慣習の維持に依拠するものであり、また王侯や家父長的な権威主義社会は支配者の命令と被支配者の服従は武力や経済力といった物理的な力関係よりも支配者のもつ権威の不動性、いうなればその不滅性と普遍性に対する心服と畏敬という心理的な関係に依拠するものだからである。

「文明」や「文化」という概念は西欧の前近代社会の社会秩序やそのなかに生きる人びとの伝統主義的な心性を変革させ、「近代」という進歩と変革が中心価値となる社会体制の創造の集結点に位置するものである。この概念を中心にあらゆる近代的価値が複雑に連動し、相互にからみ合い、この概念の内包領域をかぎりなく広いものとし、伝統社会の価値を無力化、無価値化、さらには価値の転倒と新しい価値の創出をもたらす概念群の相互の観念連合が加速的に推進される。そのため「文明」と「文化」の両概念はその言葉の独立的な発展の方向で概念成熟を行なっていくのではなく、その概念が内包する個別的な領域を独立化、自律化させることで、巨大な観念連合を意味する名辞として発展していく。

「文明」「文化」とは進歩や変革、世界さらには国家、民族、精神などと観念連合するだけでなく、科学、技術、産業、芸術といった一八世紀末から一九世紀初頭にかけて登場する近代的な新価値とも観念連合してくる。いうなればその両概念は自らを尖鋭化することで限定的に意味を極限していくのではなく、内包領域をつぎつぎに拡大しながら、それが含む諸概念を相互に関連づける「内包的全体(intensive whole)」ともいうべきものとなっていったのである。別ないいかたをすればこの両概念は名辞の定義によって自己の範囲を明確にできる絶対的な名称ではなく、他の諸概念に付帯するか、観念連合することで名辞的な意味をもつものである。哲学的な用語でいうなら協定(慣用)的内包(conventional infection, connotation)というべきものである。

いうなれば「文明」「文化」という概念はこのようにたえずその外延を拡大させることによってその内包諸概念の相互関係を変化させるものである。したがって啓蒙主義時代にあっては「理性」「人類」「世界史」「進歩」「変革」という概念がそれぞれの相互関係のなかで十分に「文明」概念の意味内容を表現することができた。つまり「文明」という語そのものを使用しなくても代替概念やその観念連合でその内実を表現し、また伝達したのである。「文化」に関しても同じことがいえる。実際その二つの語は実用的使用の頻度がきわめて低い語で、一八世紀末から一九世紀初頭の諸文献のなかで直接出会うのは人びとが想像するよりもはるかに少ない語である。

このように見てくるとわれわれは「文化」という語を「文明」とは峻別する方向に進んだドイツにおいてさえ、その語(Kultur)が一八五四年に第一巻の刊行が開始されるかの浩瀚なグリムの『ドイツ語辞典』に載っていないという事実に驚かざるをえない。ということは「文明」という語も「文化」という語も人間活動の特定の領域とだけ結びついて概念構築を果たし、その概念の内包を厳密な論理的思考に立脚して着実に段階的に自己確認しながら同時に外延をも拡大させてきたものではないということである。むしろ「文明」も「文化」もそれぞれの概念が内包する観念群、具体的には「理性」「進歩」「改革」「人間性」「人類」「世界」「歴史」「国家」「民族」「精神」「芸術」「学問」「技術」「伝統」といった諸観念がときには緊密な観念連合を果たしながらも、ときには他の観念を排除していくかたちでそれぞれの独立の概念化を果たしてきたということであり、さらには、「文明」や「文化」の概念に対して自己の概念の絶対的な独立を主張せず、相互の観念連合のなかでそれぞれが内包領域を合同化させるという概念発展の二重性を保ってきたためである。

「文明」「文化」の概念の歴史的展開を問題とする場合、特に留意すべきは、その概念そのものだけを選別抽出し、その概念の使用例だけを追跡する仕方である。たとえばA・クローバーとK・クラックホーン共著の『文化――概念と定義の批判的再検討』（一九五二年）のような場合である。ここでは驚くほどの目配りの広さと倦むことのない熱意をもって文化という語の出現から同時代の用例までが博捜され、体系的に整備されて概念の歴史が追跡されている。だがその作業に値する労力は必ずしも十分に報いられたものにはなっていない。なぜならこの著は「文化」という語そのものだけに執着拘泥し、この語のストレートな用例だけを拾いあげ、この語と同じ内容が別の語に置き換えられたり、別の語がこの語を内包概念化し、その語が表面に現われていなくとも同じ意味内容が提示される使用例がすべて無視されるからである。

実例を挙げるなら、ドイツにおける「文化」概念の定礎者とされるJ・G・ヘルダーやその著『人類史の哲学に対する理念』には、実は「文化」という語はほとんど使用されていないのである。この語に相当し、ほぼ同一概念的に使用されているのは、「人間性」（Humanität）という語である。それにもかかわらず、ドイツにおける「文化」の概念の出発点がヘルダーに求められるのは、後代のヘルダー論者が後代に整備された「文化」という語と同概念のものとして、この「人間性」を「文化」と等置、あるいは転換させているためである。そのためにヘルダーがあたかもこの「文化」という語の流布者という思い込みを広めてしまったのである。さらにいえばW・フンボルトの方が実際は「文化」という語をヘルダーや他の同時代者たちよりもはるかに多く使用しているが、彼も同時に「文化」という語とほぼ同じ意味で「人間性」の語を使用しているので、皮肉なことに彼はこの後者の概念の代表的な流布者という評価と結びつけられてしまい、実質的にはヘルダー以上に「文化」という語の多用者にもかかわらず、ドイツにおける「文化」概念の定礎、流布とはほとんど結び付けられない位置に置き去りにされてしまっている。

「文明」と「文化」は一九世紀全体を通じてほぼ同義語的に使用されてきた語であり、その概念は交換可能な互換性をもつと同時に、つねに一方が他方を内包概念として含みもったものであった。なぜなら両者ともに前近代の神学的な神聖な秩序と伝統支配的、権威的な世俗的秩序という、いうなれば教権と君主権の秩序体系のなかで変動的に与えられた生の役割しか果たしえなかった人間が、自らを世界と生の創造者として位置づける理論体系を創出していくのに最も応用範囲の広い概念が「文明」と「文化」だったからである。この両概念はすでに述べたように人間が世界における自己の存在意義を主体的な存在者に転換させるために最も包括的な概念となりうる拡大性をもったものであった。そのためこの両概念は西欧近代の新たな価値群を自らの内に取り込みえた。またそのため両概念は厖大な内包領域をもつと同時に近代価値の領域拡大に比例してその概念の外延をも次々と拡大させていくことになる。

西欧近代がその政治、経済だけでなく、芸術、科学、技術の領域、さらには思考様式や社会慣習に至るまでの生の全領域での新価値の観念を体系化してくると、「文明」「文化」の概念はその広領域性と価値の複合性ゆえに特定の限定された領域の価値の明確化、尖鋭化には不向きなものになってくる。たとえば芸術の分野において、過去の芸術作品群が「芸術家」ではなく職能的な「職人」階層の人びとの製作物である場合、それらを「文化財」として再評価する理論は整備しえても、近代の新たな価値としての「芸術」の理論や社会価値の更新や創出者としての「芸術家」の概念をつくりだしていくためには、「文明」や「文化」を主導概念とするよりも、位置を逆転させ、「芸術」を主導概念として、それらを内包概念化した方が近代価値の創造の理論の明確化、尖鋭化をより確実なものにすることができる。

一九世紀が「文明」「文化」の概念の内包領域を肥大させながらも、日常的、社会的な言語使用の領域では表面化せずに、地下水脈のように伏流化し、突発的な湧出はきわめて目立たないものであった。したがってこの両概念は啓蒙主義時代の発生期から第一次世界大戦のイギリス・フランスの「文明」とドイツの「文化」という両概念のイデオロギー戦争化以前までは、西欧の近代価値を全面的に調停する統括者としての主導的な役割を表立って引き受けたのではなく、舞台の裏方的な役割を果たしてきたものであった。

啓蒙主義時代にあっては、「理性」「進歩」「人類」「世界（史）」が、「文明」「文化」の概念の同義語であると同時にその内包概念であった。ロマン主義とナショナリズムの時代にあっては、「精神」「人間性」「民族」「言語」「哲学」「宗教」「芸術」がその同義語であり、同時に内包概念であった。このことによっても推量されるように啓蒙主義時代にあっては「文明」が「文化」を内包化し、両概念を代表していたが、ロマン主義の時代ではこの関係が逆転し、「文化」が「文明」を内包概念化し、両概念の代表概念の役割を担うようになった。このように「文明」「文化」の概念はそれぞれが自律性をもって他の概念と明確に自他の区別を保持しながら成長発展をとげてきたものではない。それはむしろ両概念そのものが相互に転換可能な互換性をもって使用されてきたように、その発展段階は概念の厳密性を育てることが目的ではなく、西欧世界がその近代価値を確立させてくる過程のなかでその価値概念群を相互に関連させると同時にそれぞれの近代価値概念を自立した明確なものとするという二重の支援を果たすことにおいて最も重要な役割を担った観念枠として作用してきた概念であった。

したがって一八世紀末から一九世紀中葉にかけて「文明」と「文化」は使用頻度の高い言葉として直接、表面に現われるよりもむしろその内包領域の諸価値を発展させるかたちで外延を拡大させながら世界の世俗化を推進させることで自己目的を果たしてきた言葉だったのである。その意味ではフロイトが見事にその本質を見抜いたように「文明」「文化」の二つの本質は次の二つの事柄であるというのである。ひとつは「自然の諸力を支配してその財物を欲求の充足に供するために人間が獲得した知識と能力の全領域」であること。いまひとつは、「人間相互の関係、とにく獲得可能な財物の分配を定めるために欠くことのできない機構のすべて」であること。

啓蒙主義の直系の思想継承者フロイトは啓蒙の時代がすでに見抜いていながら、簡潔明解に整理できなかった「文化」「文明」の本質を的確に、しかも簡潔明解にこのように定義づけしえた。彼が「人間の文化についていうと、人間の生活が諸種の動物的条件を超越しており、それ自身を動物の生活から区別するものをすべて私は文化とよぶのであって、文化と文明とを区別することには反対である」というのは、まさに一八世紀の啓蒙主義者たちの主張そのものを想起させる。

フロイトがいう「人間の生活が諸種の動物的条件を超越しており、それ自身を動物の生活から区別するもの」とは、なにもダーウィンの進化論が説く人間の動物状態からの脱出を意味するものでも、また文化人類学や先史時代がいう人間の原始・未開時代との決別のことではない。そういった後代の学問研究が発見した人間の初期段階がこの概念に含まれてくるにせよ、フロイトのいう「文化」「文明」や啓蒙主義時代のそれは、人間が被造物としてこの世界に投げ与えられた存在として神や超越者によって受動的な生存に服従した生活ではなく、世界の主体的な創造者、改変者は人間であり、人間の主体的な意志の軌跡として世界を再解釈すること自体であった。いいかえれば「文化」「文明」の本義は人間の生存を宗教的世界観や伝統主義的な世界観のなかにとどめ置き、人間生存の領域から人間の主体的意志の関与領域をできるかぎり小さなものにしていこうとする思想を排除していく思想のなかに存在する。つまり「文化」「文明」とは所与のものではなく、人間の主体的な意志による製作物だということである。

ただしフロイトの「文化」「文明」の概念と啓蒙主義時代とロマン主義時代のそれとの間には測り知れないほどの大きい懸隔が存在する。その概念差とは概念成熟の差である。今日のように世俗主義と進歩主義の世界観がすっかり浸透し、宗教的な神聖価値と伝統主義的な権威主義の抑制にほぼ成功している段階にあっては、文化、文明とは人間生活の全領域における獲得物とその獲得物を保持する制度すべてを意味するものになってきているが、概念の成立期や未成熟期にあっては、宗教価値や伝統価値に対抗しうるだけの新たな世俗価値だけが「文明」「文化」の名に値するものであった。今日では日常生活の細部にわたる習俗や慣習や人間の行動様式までがその概念の内包範囲に含まれてきているが、この概念の生成期や発展途上期にあっては、伝統社会の価値体系に取って代わりうるか、旧価値体系の存続に異議提出しうるだけの意味と異議を提出しうる新たに創造された価値概念を支えうる思想領域のみを指すものであった。

原義において人間の振舞いや行動の洗練、作法や交際の様式化と儀礼化を意味した「文明」と「気配りする」「養育する」「(内面の価値を) 開拓する、栽培する」を意味する動詞形からその成果としての芸術、学問、技術、思想、信仰といったものが概念生成期の「文化」の内容を形成していた。いわゆる外面的な行動価値と内面的な精神価値は本質的に同一源泉に由来するもの、つまり外面価値が内面価値を高めると同時に内面価値も外面価値を高めるものであるゆえに、「文明」と「文化」の概念は意味を互換させ、同一概念化の方向を拒否しない。というより二〇世紀に至って両概念がイデオロギー的な分離を進めるまでは、ほぼ同義概念のように一体性と互換性を保ち続けてきていた。

「近代」の価値の分化

このことはひとまず措くことにするが、「文明」「文化」の概念は現在では人間生活の全領域の活動とその成果を指示する一般的な名辞にすぎなくなっているが、概念の生成期や発展期にあっては人間活動の特定領域の高度な価値を措定するための価値判断の名辞だったのである。

「文明」が啓蒙主義に、「文化」がロマン主義に結びつけられてきたこと、またそうされつづけていることは内在的要因と歴史的要因の両面から理解されうる。「文明」が進歩主義、科学、技術主義、現実主義と結び付くのに対して、「文化」が保守主義、芸術・内面主義、歴史主義に結び付くのは両概念の内包領域と観念体系 (連合) の差異に由来するものであるが、その差異は概念の内在的要因のみからでは説明されえない歴史的な要因に由来するものといえる。

啓蒙主義の最高の業績は「進歩」という観念を歴史のなかに定着させたことである。この「進歩」

という観念によって人間は、神や超越者の拘束から逃れて、自律的な存在となり、自らが世界を創造する存在となることができた。いいかえれば啓蒙主義は、人間の歴史を神の摂理と恩寵が支配する聖書年代記としての「普遍史」から解放し、人間自らが歴史の全過程の創造者となる「世界史」を生み出すことになったのである。これはいうなれば、人間が「神話」から解放され、非合理的な世界解釈に代わる合理主義精神による「歴史」の創出を可能にしえたことを意味する。しかしこのことをもって啓蒙主義の神話に対する勝利とすることはできない。なぜなら啓蒙主義自体が神話そのものと異質の思考体系から生み出されたものではなく、むしろ神話自体の中に内在していた思考体系の延長上に出現したものだからである。この関係をホルクハイマーとアドルノの『啓蒙の弁証法』は次のようにいっている。

さまざまの神話がすでに啓蒙を行うように、啓蒙の一歩一歩は、ますます深く神話論と絡まり合う。啓蒙は神話を破壊するために、あらゆる素材を神話から受け取る。そして神話を裁く者でありながら神話の勢力圏内に落ち込んでいく。啓蒙は、宿命と応報の過程に報復を加えることによって、その過程から逃れようとする。神話においては、あらゆる出来事は、それが起ったということに対して償いをしなければならない。啓蒙においても事情は変らない。（徳永恂訳）

「啓蒙によって犠牲にされたさまざまの神話は、それ自体すでに、啓蒙自身が造り出したものであった」というのは、キリスト教の神話が造り出した聖書年代記的な「普遍史」に代わる啓蒙主義の人類史としての「世界史」が、それ自体すでにキリスト教の「神話」とはまったく別な思考体系から生み出されたものではなく、キリスト教の「神話」のなかから養分を吸収し、同一の思考体系のなかから育ってきたものだったのである。

「啓蒙は神話に対して神話的な恐怖を抱いている」というのは事実である。啓蒙主義の世界市民主義的な「世界史」が、ロマン主義の民族主義的、国家主義的な「国民史」に報復されるのは、啓蒙主義の合理主義がロマン主義の非合理主義との闘争において敗北したことを意味するのではない。通常、われわれは合理主義と非合理主義、理性と感性、宗教と科学、進歩と伝統、革新と保守、文明と文化を相対立する対抗概念と、あるいは敵対概念と考え、それが啓蒙主義に対するロマン主義の反逆から生み出されてきたものと考えることに慣れてしまっている。それゆえ、われわれはそれらの諸概念をそれ自体で個別な意味をもつ独立概念、完結概念と考えてしまう。

だがそれらは、それぞれが自律的に独立し、完結した概念であるというより、それぞれが対概念として相互補完的に概念の存立基盤を補強し合っているものである。啓蒙主義は神話を破壊し、世俗領域に新しい価値を与える。すると今度は世俗領域に神話が侵入して、世俗価値の神話化が開始される。いいかえれば啓蒙主義に対するロマン主義の「ロマン主義的な反逆」が、世俗領域の神話化を始動させていったのでなく、それはすでに啓蒙主義のなかに内在していた非合理精神と超越的価値への志向が、合理精神と非合理精神と合一し、両者を複合させたからである。それはふたたびホルクハイマーとアドルノの言葉を借りていえば、「啓蒙の非真理は、その敵であるロマン派が昔から啓蒙に浴してきたような、分析的方法、諸要素への還元、反省による解体など、そういったものへの非難のうちにあるものではない。啓蒙にとっては、ロマン主義的な反逆の過程はあらかじめ決定されているということのうちに、啓蒙の非真理があるのである」ということなのである。

問題の最も本質にかかわるものは、啓蒙の「進歩」思想が生み出したものが、なぜロマン主義的な「伝統」への希求と一体化したかたちで価値概念化し、価値概念の範疇を形成していくのかということである。それは「革新」は「保守」を対概念とすることによってしか、自己の価値のカテゴリーを確定しえず、また「保守」も「革新」も対概念とすることでしか、自己の価値領域を測定しえないことに帰因するものであるとしか説明しえない。啓蒙主義の生み出した近代価値はすべて、技術と自然、科学と宗教、文明と文化といったかたちで自己価値の領域確定の対概念と一体化することでしか自己価値の主張ができないのである。それは前近代社会の諸価値が超越的な絶対者の命令として、対抗概念や敵対概念の存在を許さなかったし、また必要としなかったのと対蹠的である。

それに対して啓蒙主義以後の近代諸価値はそれが「人間」という相対的存在者の集合意志に由来するので、対抗概念や敵対概念と一体化することでしか、自己の価値領域の測定も確定も不可能だからである。前近代社会における世界と人類の諸価値は絶対者の意志によって一方的に与えられたものとして、人間の要求を許さないものであったのに対し、近代の人間中心主義の社会では、人間の集合意志によって世界と人類の諸価値は理念や理想として措定され、また変更や修正の余地が残された相対的なものとされるからである。それゆえ前近代社会の歴史は原初に最高価値が置かれ、時間の経過のなかでその原初価値が下降的に減少するか、消滅へと向かう下降史観を形成するのに対して、近代の歴史は理念や理想の絶えざる更新のなかで、人間的諸価値は対抗価値や対立価値との闘争のなかで、スパイラル的な上昇と向上を目指す進歩史観を形成することになる。

前近代社会の神話が世界と人類の終末と救済をセットとしていたのに対して、近代社会は超越的な絶対者を欠くために、終末と救済という観念体系を措定しえない。せいぜいその代用物としては、空想科学小説的な宇宙からの侵略者と超人的な救済者的ヒーローで我慢するしかない。いうなれば近代とは前近代社会の神話を解体してしまったが、解体してしまった神話によって生じた空白、つまり終末と救済の不在、いいかえれば人間の霊性の喪失を補う新しい神話の不在に脅かされることになる。啓蒙主義に対するロマン主義の反逆、つまり「ロマン主義的反逆」とは、葬り去られた前近代社会の人間の霊的存在の代替品の製作、創出の作業である。進歩に対する伝統、革新に対する保守、科学に対する宗教、技術に対する自然、文明に対する文化、労働に対する芸術、人類に対する国民と民族、こういった相互補完的概念は、近代社会が自ら葬り去った神話に代わる新しい近代の神話であり、それは解体された絶対神に代わる多神教的な神々である。

近代は前近代社会の神話を解体させ、神を葬り去ったが、神話や神の不在に耐えうるほどの強靭な人間精神も人間社会も形成しえなかった。それゆえ、ある意味では前近代社会以上に神話と神を必要とすることになってしまった。「国家」や「民族」は人間を死に赴かせるほどの神話的な強制力を獲得し、「進歩」「科学」「技術」は人間の未来を指示してくれる神となり、「伝統」「文化」「芸術」は人間の過去の偉業を追憶させ、祝福する神となる。教会に代わってミュージアムが近代の神殿となる。「ミュージアム」とは、クシシトフ・ポミアンがいうように、「ひとつの社会のすべての構成員が同じ祭式を執り行うことで一致団結する場所として、教会に代わるものと」なったものである。

近代の多神教的な神話の中心に置かれ、最も勢力ある神格は国家（国民、民族）である。「ミュージアム」とは「国家が国家自体に捧げる恒常的な敬意」を神格化し、教義化する制度であり、施設である。それは国家が国家を讃えるために、神話化し、敬意と畏敬の念をもって追憶していくための教義と祝祭の典礼の様式を規定していく制度であり、施設である。いいかえれば、ミュージアムとは近代が新たに創出した神々である「進歩」「文明」「科学」「文化」「歴史」を神話化する装置であり、近代国家の神話と祭式を規定していく制度であるが、国家が最も強く神話的な力を賦与したいと願っているのは近代国家間の戦争における戦死者の墓地というミュージアムである。私たちの西欧近代の理解が往々にして精度を欠くのは、西欧近代の「神話」への理解が不足しているためである。私たちは西欧近代の「進歩」の側面を正の価値とし、「保守」の側面を負の価値とみなしてしまう。つまり、「進歩」は近代合理主義精神の正統として健全な発展の経路とされるのに対し、「保守」は非合理主義の反動として、歴史の邪道か発展の停滞とされてしまいすぎている。

たしかにそれは全体的に見て、かならずしも間違った捉え方とはいえないが、一面的であることは免れない。なぜなら西欧近代における啓蒙の合理主義とロマン的反動とは、それぞれが独立した完結した価値体系ではなく、両者が渾然一体となって、表面的な対立や敵対の深部においては同一の基盤を形成しているものだからである。しかし、ともあれ両者は現象的には個別的な顕れかたをするゆえに、その対立的、敵対性のみが顕著となり、その相互補完性になかなか気づかせてくれない。以下、啓蒙主義の合理精神とロマン主義の非合理精神にもうすこし立ち入って見ていくことにしたい。

「市民」の発見と「国家」の発明

話を戻せば、いわゆる「近代精神」とは、宗教的権威や世界の神話的呪術支配の否定である。さらにそれは世界が神や超越者の意志の実現という崇高なる目的によって支配されているという考えを捨て、自然世界は無目的な因果法則によって支配されているという考え方に向かうことである。そしてこの法則の科学的な解明によりこの自然力を人間の世界支配の手段として利用することができるという技術的自然征服を可能にしうるという思想でもある。さらに人間の社会的な存在様態そのものも超越的な絶対者の意志によって世界秩序と人間社会秩序に対処させられている権威主義的な人間の価値序列をも打破し、市民社会の主権在民の思想によって、生得的な自然権としての自由と法の下での平等と人格の自律ということを確立していく思想でもある。要約すれば「近代精神」とは世俗的人間中心主義、科学技術主義、人権主義の概念である。

しかし、ロマン主義は啓蒙主義の世俗主義的で個人主義的な人間中心主義に対して民族主義的で国民主義的な集団的人間中心主義を、科学技術主義に対しては芸術主義と想像力解放主義を、人権主義に対しては歴史主義を対置させてくる。だがこの対置はすでに述べてきたように敵対的対置ではなく啓蒙のプログラムが自らの内にもっていた弁証法的発展の必然的な帰趨である。それはホルクハイマーとアドルノの表現を借りれば、「さまざまの神話がすでに啓蒙を行うように、啓蒙の一歩一歩は、ますます深く神話論と絡まり合う。啓蒙は神話を破壊するために、あらゆる素材を神話から受け取る。そして神話を裁く者でありながら神話の勢力圏内に落ち込んでいく」からである。啓蒙が神話を解体させ無力化するためには、神話の内に存在する非合理的な力を理性によって個別的な自然現象の象徴として客体化しなければならない。つまり人間理性が自己の判断能力を超えた領域と措定してきたものを理性的判断の能力圏に取り込むということはその非合理的なものの力を客体化し、対象化することを意味する。

神話の非合理的な力を客体化し、対象化することは、それを理性の判断力が対象を操作可能な範囲の理解力で分解し、再解釈することである。それは一八世紀の理神論のように神の宇宙創造、世界創造のみは容認しながらもすべての神学体系は人間理性の発展の未成熟性がもたらした宗教的詐術とみる見方と同一のものである。しかし、宇宙創造の神秘を残存させたままでは、神話や宗教の完全な脱神話化や脱呪術化は完了しない。再びホルクハイマーとアドルノの言葉に戻れば、「啓蒙は神話を破壊するために、あらゆる素材を神話から受け取る。そして神話を裁く者でありながら神話の勢力圏内に落ち込んでいく」のである。

いわゆる啓蒙主義に対する「ロマン主義的」反逆とは、このように啓蒙を西欧近代そのものが内包した自己発展のプログラムだったのである。そもそも啓蒙主義、いいかえれば西欧近代とは伝統社会の「停滞」に対して「進歩」を人間社会の目標と使命として選択する敵対的対決の思想である。この対決は伝統社会の権威主義と神秘的支配力という思想に向けられるものであって、啓蒙と近代の弁証法的な発展過程内での対立や衝突はそれを媒介として自己をより高次の段階に移行せしめるものであって、対立物の否定を意味するものではない。いうなればそれは宗教的対立における異教との対立のような、敵対者の全面否定という対立ではなく、同一宗教内の別派との対立、教団分立過程内での教義上の対立のようなものである。ロマン主義的反逆とはこのような対立であって、異教間の全面的対決を意味するものではない。

ロマン主義と啓蒙主義の関係は敵対的対決ではなく、弁証法的な対立なのである。ロマン主義も啓蒙主義と同じく、伝統社会の権威主義に敵対し、人間の自律性の確立のために闘争する近代主義的な進歩思想のもうひとつの側面なのである。「権威」とは社会学的にいえば他に対しての優越という事実が社会的に承認され、確定されることによって増加する社会的影響力である。いいかえれば権威という神秘的な威力によって人間を他律的に拘束するものである。それに対してロマン主義は自我と個性を主張する思想である。ロマン主義の主張する自我と個性は自己の人格形成と無限の自己展開を発展のなかに置き、いかなる停滞をも許さず、またいかなる自己の権威化も許さず、さらに外在的な権威を受け入れ、それと自己の同一化をはかる模倣的な思想形式に対しても敵対していこうとする思想である。それは自らの「天才」を導きとして、たえざる自己変革と自己展開に身をゆだねることで、自らの「個性」を社会的な価値としての「独創性」と結びつけることで、いかなる「停滞」をも拒否する思想である。

ロマン主義的な反逆はすでに啓蒙のプログラムのなかに準備されていたものであった。つまりそれは内的な弁証法的な展開の産物であって外から敵対的に対置させられたものではなかった。そもそも啓蒙主義の「進歩」の思想とは超越的な神的価値に依拠した伝統社会の規範的な権威の「永遠性」「不変化性」の理念を打破すること、つまり伝統社会の停滞性を打破することによって「世界」を人間中心の変革と改善の舞台に転換させる思想であった。なぜなら「文明」と「文化」の概念こそが人間社会を人間の主体的な活動によって変化させられた「世界」を観念として確立させるために啓蒙主義が案出した最も主要な合言葉だったからである。

啓蒙主義の「理性」がロマン主義の「精神」に取って代わられるのは、「理性」が理性的人間活動をもっぱら合目的性と善悪の規準として指示するもの、つまり人間活動の目標が義務と使命と必然によって指示するものであるのに対して、「精神」は直感や気分や好き嫌いといった状況的判断のなかでの人間活動を指示するものであったからである。理性のなかには精神が、精神のなかには理性が、それぞれがもう一方を内在させているがゆえに、一方が他方を次第に抑圧するか無視すると他方もまた自己主張の必要性を迫られるのである。

「進歩」が過度に前進し、改革や改善に効果をあげすぎると、「保守」がその進歩の当否を論評し、その速度や行き過ぎを抑止する。「人間」が人類全体を規準に考えられすぎると民族や国民が自己の領分を主張し、また民族や国民が過度に個人を吸収しすぎ、個人の存在領域を侵しすぎると個人が反逆する。ロマン主義的な反逆とはこのようにして生じたものである。

西欧「近代」の最大のパラドックスは人間を神話的思考から解放させることを目指しながら、再び人間を神話的思考内に取り込んでしまったということである。「文明」や「文化」の概念は人間を伝統社会の神秘的な権威から解放して、人間の主体的活動が形成してきた歴史的な業績全体から世界を再解釈するための観念形成の装置となるべきものであった。しかし「文明」は「進歩」の観念と結合し、科学的な知や合理的な思考が人間の輝かしい未来を約束し、「文化」は「精神」と結合し、国家と国民と民族が人間の価値に確固たる基盤を与えてくれるという幻想、いうなれば新しい国家神話、民族神話を発明してしまったのである。

「国家」とは人類にとって長らく実態であって決して幻想ではなかった。国家がひとつの幻想であり、想像の共同体であり、神話であることを最初に最も踏み込んだ考察で明らかにしたのはエルンスト・カッシーラーの記念碑的名著『国家の神話』（一九四六年）である。カッシーラーは西欧近代の思惟が合理主義と非合理主義に分裂し、人間の実践的および社会的生活において、とくに国家思想において合理的な思惟が完全に後退している情況を次のように述べている。

自然科学の問題や技術上の問題を解決するのに、（中略）合理的な方法以外のものは、決して用いようとはされない。ここでは、合理的思惟がその地歩を固守し、絶えず自らの活動範囲を拡大するようにみえる。自然についての科学的認識や技術による自然の征服は、日々新たな比類のない勝利を獲得してゆく。これに反して、人間の実践的および社会的生活においては、合理的思惟は、完全な、取り返しのつかない敗北を喫しているように思われる。この領域では、現代の人間は、その知的生活の発展のなかで学びとった一切のものを忘れ去ったかにみえ、彼は人間文化の最初の未開の段階へひき戻されようとしている。ここでは、合理的・科学的な思惟は、明らさまにその挫折を告白し、もっとも危険な自分の敵にたいして屈服する。（宮田光雄訳）

引用文中の最後にいわれている「もっとも危険な自分の敵」とは非合理的神話的思考であり、近代西欧の合理的思考が政治的な思考、国家観における非合理的な国家主義と民族主義的な価値観に支配された状況のことを指している。「文明」も「文化」も人間を神話的思考から解放し、人間中心の合理主義的な世界観を構築するための概念であり、解放の思想であったものが、それ自体の価値が絶対化され、再び人間を最初の未開段階に引き戻すためのものに変貌する。国民国家も民族国家も伝統社会の権威主義的な王政、つまり王権神授説という絶対王政の旧体制から人間を解放する救済思想であったものが、自国家、自国民、自民族の絶対的価値の主張となって、新たに強制と抑圧の思想に転化する。人間の合理的な思考と実践がつくりあげてきた国民国家や民族国家はその実体以上に幻想の価値に支配され、人間の社会的生活や社会的実践を非合理的なイデオロギー的思考のなかで非合理化し神話化していく。カッシーラーの政治哲学的な思考を人類学的な思考で受け継ぎ、近代国家の非実体性、神話性を分析したのがベネディクト・アンダーソンの『想像の共同体』（一九八三年）である。

彼は nation や nationalism という概念を「ファシズム」や「自由主義」という政治概念の同類とし

て扱うよりも「親族」や「宗教」という文化人類学的な概念の同類として扱った方が話が簡単になるという。そして彼はかの有名な定義、「国民とはイメージとして心に描かれた想像の政治共同体である」という定義を導き出す。そして、「それは、本来的に限定され、かつ主権的なもの（最高の意志決定主体）として想像され」たものであると付け加えたあと、次のように解説する。

国民は（イメージとして心の中に）想像されたものである。というのは、いかに小さな国民であろうと、これを構成する人々は、その大多数の同胞を知ることも、会うことも、あるいはかれらについて聞くこともなく、それでいてなお、ひとりひとりの心の中には、共同の聖餐のイメージが生きているからである。ルナンは、この想像という行為について、彼独特の穏やかで婉曲な言い回しで次のように書いた。「さて、国民の本質とは、すべての個々の国民が多くのことを共有しており、そしてまた、多くのことをおたがいすっかり忘れてしまっているということにある。」またゲルナーは、敢然と次のようなめざましい論を展開する。「ナショナリズムは国民の自意識の覚醒ではない。ナショナリズムは、もともと存在していないところに国民を発明することだ。」ゲルナーのこの規定は、少々過激ではあっても、実はわたしと同じことを言っている。（白石さや・白石隆訳）

人びとは長いこと「伝統」を歴史的な実体と思ってきた。エリック・ホブズボウムの『創られた伝統』（一九八三年）が、伝統は歴史的実体であるよりも、「想像」され、「捏造」され、「創出」されたもの、つまり一種の神話的強制力であることを明らかにしたことを受けて、アンダーソンも「国民」や「国家」も発明されたもの、想像されたもの、あるいは捏造されたものとしての一種の神話的な虚構であり、擬制《フィクション》であることを明らかにした。アンダーソンは「国民」を限定されたものかつ主権的なものと二つの規定を加え、それを次のようにいっている。

国民は限られたものとして想像される。なぜなら、たとえ一〇億の生きた人間を擁する最大の国民ですら、可塑的ではあれ限られた国境をもち、その国境の向うには他の国民がいるからである。いかなる国民もみずからを人類全体と同一に想像することはない。いかなる救世主的ナショナリストといえども、かつて歴史の一時代にキリスト教徒がキリスト者だけの惑星を夢見ることができたようには、すべての人類が自分たちの国民に参加する日を夢見ることはない。（同前）

国民は主権的なものとして想像される。なぜなら、この国民の概念は、啓蒙主義と革命が神授のヒエラルキー的王朝秩序の正統性を破壊した時代に生まれたからである。それは、普遍宗教のいかに篤信な信者といえども、そうした宗教が現に多元的に並存しており、それぞれの信仰の存在論的主張とその領域的広がりとの間にあるという現実に直面せざるをえない時代であり、人類史のそういう段階に成熟した国民は、自由であることを、そして仮に「神の下に」であれ、神の下での直接的な自由を夢見る。この自由を保証し象徴するのが主権国家である。

創られた「伝統」と虚構化された「国家」

アンダーソンは「国民」の概念は自由主義やファシズムのような政治学的概念であるというよりも

文化人類学が形づくってきた「親族」や「宗教」の概念に近いものであるといっている。文化人類学が開拓した未開諸部族のフィールド・ワークとして調査してきた「親族」とは、いわゆる文明国における親族の法学的な概念を超えた一種独特の擬制で、それぞれが独自のフィクショナルな観念体系に支えられたものとして文明国の親族法的な体系とは異なった思考原理にもとづいたものである。また文化人類学が明らかにした「宗教」も高度な世界宗教ではなく、原始宗教といわれ、文化人類学者たちによってアニミズム、トーテミズム、シャマニズム、ナチュラリズム（自然崇拝）、マナイズムと命名されてきた宗教の原初形態を含むもので、成文化された教義体系を欠く宗教を指すものである。つまり彼のいう「親族」も「宗教」も文化人類学が対象とする未開民族とか原始民族といわれる人びとが主体的に提示する実体的な概念ではなく、観察者が独自の学的方法で「イメージとして心の中に想像した」ものである。そのかぎりで文明社会、いいかえれば西欧近代がイメージとして心の中に想像した「国民」という擬制と同じものということになる。

しかし、アンダーソンが挙げた二つの「国民」の規定はその幻想的部分の説明を越えて、むしろ西欧近代の政治学思考の特徴と歴史的な実体の説明になっている。第一の規定の「国民は限られたものとして想像される」というのは、啓蒙主義の「世界市民（世界公民）」という概念がナショナリズムの国民という個別的規定や地域的限定と矛盾するがゆえに、その矛盾を止揚するために普遍性に対する個別的特性、世界的普遍性に対する地域的限定性を特化させてきたことと対応する。また第二の「国民は主権的なものとして想像される」というのは啓蒙主義が王権神授説という宗教的な神的主権と王朝の正統性という世俗の権威的な王権の主権性に対して、人民主権という民主主義的な「国民主権」の成立の歴史的な必然性を示したことと対応している。

そのかぎりではアンダーソンの国民の規定はとりたてて新鮮味もないし、国民とは「想像の共同体」であるという説明にもなっていない。彼の想像の共同体としての国民論が生彩を放ち、説得力を得てくるのは次の第三の規定があるからである。その第三の規定とは、「そして最後に、国民は一つの共同体として想像される」という規定に至ってである。国民が一つの共同体であるとされるその理由とは以下のように説明される。「国民のなかにたとえ現実には不平等と搾取があるにせよ、国民は、常に、水平的な深い同志愛として心に思い描かれるからである。そして結局のところ、この同胞愛の故に、過去二世紀にわたり、数千、数百万の人々が、かくも限られた想像力の産物のために、殺し合い、あるいはむしろみずからすすんで死んでいったのである。これらの死は、我々を、ナショナリズムの提起する中心的問題に正面から向いあわせる。なぜ近年の(たかだか二世紀にしかならない)萎びた想像力が、こんな途方もない犠牲を生み出すのか。そのひとつの手掛りは、ナショナリズムの文化的根源に求めることができよう」と。

突き詰めていえば「想像の共同体」という近代の「国家」幻想と「国民」幻想がなぜ人びとをして「祖国のために死ぬ」ことを引き受けさせ、戦争という殺し合いの場に赴かせるのか。祖国愛という愛国心を発動させる思想的な擬制は何によって造り出されてくるのか。そこにはかつてキリスト教の殉教者たちが来たるべき神の国の「神秘体」との合一を夢見たのに匹敵する、「国家」の「国民」という近代の神話が創出した新しい霊的神秘体との合一が準備されているからである。

中世史家として巨大な存在感をもつカントロヴィチはその論文「中世政治思想における〈祖国のために死ぬこと〉」(一九五一年)において古代と中世の「祖国のために死ぬこと」という観念の古代的な特徴と中世キリスト教的な特徴が近代ロマン主義のナショナリズムにおいて再集合を果たしたこと

を次のように説明している。

人文主義や古代の再生が、古代的な「祖国のために死ぬこと」の近代における情緒的な再評価で担った役割を過小評価するのは誤りであろう。しかし、その主たるきっかけとなったのは、歴史のある時期に、抽象的な「国家」すなわち団体としての国家が、「神秘体」として出現したことであり、この新しい神秘体のための死が、神の義のための十字軍戦士の死と同じ価値のものと見なされるようになったことである。が、「神秘体」という中心的観念が、ずっとあとの、つまりつい最近の時代に、民族的、党派的、そして人種的な教義へと移し変えられることによって受けた歪曲のすべてを説き明かすことは、読者にゆだねたい。ミュンヘンでの国民社会主義者の運動に名づけられた、いわゆる「殉教者の墓」という名称、またはフランコ政権下のスペインで「全体主義の擁護のために」戦死したファシスト・イタリアの師団の兵士たちの追悼礼拝のために、一九三七年のクリスマスに、ミラノの大聖堂の正面を覆った巨大な吹き流しに書かれた「イタリアのために死ぬ者は、死ぬことがない」という文句は、もっとも尊く崇高であった理念を恐ろしく歪めた、最近の民族主義的な狂乱を例示している。（甚野尚志訳）

カントロヴィチによれば「神秘体」という用語は聖書に由来するものではなく、キリスト教の教義史のなかではかなり新しい用語であるとのことである。いずれにせよそれは「キリストの体」を聖体として典礼化することにはじまるが、教義の複雑な変遷過程のなかでキリスト教徒の「永遠の祖国」である神の国の神秘体化の思想が形づくられ、それがさらには「頭がキリストである教会の神秘体」

と「頭が君主である国家の神秘体」の観念が相互に観念複合と聖性の相互交換を果たしてくるなかで「神秘体」の観念が形成され、さらに「祖国のために死ぬこと」がこの神秘体との霊的合一をもたらすという観念をも成立させたというのである。ともあれ中世にあってはまだ世俗価値よりも宗教価値が指導的であったが、ルネサンスと人文主義が古代思想と古代の「祖国のために死ぬこと」の世俗的価値の再評価の端緒を開いたというのである。それは啓蒙主義の神授的王権思想の否認のなかで完全な世俗化を完了させ、ロマン主義のナショナリズムの思想のなかでは、キリスト教的な高度宗教の教義のなかで体系化された神秘的な価値ではなく、一種原始宗教のアニミズムやトーテミズムのような霊的感応のなかで作り出される「神秘体」の観念と「祖国のために死ぬこと」という義務感と責任感をつくりだしてきた思想史的な経緯を説明してくれている。

キリスト教的な世界観のなかではすべての人間活動の目標と目的は、現世という世俗生活のなかに置かれるのでなく、キリスト教徒の真の祖国である「永遠の祖国」に置かれる。いいかえれば人間の最高あるいは究極価値は死後の生、つまり来世に置かれる。それに対して啓蒙主義やロマン主義以後の世俗主義の社会にあって、人間の最高価値は現世での生活に置かれる。しかし国家の祭礼や典礼という国家儀式においても近代の「神話」が擬制化した国家という「神秘体」と「祖国」のために死ぬことが同一化されてくる。そしてそれは現世の生活人である市民、大衆、庶民も国民として国家の構成員の役割を果たすことになり、戦争という非常時には「祖国（国家）のために死ぬ」という義務と責任を担っていかなければならないという意識を担わされることになる。

アンダーソンは国民という「共同幻想」の最も象徴的な存在として西欧社会の「無名戦士の墓」を挙げている。それは日本に置き換えれば靖国神社ということになるであろう。ともあれ、彼は「無名戦士の墓と碑、これほど近代文化としてのナショナリズムを見事に象徴するものはないという。これらの記念碑は、「故意に」からっぽであるか、あるいはそこに誰が眠っているのかだれも知らない。そしてまさに「それ故に」これらの碑には、公共的、儀礼的敬意が払われる。「これはかつてこれまでまったく例のないことであった」といっている。

アンダーソンはくりかえし、近代ナショナリズムが創出した「国民」の概念は政治的な概念として考えるよりも文化人類学的な「親族」や「宗教」の概念として考えた方がよりその本質を明らかにしやすいという。そして、その擬制化された「神秘体」としての国家の国民の死の意味が最も象徴的なかたちで表現されているのが、「無名戦士の墓」であるという。なぜならこの遺骸を伴わない象徴的な墓こそが国民の犠牲的な死と国家の不死性という近代国家固有の宗教の教義と儀式の本質を明らかにしているからである。

またカントロヴィチも「祖国のために死ぬこと」という観念が古典古代とキリスト教的中世では異なった思想体系のもとで作られたものでありながら、時間の経過のなかで微妙な複合、つまり微妙な接近と分離をとげることで死者の神話価値の人格化をなしとげたという。つまり古代的な祖国のための死は英雄化、神格化という死者自身の顕彰を意味し、キリスト教の「祖国のための死」は神の国という永遠の祖国に殉じた殉教者としての列聖という聖人そのひと自身の顕彰に帰着するが、近代ナショナリズムの国家における「祖国のための死」は、無名戦士の文字通りの無名・無償の死、非人格的な死である。無名戦士の墓は遺骸や遺骨を伴わない文字通りの空虚な墓であり、固有名詞は伏せられながらも実質的には非人称名詞の墓である。しかし、この空虚性と非人称性（無名性）こそが、「国民」の犠牲死と「国家」の不死性に対する近代国家固有の「宗教」となり、そこに近代国家が創出する国家価値の顕彰とその教義をおもいのままに充塡し、充満させる器となりうるのである。

アンダーソンの無名戦士の墓の「空虚な広場」という観念はフランスの歴史家ミシュレの『フランス革命史』（一八四七～五三年）の序文の次のようなシャン＝ド＝マルスの空虚性の観念ときわめてよく符合している。ミシュレは毎年七月の学年末に学生が学校を離れ、自分の思索と次の学年の講義の準備に戻っていくときの様相を次のように述べている。


私は家に戻り、フランス革命史の講義の仕事にとりかかる……革命の精神とは何か。そこには、われわれが知りつくすことのできない生の神秘がかくされている。

革命はわれわれの中に、われわれの魂の中に存在する。そこ以外には、いかなる革命のモニュメントも存在しない。フランスの精神が私の中に生きていないとするならば、一体それをどこに見出すことができようか。

革命の精神は生き続けている。私はそれを感ずる。毎年この時期になると、講義も研究も季節も重く私の上にのしかかってくる。こうしたときにはいつも、私はシャン＝ド＝マルスへ出かけて行き、乾いた芝生の上に座り、荒漠たる広場の上を吹き抜ける強い風の中でほっと息をつく。

シャン＝ド＝マルス。これこそ革命が後世に残した唯一のモニュメントだ……（中略）

革命のモニュメントは……空虚（vide）そのものだ。……そのモニュメントはアラビアの砂漠のように広漠としたシャン＝ド＝マルスのこの砂だ。

（立川孝一訳）


「空虚なる中心」これこそナショナリズム思想が生みだした近代国家の「死と不死」の象徴的な観

念を盛る器なのである。日本の近代国家の死と不死の観念を盛るのは空虚な中心としての靖国神社である。ここも通常の意味での戦没兵士の埋葬地としての墓地ではない。そこには遺骸も遺骨も必要ではない。そこに必要とされるものは戦没戦士の「祖国のために死ぬこと」という概念と「国家の不死性」という観念なのである。

アンダーソンの「想像の共同体」という表現をさらに一歩押し進めるなら、近代国家とは人類史上初めて出現した本物の「幻想の共同体」ということになる。そしてそれはかつての「宗教共同体」と「王国」という共同体同様、観念によって構築された擬制と等価で、等しい意味をもつものということになる。いいかえれば、いかなる人間共同体も「幻想」の共有によって成立し、自らがつくり出した神話とその祭式儀礼に服属することでしか集団を維持しえないということである。つまり神話の破壊と呪術からの解放をもとめた啓蒙精神が、自らが新しい神話を創出し、新たな呪術的な支配を構築していかなければならないのである。

「生の栄光」と「死の栄光」の結合

ナショナリズムによる近代国家は無名戦士の墓というモニュメントによって前近代の宗教共同体と神授王権の君主制国家の「死と不死」の観念を再神話化することができた。しかし、近代国家は前近代の超越的権威が神話化しえなかった「生の栄光」を神話化しえたことで独自の歴史的価値を創出したのである。古代と中世の「祖国のために死ぬこと」は、選ばれた少数者の特権に還元されるものであった。つまりその死が英雄の死、殉教者の死として顕彰されるものは、選ばれた少数者の特権的な死であり例外的な死であった。それに対して近代国家における戦死者とは不特定多数者の死であり、戦闘者の意志と決断によって選び取られた死でもない。それは文字通り「無名性」「匿名性」の死である。そしてその死が無名性と匿名性のなかで「国民」という抽象的な集合概念に変化することで国民全員という全体性を獲得してくる。

まさにこれと同じことが近代国家の「生の栄光」の神話を「国民」や「民族」という共同体全員の共有物としていく。「生の栄光」とは宗教的な彼岸価値でもなく、伝統社会の権威的な超越的価値でもない。それはまさに「現世」という此岸価値であり、人間集団内の実生活のなかでのみ作り出されたものの価値である。その人間活動を集約的に観念化する概念が「文明」であり「文化」だったのである。この文明と文化の概念が「生の栄光」と人間活動の成果と業績を可視的にモニュメント化したものが西欧近代のミュージアムという制度である。ルーヴル美術館やエルミタージュ美術館、トルコのトプカプ宮博物館、中国の故宮博物館が王政打倒の記念碑となり、国民の栄光の記念碑となったのも、英国のブリティッシュ・ミュージアムが議会決議によって国民の共有財産と公開性の原則と民間運営団体の委員会制による運営を原則とするのも、王権に対する国民の議会の勝利の記念碑となったのも、「文明」と「文化」という概念でもって世界が再解釈されたからである。

というのは「文明」「文化」の概念は近代が創り出した最も革命的な概念であり、ミュージアムはその革命的な概念に基づいて人間の歴史を再解釈し、その再解釈によって人間活動の栄光を可視化させてくれる最良の装置となり、制度となったからである。たとえば前近代社会にあって、さまざまな製作活動分野は職能的な区分のなかに留め置かれ、その技術も単なる職人技とみなされたものが、「文明」や「文化」の概念のもとでは新たに芸術や科学に分類されることで、新たな近代的価値を獲得して、人間活動の再解釈をもたらすことになる。これによって人間の歴史は聖書年代記的な神の摂理のなかで人間の運命の歴史と王朝史の歴史記述のなかに現われる人間の単なる点景的存在としての歴史から独立自律し、人間の精神中心の歴史となる。つまり「生の栄光」の歴史となる。いいかえれば人間の文明史的価値と文化史的な価値が近代の新たな中心価値となる。

この「文明」「文化」の概念を基盤として創出された「ミュージアム」は、それ以前の宗教社会の聖遺物と王権社会の宝物室の機能に代わる新たな社会価値を創出する装置や制度となる。文明、文化の概念によって近代の新たな価値を獲得したのは「芸術」と「科学（技術）」「歴史」である。単なる職能的な技芸としての絵画、彫刻、建築、声楽、器楽、作曲といった個別技芸が「美術」や「音楽」という集合概念に統括され、さらに全体が「芸術」という価値概念に昇格させられる。さらにかつて魔術と未分化のままに発展してきたアグリッパやパラケルススの魔術的自然哲学が次第に実験的自然認識や博物学、あるいは医学と結び付いた自然探究が「科学」という概念で統括されることで、近代的な新たな「芸術」崇拝、「科学」信奉が醸成されてくる。いうなれば「ミュージアム」とは歴史の支配、つまり死者の栄光を通じて、生者の栄光を保証していく制度のことである。

近代の国民国家の国民は祖国のために死ぬという義務の紐帯によって、「国家」という想像の共同体の一員となる。そしてこの想像の共同体という擬制集団は国民の生と死の方向までを強制する力をもってくるがゆえに国民を運命共同体として結束する。それに対して、「文明」「文化」も国民と同様、人間集団を想像の共同体の構成員へと転換させていく概念ではあるが、国民のような運命共同体の成員に対する拘束力、強制力を発揮するものではなく、逆に人間が自己のアイデンティティを確認し、自己価値と自負心の依拠とするために主体的に、意志的に結集していく到達目標とされるものである。

その意味で「文明」と「文化」は国民のような非人称的名称ではなく、人間の自己の人格形成、教養的成長と結び合わさった人格的概念なのである。文明、文化の概念は国民の観念のように人間の生死にまで踏み込んでくるものではないが、人間の生の栄光としての人間活動の最高、最善の価値領域への人格的な参入として自己価値の絶対化、自己価値以外のものに対する軽視、蔑視という夜郎自大的な唯我独尊の自己崇拝の感情を拡大させてしまう要因ともなるものである。

啓蒙主義の文明と文化の概念は、前者は個人の社会生活上の振舞いの洗練やマナーの向上と、後者は人類集団の未開状態、生物的自然状態の野蛮性からの脱却という原義を越えて概念を拡大させ、さらには相互に概念補完を行ないつつ、両者は暫定的に一体化して、ひとつには人類の習俗、つまり生活様式の民族的差異、風土的生活条件の差異、もうひとつは人類の進歩発展を理念的に方向づける「理性」と「進歩」の概念的結合から諸民族の発展段階の差異を意味するものになった。ここから人類の進歩発展の経緯と差異による分岐の全体を確認する「世界史」という新しい歴史認識が生み出される。つまり「世界史」とは人類全体の進歩という理念のもとでは人類学でありながら、個別の民族や国家の変遷の考察手段という点においては歴史主義的な歴史科学の成立を内包するものである。

啓蒙の「世界史」であれ、ロマン主義の「国民史」であれ、この歴史思想は西欧の歴史思想においてだけでなく人類史的な観点から見ても人間認識の革命的な変革をもたらしたものである。なぜなら一八世紀末に起こったこの歴史主義的な歴史思想は、人類史上はじめて「人間存在の歴史性の認識」をもたらしたものだからである。近代の歴史主義的な思考以前の時代にあっては、歴史的思考、歴史的知識はつねに人間の精神生活の片隅に置かれたものであった。なぜならそこで中心的な重要性をもっていたのは、変わることのない万物の秩序であって変化のなかに置かれたものでなかったからである。オットー・ブルンナーがいうように、「人間というものは――テオドーア・リットがいうように――たしかに歴史を〈もち〉、歴史を体験したが、人間自身が歴史で〈ある〉という自覚をすることもなく、また自己を歴史的存在として意識することはなかったからである」。つまり人間は歴史を所有するが、自分自身は歴史的発展の外に置かれた存在として自己を認識していたというのである。

だが啓蒙の歴史思考、つまりその「世界史」は、自然法、つまりなんらかの万物の秩序にいまだにかなり補われていたため、ロマン主義の「国民史（民族史）」から多くの変更と改革を求められてくる。重ねての引用になるが、この歴史主義の成立の要点とは、マイネッケの次のテーゼが指示したものであった。つまり「問題の中心はすべて、人間の最高の理想の永遠性と人間本性の恒久的同一性を信ずる頑固な自然法的思考を軟化させ流動させることであった」のである。啓蒙の「理性」に代わって、ロマン主義の「精神」が、文明と文化の概念の中心となるのはこのような経緯によってである。

近代価値の創出と「文明」「文化」の関係

近代が近代を近代たらしめるために、つまり前近代社会全体を再構成して、新しい原理、原則で再出発させるために、新しい価値体系と価値秩序、価値評価規準を設定していかなければならなかった。啓蒙主義にあっては、それは、「文明（文化）」「理性」「進歩」であったが、ロマン主義にあっては、「精神」「国民（民族）」「歴史」「伝統」「芸術」「宗教」「哲学」にとって代わられた。いいかえれば啓蒙の文明・文化の概念がその相互補完的な役割を放棄し、文明概念は進歩主義的な方向に、文化概念は保守主義的、歴史主義的な方向に分岐を開始させながらも、名辞的表現においては両概念を後退させ、その個別な内包価値群を表面化させてきたのである。

なぜこのような現象が起こったのだろうか。つまり、文明、文化の観念が最も強大となり、また拡大した時期に文明、文化という名辞がほとんど使用されず、その内包諸概念がその概念に代わってそれらの概念を強化していったのはなぜであるかということである。歴史主義の歴史思考にとっては「文明」「文化」の概念が人間の歴史性を確認するものであることはすでに自明のものになっていた。したがって歴史主義の歴史思考にとってはこの両概念の有効性を主張していかなければならない段階はもうすでに過ぎ去ったものになっていたので、その内包領域の個別的な価値の整序作業の段階に入っていたのである。つまり人間の歴史的規定性そのものの確認はすでに完了しているので、人間活動の個別的分野の発展の考察に関心が向けられてきたということである。啓蒙の歴史哲学における歴史とは、人間および人間集団の、すなわち、部族、民族、国家、都市、教会などの社会的形態の歴史であるが、ロマン主義における歴史とは人間活動の内面的衝動、原動力とその成果の歴史的価値化の過程を意味することになる。いいかえれば「世界史」が「国家史（民族史）」になり、さらにそれが歴史的個別諸科学を生み出してくるような歴史認識の細分化、個別専門化への発展を意味しているのである。その過程では個別分野の事実関連だけを全体から独立させ、少なくともいったんはそれをその担い手である人間集団から切り離し、固有の内的法則に従って、その事実関連を考察、叙述していく方向である。その個別的な考察、叙述の対象となるのは文学や音楽、美術、芸術、哲学や宗教といった思想領域、経済構造や法秩序、言語や社会制度といったものであり、さらには文化的創造物やさまざまな歴史的発展の理念の変化過程などである。

いうなれば、啓蒙主義における人間集団の社会的形象の叙述であった歴史が、ロマン主義にあっては人間活動の精神的形態の個別的展開の叙述となってくる。ともあれ歴史主義的な思考は伝統社会や宗教社会の超越的な原理思考から脱して、人間活動全体を歴史化し、人間的諸事象、人間的諸勢力のすべての普遍化の考察を個体化的考察に置き換えていく。その思考の転換、つまり非歴史的思考から歴史的思考への転換にとって最も有効な作用を及ぼしたのが「文明」と「文化」の概念であった。なぜなら両概念はあらゆる人間的事象を歴史の相のもとで見ることを要求するものであったからである。歴史主義的な思考以前にあっては超歴史的で普遍的で、形而上学的な思考で考察されてきた「理性」も「精神」も文明と文化の概念のもとで考察されてくると、それまでの形而上学的な考察を脱して、新たな歴史的な考察の方向を取りはじめる。カントが『人類の歴史の憶測的な起源』（一七八六年）で「人間は理性によって最初の居所として指示されたところの楽園から出ていったということは、単なる動物的な被造物としての未開状態を脱して人間性の状態へ、本能という歩行器を棄て去って理性の指導へ、つまり自然の後見を脱して自由の状態へ移行したことにほかならない。——これが人類の最初の歴史に関するこれまでの私の解釈の要旨である」と「理性」の歴史性を明確にしていったことの説明にもなっている。

このように啓蒙の哲学においても「理性」が形而上学的な思考内での普遍的な性格のものでなく、歴史的な考察の対象となってきたように、「精神」も形而上学的思考内での超越的な性格の論究の対象から、歴史主義的な解釈の範囲内に取り込まれてくる。啓蒙主義の「理性」が歴史主義的な思考のなかで全人類の進歩理念としての普遍的な価値指標からやがて次第に国民や民族という個別集団の進歩理念をも含んでくるようになったのと同様に、「精神」もまた霊と肉、さらに精神と物質という二元論的な対立の段階を経て、歴史主義的な思考のなかで人間の社会的発展・歴史的発展の総称が人間精神の発展と同一視されることで、人類の発展全体と国民的・民族的な人間の個別的な発展の実体とされてくる。つまり世界の歴史を現存在的に支配する法則としてのロゴスの精神は、世界精神、民族精神、時代精神などの概念となって人間の歴史的発展の指導的実体と見なされてくる。その典型的な例証はヘーゲルの『歴史哲学講義』において見ることができる。そのなかでヘーゲルはまず「精神」の本性をこのように説明している。「精神の本性を認識するには、反対の極にある物質と対比してみるのがよい。物質の実体が重さであるとすれば、精神の実体ないし本質は自由であるといわねばなりません。精神のさまざまな性質の一つに自由があることは、どんな人でもすぐに納得できることですが、哲学の教えによると、精神のすべての性質は自由なくしては存在せず、すべては自由のための手段であり、すべてはひたすら自由をもとめ、自由をうみだすものです、自由こそが精神の唯一の真理である、というのが哲学的思索のもたらす認識です」（長谷川宏訳）と。とりあえず彼は当時のドイツ観念論内での精神の形而上学的規定を踏まえ、物質と精神という二元論的対立から出発する。そして物質の自然的拘束性と精神の自由性、つまり精神の自律性と非因果性を先験的に認めることからその本質を自由とする。そして歴史と自由の関係を次のように説明する。

精神は自由だ、という抽象的定義にしたがえば、世界の歴史とは、精神が本来の自己をしだいに正確に知っていく過程を叙述するものだ、ということができる。そして、萌芽のうちに樹木の全性質や果実の味と形がふくまれるように、精神の最初の一歩のうちに、歴史の全体が潜在的にふくまれます。東洋人は、精神そのもの、あるいは、人間そのものが、それ自体で自由であることを知らない。自由であることを知らないから、自由ではないのです。かれらは、ひとりが自由であることを知るだけです。が、ひとりだけの自由とは、恣意と激情と愚鈍な情熱にほかならず、ときに、おとなしくおだやかな情熱であることもあるが、それも気質の気まぐれか恣意にすぎません。だから、このひとりは専制君主であるほかなく、自由な人間ではありません。——ギリシャ人においてはじめて自由の意識が登場してくるので、だから、ギリシャ人は自由です。しかし、かれらは、ローマ人と同様、特定の人間が自由であることを知っているだけで、人間そのものが自由であることは知らなかった。プラトンやアリストテレスでさえ、知らなかった。だから、ギリシャ人は奴隷を所有し、奴隷によって美しい自由な生活と生存を保証されていたし、自由そのものも、偶然の、はかない、局部的な花にすぎず、同時に、人間的なものをきびしい隷属状態におくものでもあったのです。——ゲルマン国家のうけいれたキリスト教においてはじめて、人間そのものが自由であり、精神の自由こそが人間のもっとも固有の本性をなすことが意識されました。（長谷川宏訳）

ヘーゲルの歴史哲学における「精神」の概念はこのような形で展開されるのであるが、その「精神」はカントや啓蒙の歴史哲学の「理性」と対立するものではない。ヘーゲルはむしろ啓蒙の歴史哲学の「理性」をさらに一歩前進させ、「理性」の支配する世界史を国民史、民族史の次元にまで分化独立させようとするのである。彼自身の言葉でいえば、「哲学が歴史におもむく際にたずさえてくる唯一の思想は、単純な理性の思想、つまり、理性が世界を支配し、したがって、世界の歴史も理性的に進行する、という思想です」といっている。つまり「世界史」とは全人類の歴史を「理性」が提示する理念によって再構成されたものとする思想である。だが全人類の発展を導く、理性が提示する理念のみでなく、「精神」と「自由」という実体的な指導原理なくしては、国民史や民族史といった歴史の個別的な発展は進行しえない。

ヘーゲルが歴史の発展原理として啓蒙主義の「理性」を継承しながらも、新たに「精神」というもうひとつの歴史の発展原理を提示してくるのは、啓蒙の世界史の理念が積み残した民族史、国民史という個別的な歴史体験の差異への配慮であった。彼は歴史の捉え方として、①事実そのままの歴史、②反省を加えた歴史、③哲学的な歴史（歴史哲学）を区分している。①の事実そのままの歴史とはヘロドトスやツキディデス、グイチャルディーニなどのドキュメントとしての歴史、②の反省を加えた歴史はいわゆる教訓としての歴史から文献学的な資料批判へ展開しながらやがて歴史科学として専門独立していく歴史研究、③の哲学的な歴史とは、「理念こそがまさに民族や世界の真のみちびき手であって、精神のもつ理性的かつ必然的な意思は、いつの時代にあっても、現実の事件をみちびくことにあるからです。精神が世界をみちびくさまを認識するのがわたしたちの目的で、ここに第三類の歴史として、哲学的な歴史が登場します」ということである。

ヘーゲルのこのような歴史哲学的な歴史認識は、つづくランケやブルクハルトのような専門歴史学の歴史認識によって批判され、否定されることで歴史認識としての有効性を疑われてくるが、啓蒙主義やドイツ観念論の歴史認識、つまり歴史は「進歩」や「自由」という指導理念を求めるということ、さらには「理性」や「精神」という指導原理を求める歴史認識がすべて無効だというわけではない。むしろ逆に、歴史に指導理念や指導原理を求めていかざるをえなかったことこそが歴史哲学の置かれていた歴史的制約を伝えてくれているのである。

前近代の宗教社会や伝統主義的な権威主義社会の歴史認識もそれぞれに神の摂理とか神権的権威という指導理念や指導原理を有していた。近代の歴史認識がそれらを否定し、人間を歴史の主体としていくとき、個々人の恣意的な欲求や個々人の相対立する欲望の衝突を越えたところで人類や民族を導く指導理念の設定や指導原則の創出がなければ、古い歴史観に対抗しうる人間中心主義の価値体系の構築は不可能であったろう。「理性」や「精神」という歴史の指導原理の存在が歴史主義という人間存在の歴史的規定性の思想を根づかせ、神の摂理や超越的な神的権威を後退させ、人間活動の継承的集積体としての歴史という歴史認識を定着させることができたのである。今日の専門科学的な歴史学的な歴史認識は啓蒙主義とロマン主義の歴史哲学から生まれたものであって、単に文献学的な資料操作の方法論的な整備から生まれたものではない。理神論の影響下にあったゲッティンゲンの新教義学派の聖書文献学も古典古代文献学も方法論的にはすでに「科学的」な文献学の段階に入っていたが、歴史の指導理念としての神の摂理や指導原理としての神の世界創造という観念は保持していたために、近代の歴史思考の確立の道を拓くことができなかったのである。

人間とは、突き詰めていえば、指導理念や指導原理なしには生きることのできない存在である。ただ前近代社会の宗教的な神意か超越的権威かを指導原理に選び、人間の主体的な意志を抑止し、受動的な存在のなかに安心立命をはかるか、あるいは西欧近代のように人間を主体的創造者とすることで人間的営為全体を自己業績化することで自然と世界の支配者の位置を自らに与えるかという方向の違いだけである。前者が受動的な運命の容認者であるのにとどまるのに対して、後者は主体的な能動者として自己の歴史の創造者、開拓者となるのである。

啓蒙主義の「理性」とロマン主義の「精神」はともに近代の歴史の指導原理として、すべての全近代社会が正面からとりくむことを回避してきた超越者の意志との対決を開始し、人間が世界の主体的創造者となるような新しい価値体系の構築に向かったのである。

人間のその新しい価値体系の指導理念として選ばれたのが「進歩」と「自由」であるが、その価値体系を観念的に整序する新しい概念として成立してきたのが、「文明」と「文化」という概念であったことは、これまでの論述のなかで十分に述べてきたことである。ロマン主義がほとんど「文化」という語を用いずに文化の概念を十分に浸透させえたのは、それがほぼ精神、歴史、芸術、宗教、思想と同義語として文化概念の内包領域を確立させえたためである。いうなればロマン主義とは文化という名辞の使用によって文化を明示していったのではなく、その内包領域を確定していく作業を通じて文化概念の確立の基礎を築いていったのである。

「理性」が文明概念を通じて人間の主体性を確立させ、世界史を進歩の理念で再構成していくことで人類の歴史的発展の目標が具体化されてきた。それによって人間の政治活動の目標としては、主権在民、デモクラシー、世界市民、永久平和、政教分離という新しい理念と価値体系が構築され、経済活動では自由放任主義、市場原理主義といった新しい理念と価値体系が構築されてきた。「精神」が文化概念を通じて芸術、宗教、哲学を人間の内面価値の指導原理としていくことで、それ以前では単なる職能的価値や儀式的制度的価値や思考形式の技法論的な確定であったものが、人間の心的活動領域における新しい価値の創出として新たな近代的な価値を与えられるようになる。いうなれば「文明」の科学的、技術的、政治的、経済的な外的価値と「文化」の精神的、内面的価値の相互補完関係のゆ、ら、ぎのなかで、対立と分化への萌芽の徴候が現われ出ているといえるのである。「文明」と「文化」の対立がラディカルに先鋭化してくるのはすでにトレルチの引用文で見てきたように第一次世界大戦時からであるが、対立の要因は両概念のなかに当初から内在していたといえる。

「文明」をみちびく指導理念は「進歩」であり、その進歩とは自然権の拡大を基礎とした、権力や権威からの人間解放をその指標とするものだったからである。つまり進歩とは、社会的次元では主権在民の民主主義の確立と、個人生活の次元ではベンサム流の最大多数の最大幸福の追求として具体化されるのである。最大多数の最大幸福の追求のための必須要件は科学技術の進歩と自然支配（自然の有効利用）である。経験的技術と原理的な自然探究の結合は、まさにこの啓蒙の進歩の観念のなかで具体的にプログラム化されてきたものである。

それに対して「文化」の指導理念は精神の自由、つまり人間の欲望をより高次の価値物に昇華させることであり、人間の欲望に芸術的、宗教的、思想的な表現を与えるための非拘束的な自由への道の探索ということになる。いいかえればより高次の欲望がより下位の欲望と対立するのではなく、すべてを自己のなかに取り込む方法の探索の自由である。「文明」が自然を科学的・技術的に支配することで、人間の外面的満足を保証しようとするのに対して、「文化」の精神的自由は人間の欲望をより高次のものに変化させることで、つまり魂の充足と心を安定させることで得られる人間の内面的価値の拡大と深化の要求ということになる。潜在的にはこのような分岐と対立の要因を内在させている文明と文化が、ともに新しい近代的な価値体系を構築していくためには、その相互補完関係を保ち続けていかなければならない。

「文明」が進歩を指導理念として人類全体の普遍的な価値の承認の方向を目指し、また世界史を人類の進歩史と規定することで、その歴史理念の目標は過去の価値の救出よりも未来の目標価値の設定に重点が置かれる。それに対し「文化」の指導原理である精神と指導理念である自由は、人類という全体が救出しえなかった民族や国民という個別的集団の心性と結び付くことで、未来において達せられるであろう理念よりも現在を現在たらしめている自己の所属集団の過去の業績、つまり歴史的遺産の継承に重点を置く。民族や国民は過去の思い出の共有、歴史的体験の共有という観念で再創造される。それがアンダーソンや現代の社会科学が暴露しているような「幻想の共同体」であれ、その「国民」と「民族」という概念はロマン主義の時代にあっては啓蒙主義のいう「人類」や「世界」よりもはるかに実体的な存在と考えられていたのである。「国民」や「民族」が幻想であるなら「文化」も幻想でなければならないが、今日でもそれは幻想としてのイデオロギー性を暴露されることもなく、いやむしろより実体的なものとして信仰を享受しつづけている。「文化」と「国民」はともに同じ近代のナショナリズムの価値体系のもとに整備された観念である。その一方が「幻想の共同体」としてイデオロギー性が暴露されることになるなら、「文化」のイデオロギー性も同じように暴露されなければならないだろう。しかし、そのイデオロギー暴露を押しとどめているのは「文化」概念の脱価値化が十分に浸透しているという現在の新文化科学の信念、つまり「文化」はすでにニュートラルな概念になっているという信念であろうが、その正否を問うのはもっと先になる。

第三章　政治哲学の生成と進歩の思想

歴史における個人の運命

これからの叙述との関連において、ここでさらに「文明」「文化」とは何かを改めて問い直し、問題点を整理しておきたい。本書がこれまで繰り返し述べてきたことは、「文明」「文化」とは西欧の啓蒙主義思想が案出した概念であり、地上における人間の営みの総体を支配しているのは神のような絶対的な超越者ではなく、人間自身が自らの全行為の主体的決定者であるとするこの概念の成立によって、人間の運命は超越者の意志の支配から離れ、人間自身が自らの歴史の支配者となり、世界が自己の意志によって主導されるもの、つまり歴史とは人間の意志によって変革可能なものとみなされるようになったということである。歴史に則して具体的にいえば、啓蒙主義以後の西欧人の歴史意識はキリスト教のいう神の意志と摂理による被造物史観による「普遍史」から解放され、歴史とは人類の自らの活動によって形成してきた「世界史」であると認識されるものに転換したということである。

この歴史意識の転換は通常、トレルチやマイネッケのいう歴史主義の成立と結び付けられることでその思想史的意義が承認されると同時に、他方でより広大な視野からはその本質的な意味を見失わせる結果を招いてしまったといえる。トレルチやマイネッケは決してその本質的な意味を見落していたわけではないが、彼らの論の展開がドイツ・ロマン主義思想の歴史意識にあまりにも強く結び付けられたために、西欧の歴史主義の本質的な意味の全体が見失われ、ロマン主義思想の圏内に閉じ込められた歴史主義という結果がもたらされてしまった。その原因はその一端を両者も担っているのであるが、一九世紀末から二〇世紀初期の「文明」と「文化」概念の対立化、敵対化、分断化の思想の出現に求められる。「文明」は進歩主義、革新主義のイデオロギーとなり、「文化」は保守主義、歴史主義のイデオロギーとされることで、それまで両概念が保持してきた相互交換性と相互補完性を失い、両概念が成立当初担っていた巨大な、人類史的な思想史的意義が西欧思想史上の、しかも一八世紀末と一九世紀初頭の啓蒙主義とロマン主義の対立という矮小化された図式のなかに嵌め込まれる結果を招いてしまったのである。

本来同一の人間中心主義の指標として提示された「文明」「文化」の概念が、一九世紀末と二〇世紀初頭の国家主義における思想上の国家イデオロギー闘争の進行過程において、それぞれが進歩主義と保守主義、民主主義と民族主義、物質主義と精神主義の対立価値の指標として分断され、概念分化と対立を促進させてしまった。本来は対立や敵対を意図したのではない両概念が志向した方向とは、人間活動の歴史と未来を超越的な決定論的な歴史観と運命観から解放し、それを人間の主体的な意志の産物として再構成すべきという思想の形成をうながすために案出されたものであった。いいかえればそれは人間活動を進歩主義と保守主義、民主主義と民族主義、物質主義と精神主義に分割し、対立価値化する概念として案出されたものではなく、それぞれが相互補完的に補足しあい、人類全体の進歩と幸福の増大を促進させていくための新しい価値体系の創出に向けた観念構想の軸として案出された概念だったのである。

「文明」「文化」の概念を考えるとき、その最も根本的なことはそれが、「進歩」の観念と連動したものであることを確認することである。「進歩」とは伝統社会の権力神話と宗教社会の権威神話を理性と自由意志という近代の新しい概念によって脱魔術化し、人間社会は人間の主体的な意志と合理精神によって自らが想定する理想を実現しうるという観念である。進歩とはいうなれば人間の運命と能力に対する絶対的な信頼が生み出した、西欧近代の人間信仰の中心「教義《ドクマ》」である。

その意味で西欧の「近代」とは、人間の主体的な自由意志と理性の普遍性、平等性という教義に立脚した楽観主義な理想主義といえる。そしてこの理想主義とは人類の運命と能力に対する無条件の信頼によって、人間の自由と平等と精神的、物質的な充足が達成され、権力や権威による被支配、つまり抑圧と服従、さらには物質的、精神的な貧困と社会的な諸悪から解放される方向へ無限に近づくという信仰を基盤としている。これは伝統社会の権威主義的な価値と宗教社会の神聖価値が人間の運命を没落と衰退と堕落の相のもとで捉え、人間の能力を絶対的な超越者の前では無力な存在とするのと対極に位置するものである。つまり近代とは人間と社会を希望の相において捉えるものであるのに対して、前近代の伝統社会と宗教社会は人間と社会を悪と絶望の相において捉えるものである。

前近代の伝統社会と宗教社会の人類史、世界史が没落史観、衰退史観、堕落史観、つまり価値の基範と頂点は歴史の出発点に置かれ、歴史とは終末に向かっての絶えざる下降とする史観に拠っているのに対して、近代の人類史、世界史は人間が自らつくり出した理想へ向かっての、つまり最大多数の最大幸福と最小不幸と最小悪に向かっての絶えざる進歩の過程とされる。したがって西欧近代の「進歩」とは個々人の幸福の増大や欲望の達成方法の進化ではなく、啓蒙主義の用語でいえば人類全体の、ロマン主義の用語でいえば国家あるいは民族全体の幸福の増大と理想達成が目標となり指標となるものである。

きわめて逆説的だが、終末史観に支配された前近代の歴史記述においては個人の運命と能力が大きな歴史的意味をもたされるのに対して、近代の進歩史観においては個人の運命や才能は個別的なジャンル史の中にとじ込められ、人類史的な世界史の観点から歴史をながめるとき、個人の幸、不幸は歴史の意味の考慮の圏外に置かれて、全体の歴史の中に埋没させられてしまう。たとえばヘーゲルの『歴史哲学講義』の次の言葉はそのことを明瞭に言い表わしている。

> 人間の美質や道徳心や宗教心が歴史上でこうむる運命を見わたすとき、善意の誠実な人びとが多くの場合に不幸な目に会い、邪悪な人びとがうまくやっているようにも見えますが、そんなことをなげきの種にするのはあたらない。うまくいくというのにもさまざまな意味があって、富や外見上の名誉などもふくまれる。しかし、絶対的に存在する目的を問題とする場合には、あれこれの個人がうまくいったかいかなかったかは、理性的な世界秩序になに一つかかわるところをもたない。世界の目的という観点からすれば、個人が幸福な状態にあるかどうかより、道徳と法になかったよい目的が確実に実現されているかどうかのほうが重要です。
>
> （長谷川宏訳）

歴史を「世界精神」の実現過程と見るヘーゲルの歴史観にあって、歴史における個人の運命を問うことは、歴史を「屠殺台の歴史」としてみる見方であり、歴史を感傷において捉える見方ということになる。彼の言葉で直接語ってもらえば、「感情にとらわれた反省には、悲しみの情を真に克服し、悲惨な歴史観のうちにこめられた摂理の謎を解決する気などないのです。むしろ、悲惨な結果を、空虚で不毛なままにもちあげて悲嘆にくれるというのが、そうした反省の本質です」ということになる。つまり、感傷と感情に捉われた反省によって提示された歴史は、それとは原理的に異なる「自由」の実現としての歴史の本質を歴史の究極目的とみる見方から逸脱させることになるものと考えられたのである。

カントにあっても「意志の自由」と「自然の計画の実現」としての歴史は、人類全体の世界史であって、個々人の幸、不幸のの運命にかかわることではない。このことを『世界市民という視点からみた普遍史の理念』の冒頭部の言葉で直接語ってもらえば、次のようなものである。

> 歴史とは、こうした意志の現象としての人間の行動についての物語である。だから行動の原因が深いところに隠されているとしても、歴史は次のことを示すものと期待できる。人間の意志の自由の働きを全体として眺めてみると、自由が規則的に発展していることを確認できるのである。また個々の主体については複雑で規則がないようにみえる場合にも、人類全体として眺めてみると、人間の根本的な素質であるこの自由というものが、緩慢でありながらつねに確実に発達していることを認識できるのである。
>
> （中山元訳）

このようにカント、ヘーゲルの「世界史」に集約的に表現される西欧近代の歴史哲学は、本質的には専門化された歴史科学も同じであるが、歴史認識、考察の最終目標を個人の歴史、運命、能力ではなく、人類あるいは人間全体の歴史、運命、能力に置く。いいかえれば歴史認識の目標も方法も人類の文明と文化の発達の認識にその目標が置かれることになる。それは前近代の歴史が絶対的な超越者の意志を体現させる個人の運命の宿命的限界性の確認を中心的な認識目標としていたことと対照的な関係をなしている。いいかえれば、歴史を個人の運命のなかに見るのは、超越者の意志、つまり人間に対する超越者の賞罰と見る歴史認識に由来し、歴史を人類全体の運命として見るのは、歴史を人間の自由意志の表われとみる見方に由来するからである。

前近代の歴史の見方は、たとえば仏教の歴史観の場合は超越者の個々人に対する賞罰の永遠の反復が歴史の本質をなし、キリスト教の場合は個人に対する神の日々の審判と人類全体に対する最後の審判という賞罰が歴史の本質をなしている。つまり前近代の歴史は個人に対する賞罰という善悪の判断を規準にしたものとなっている。それに対して西欧近代の歴史は超越者の介入を排除して、人間の主体的な自由意志の成果と見るのである。

この意味で前近代の歴史が善悪の判断の真っ只中に置かれたものであるのに対し、近代の歴史は善悪の彼岸に置かれたものといえる。しかし、このようないい方は正確ではない。もっと正確を期すれば、前近代の歴史は歴史的運命の担い手としての個人が歴史の法廷と処刑場に立たされることを主眼とし、近代の歴史は歴史の審判の対象を個人ではなく、人類、国家、民族という集団が移行させることを主眼とするものである。別のいい方をすれば、前近代の歴史において、善はつねに神や超越者という絶対者の属性の流出ということが前提とされているので、歴史の審判の場に立たされるものは悪ということになる。それに対して近代の歴史は善悪は超越者の意志とは無縁なものとされてしまうので、善のみが人間の主体的な意志の選択の成果として人間的価値称揚の規準とされ、悪は相対化される。近代の歴史においては善と悪は同一の基準や尺度によって判断されるのではなく、別個の基準や尺度によって判断され、測定されるものとなる。神に代わって人間が神の位置を占めることになった近代にあっては、自由意志が選びとった近代的価値が善として絶対化されるのに対して、悪は相対化され、絶対的な悪は存在しなくなってしまう。

西欧の近代とは人間を神格化する思想全体のことである。その「近代」とは具体的に時代規定するなら、啓蒙主義思想が政治的、宗教的な権威主義と伝統主義に勝利する一八世紀後半以後の時代に与えられる時代概念であるが、それが単なる時代概念を越えて超時間的な思想概念となるのは、西欧近代が創り出した新しい価値体系が西欧世界を越えて全世界、全人類の思想基盤であった前近代的な伝統主義と権威主義の全価値体系の基盤を切り崩してしまう思想的な威力を有するものだったからである。西欧の近代がそのような威力をもちえたのは、キリスト教の思想体系とそれによって構築された価値体系に代わる新しい価値体系を創造しえたからである。その新しい思想体系と価値体系とはキリスト教の絶対的な価値である神に代わって人間を神の占めていた絶対的に位置に置くことに成功したためである。人間を神に代わる位置に据えるとは神を相対化するということである。

キリスト教の神を相対化するとは、キリスト教が築き上げてきた思想体系と価値体系を相対化することである。それは同時にそれらを無力化することでもある。キリスト教の思想体系と価値体系が相対化され無力化されることとは、単にキリスト教の思想体系と価値体系が相対化、無力化されるだけではなく、キリスト教以外の全世界の宗教思想もその存在価値も同時に相対化され、無力化されることである。そしてまたそれと同時に宗教思想やその価値体系と連携してきた権威主義的、伝統主義的な政治体制の思想体系と価値体系も相対化され、無力化されるということでもある。このようにして前近代の思想体系、価値体系が相対化されると、前近代社会を支えていた思想基盤に代わる新しい思想基盤の整備が必然のものとなってくる。

新しい思想基盤が創出してくるのは新しい価値体系である。その価値体系はそれまで神聖価値であった神の価値の絶対性を人間に移行させることである。伝統的な権威社会において絶対的な善を宰領していたのは神であり超越的な絶対者であったが、絶対的な悪、根源的な悪を宰領するのは悪魔であり、悪霊であり悪鬼であった。近代思想と近代価値が神と絶対者を相対化することは、同時に絶対的な悪や根源的な悪をも相対化することであった。

キリスト教における悪の起源はアダムとイヴによる原罪に求められる。それは人間の自由意志による神からの離反とされ、それは人間存在が根源的に負っている原罪として贖っていくべきものとされる。この贖罪の信仰を支える根本思想は、悪は人間の外側にあるのではなく、人間の裡に内在するものとする考えである。この考え方は人間が自ら善悪の審判者となることを禁じ、一切の悪を不信仰に帰す考え方である。この思想は人間の被造物性を強調することで、人間が神への帰依によって救済されるか悪魔の誘惑によって堕罪の道を選ぶのかという絶対善と絶対悪の二元論の世界に置かれることを意味する。これに対して西欧近代思想は、善は絶対化するが、悪は絶対化しえない思想として出発し、そこから近代の価値体系を構築していったのである。

近代思想は悪の内在性、根源性を否定することから出発する。いいかえれば近代思想は神学的思考とは別の価値目標の探究から人間の認識能力の範囲と限界の追求を目指す哲学的な思考を整えてくる。そしてこの近代的哲学思考は、たとえばロックの『人間悟性論』に発するとされる人間精神の白紙性が感覚と反省からなる経験によって後天的に形成されるという理論に見られるように、宗教的思考や神学がもつ人間に内在する先験的な悪の存在を否定する。そしてイギリスの経験論哲学思考はさらに進んでマンデヴィルの『蜂の寓話』に見られるように、社会の存続と進歩は個人の野心や競争心という、いうなれば個人の悪意と悪徳に支えられるものとし、「個人の悪徳は公共の福祉」という徹底した悪の相対化を進行させる。この考えは基本的には一八世紀フランスの唯物論哲学にも承認され、初期社会主義思想やマルクス主義思想においても継承され、発展させられるが、近代思想には根本において人間個人に内在する先験的な悪を否定し、悪を社会悪として相対化する方向をたどるのである。

近代思考においては悪とは神学的思考や伝統社会の権威主義的な思考が想定するように神や絶対者以外の存在に先験的に分与されているものではなく、社会的価値のなかで好ましからざるもの、劣ったもの、害をなすものとして人間の社会関係のなかで生み出されたものということになってくる。つまり近代思考は自らがつくり出した価値、つまり善なるものは徹底的に絶対化するが、悪は徹底的に相対化する思考なのである。ドイツの観念論哲学も同じく悪の先験的な内在性を否定し、悪を相対化させながらも、理性や自由意志は善を認識する審理機能として積極的に肯定していく。

宗教社会と伝統社会における善と悪の区分はきわめて明確である。そこでは善はすべて神や超越的絶対者への帰依、服従を基軸に考えられ、悪とはそれからの離反、それへの反逆と不服従を基軸に考えられる。人を災厄によって苦しめる自然災害も人間の社会生活にとって不都合な結果をもたらす道徳的な不正や悪も個々人にふりかかる傷害、疾病、災難、不幸といったまがごとの一切は、すべて超自然的な力の作用と考えられる。そして善とは神や絶対的な超越者の超自然的な力に対する畏敬の念、神的なものに対する信仰と信頼の心の持続的保持、疑心をいだかない清浄心をもって神的なものへの自己投入を基準としてその度合が測られる。つまり宗教社会や伝統社会においては善とは行動によって外に表われるものであるがゆえに、視覚化されるものである。

宗教社会、伝統社会における善とは、すべて善行として可視化されるべきものである。社寺への参詣、聖地への巡礼、社寺への寄進、貧者への喜捨にはじまり、共同の祭祀典礼の実施に至るまで視覚的に認知可能なものとされている。それに対して悪もまた可視化されるべきものと考えられる。聖俗の犯罪者の公開処刑、処刑者の公示、葬送の区別、引廻し、晒刑、ゲットーのような隔離居住区というように悪は視覚的に可視化される。宗教社会と伝統社会は善悪が直接的に、あるいはシンボルや記号によって間接的に視覚体系のなかで整序されている社会であるといえる。衣冠束帯、禁色は官位の差別を表わすばかりでなく、社会的階級の区別を表わす衣服、持ち物、生活用途品に至るまでの規定とあわせて、単なる社会的な階級、身分差の標識であるだけではなく、社会的善悪の規準としても機能させられるべきものでもある。

宗教社会や伝統社会において善は、それは同時に正義でもあるが、視覚的に可視化され、細部にいたるまで図像化されていた。善と正義とは神や絶対的な超越者に由来するだけではなく、最終的にはそこに帰着していくものであるがために、相対的なものではなく、絶対的なものであった。社会はその絶対的なものを規範に秩序を保持すべきであるがゆえに、個々人の意志の自由に優越するものである。プラトンが善をイデアのなかの最高のイデアとして、人間感覚のすべてを超えた神秘的なもの、絶対的なものとして、キリスト教神学が善を単なる相対的な価値ではなく、「最高善」の観念で捉え、神こそ「一なるもの」「真なるもの」「善なるもの」としたように、神や絶対的超越者への帰依と観想的認識こそが善と正義の実践とされたのである。つまり善と正義とは共同体の秩序と法そのものであった。

西欧の近代哲学が善と正義、悪と不正の自然法的な論拠を神や超越者から人間本性に移し換えることで、近代の善悪、正邪の論拠が個人と社会の関係の中で移し換えられることになる。近代の人間性の概念がロックの人間悟性論に由来するタブラ・ラサの状態という規定のもとに、経験と環境の産物と見なされ相対化されると、「人権」という概念が近代自然法の思想的根源となり、その人権の進展を阻むものが悪や不正となり、それを促進させるものが善や正義となる。つまり善と正義の概念が神的、先天的、超自然的な根源を否定されると、悪も不正もまた同じくそれを否定し、相対的なものとなる。たとえば『百科全書』の「奢侈」の項が説くように、それは浪費としては個人的な悪徳であるが、社会経済の観点からは富の流通、移動として善となる。すでに述べたようにここにはマンデヴィルの「個人の悪徳と公共の福祉」という善悪の相対性の思想の継承が確められるのである。

だがすでに近代思想においては善は絶対化の方向に向かうが、悪は相対的なままにとどめ置かれると相矛盾する方向に向かうということはすでに述べたとおりである。結論を先どりしていえば近代思想の最も強力な部分は、神的、先験的、超自然的な根拠を失った善と正義を「進歩」という概念と「文明」「文化」という概念によって、近代思想に即応した絶対性を与えることができたことである。それに対して悪と不正に対しては絶対性を与えること、つまり絶対的な規準と規範を与えることができなかったことが西欧近代の限界を露呈させ、近代思想の行き詰まりの克服を困難なものにしているのである。

西欧近代が発見し、思想的に整備してきた「進歩」の概念こそが、宗教社会と伝統社会の神と絶対的超越者を保持してきた社会秩序設定者という地位を奪い、近代の新しく創出されてくる諸価値の設定者の位置に就いたのである。始めはフランシス・ベーコンのような先駆的思想家によって、精密な自然観察によって導き出されてくる科学的知識と合理的知識による非合理的な認識の迷妄の克服に基づく自然征服の過程と進歩の観念が結びつけられただけであったが、啓蒙主義時代に至って技術の進歩と道徳的社会的進歩が結びつけられ、人間の科学的、技術的な物質的進歩と内面的、道徳的な精神的進歩が一体化され、進歩が近代的な善と正義の絶対的な規準や尺度となり、近代的諸価値の絶対的な措定者となった。

カントからヘーゲルに至るドイツ観念論哲学も啓蒙主義の科学的・技術的進歩と精神的進歩の合一化の思想を継承し、進歩思想を近代価値としてより確固たるものに形成させていったが、その作業は進歩というより退行、堕落、停滞を思わせる人間の愚行や悪意や破壊欲に満ちた世界史上の実例と進歩の観念とどのように折り合いをつけさせるかに思考を集中させることに向けられた。いいかえれば進歩の問題を人類史（世界史）という次元で歴史哲学的に解決していこうという方向である。カントは『世界市民という視点からみた普遍史の理念』のなかで、「人間の営みを世界という大きな舞台で演じられたものとして眺めてみよう。すると、ときには賢明さがうかがえるところもあるが、最終的にはそのすべてが愚かしさ、子供っぽい虚栄心、そしてしばしば幼稚な悪意や破壊欲によって織りなされていることがわかり、思わず憤慨してしまうほどなのだ。そして最後には、ほかのすべての生物よりも傑出していると思い込んでいるこの人間というものをどう理解すればよいのか、途方にくれてしまうのである」（中山元訳）と人間の進歩をまったく否定するようなことばでもって、人間の精神の進歩を論じはじめるのである。

一読すると歴史の進歩を否定するように見えるこのことばも、ヘーゲルの「わたしたちが、民族の幸福や国家の知恵や個人の徳を犠牲に供する屠殺台として歴史をながめるとき、当然のことだが、このおそるべき犠牲は、だれのために払われ、どんな最終目的のために払われたのか、という問いを思いうかべざるをえない」ということばと同様、「歴史の進歩」という絶対的な「公準《ポストラート》」を提出するための修辞的な否定と疑問なのである。ヘーゲルがすでに前に引用した文章において「絶対的に存在する（歴史の）目的を問題とする場合には、あれこれの個人がうまくいったかいかなかったかは、理性的な世界秩序になに一つかかわるところをもたない」として、歴史の進歩を理性による世界秩序の形成過程と見なして、「（歴史）世界の目的という観点からすれば、個人が幸福な状態にあるかどうかより、道徳と法にかなったよい目的が確実に実現されているかどうかのほうが重要です」と歴史の目的を人間の理想の達成、つまり、歴史の進歩の達成のなかに「進歩」の公準を見い出そうとするのはカントの修辞的な否定の提示と同じ論調のものである。

公準とは証明は不可能であるが、基本的前提として必要な命題《テーゼ》のことである。カントは世界史の進歩の必要性を九つの命題の提示で論じていく。カントは歴史における人間の「進歩」に反する行為、進歩にあらざる行為を記述したあと、すぐに一転して歴史の進歩の絶対的な要請を九つの命題に分けて提示していく。第一の命題は「被造物のすべての自然的な素質は、いつかその目的にふさわしい形で完全に発達するように定められている」として、つづく第二命題では次のように展開させている。

地上における唯一の理性的な被造物である人間において、理性の利用という自然の配置が完全に発展するのは、個人ではなく人類の次元においてである。被造物における理性とは、みずからのすべての力を使用する規則と意図を、自然の本能の領域をはるかに超えたところまで拡張する能力であり、この拡張の際にいかなる制約も加えられない。理性は本能的に働くのではなく、さまざまな実験、練習、教育を経ることで、一つの段階から次の段階へと、洞察が次第に発展するのである。（中山元訳）

カントにとって歴史の進歩とは、「理性」と「意志の自由」と「自然の計画」が必然的かつ絶対的な「公準《ポストラート》」として実現されるものであり、同時に人間活動全体の理念的目的となるべきものである。それは宗教社会と伝統社会において神と絶対的な超越者が人間社会と人類史の全価値の規準や尺度であったように、近代社会の人間の全価値の規準や尺度となるべきものである。いうなれば「進歩」とは西欧の近代的な諸価値の集約者であり、判定者であり、促進者である。つまり近代価値の中心点である、近代における善なるもの、正しきもの、価値あるものはすべて「進歩」を軸に配置、配列される。

宗教社会と伝統社会にあっては、神の摂理と恩寵の賜物であり、超越者の意志の表われであった「歴史」は、近代においては人間の理性と自由意志と自然の計画あるいは世界精神の要請としての「進歩」の実現となる。進歩とは啓蒙主義的な論調や反近代主義の論調が主張するようなラディカルな楽天主義《オプティミズム》、非現実主義的な反国家主義や無政府主義、また非歴史主義的な理性信奉に基づく単純な理知主義から引き出された観念ではなかった。カッシーラーの『啓蒙主義の哲学』は、「十八世紀は理性の統一性と不変性に対する信念に満ちていた」と書き、啓蒙主義は「理性はすべての思惟主体、すべての国民、すべての時代、そしてすべての文化にとって同じものである」と断じた。

進歩が楽天主義の産物という誤解

カッシーラーのいうところの啓蒙主義の理性の普遍性への確信は、いつの間にか誤ったひとり歩きをはじめ、「進歩」思想と結びつけられることで、啓蒙主義＝楽天主義という図式がつくられてくる。たとえばJ・シュクラールの『ユートピア以後――政治思想の没落』（一九五七年）の次のような一文はその典型である。

その楽観主義とは人類の道徳的・社会的状態は断えず進歩し続けるという信仰に基礎を置いていた。進歩とは未来への希望であったばかりでなく、歴史の全過程を印づける法則でもあった。啓蒙主義の哲学者たちは彼ら自身の時代の制度と習俗にたいしてきわめて批判的であったけれども、彼らはヨーロッパ史全体からの疎外感というものをなんら抱懐していなかった。過去の最も暗黒な時代でさえ一層光明な時代への段階にすぎなかったのである。現在が嘆かわしく思われようとも、過去よりは遥かにましであった。歴史は、個々の人間と同じように、合理的なものであり、かつ理性はますます多くそれ自身を顕現せざるをえないからであった。このような理性信仰こそ、啓蒙主義思想家にその社会と歴史全体のなかに安定感を得させていたのである。

（奈良和重訳）

まるで啓蒙主義者とは能天気に、楽天的にバラ色にかがやく未来のユートピア社会に向かって歴史が一歩一歩前進していくことを信じている人びとであったといわんばかりである。啓蒙主義者とはそのような気楽な人びとでもなかったし、啓蒙主義もそのような楽天主義の思想でもなかった。それは楽天主義とか悲観主義という次元を超えたものであった。啓蒙主義者は人類史上で最も重大で深刻な思想問題と対決した人びとであり、彼ら自身も権力による監視、つまり検閲と出版禁止、投獄と敵対者たちの批判に最も活動を妨害され、煩わされた人たちだった。彼らのいう歴史の進歩とは一歩一歩着実により光明に満ちた段階に発展していくものではなかった。またその「理性」信仰とは「啓蒙主義思想家にその社会と歴史全体のなかに安定感を得させていた」ものでもなかった。むしろまったく逆である。彼らは社会と歴史全体のなかに安定感を見い出しえなかったため、「進歩」という観念体系を構築し、それによって社会の現状を批判し、権威と権力によって叙述されてきた過去の歴史記述全体、つまり歴史全体を書き換える方向を示したのである。その方向性の指示こそが「進歩」であり、過去（歴史）の再整序の価値規準となったものが「文明」であり「文化」だったのである。

ヘーゲルが過去の歴史記述全体を「屠殺台の歴史」といい、カントが「最終的に過去の歴史すべて」が、「子供っぽい虚栄心、そしてしばしば幼稚な悪意や破壊欲に満されている」といっていることからだけでも、啓蒙主義者が歴史を理想的な未来、光明に満ちた未来に向かっての着実な前進過程と見ていなかったことが理解されるはずである。啓蒙主義の歴史哲学の「進歩」とは、誤解されているような楽天主義的な歴史の前進への信頼ではなく、宗教社会と伝統社会の権威と権力が最高にして最善の価値規準と設定した超越的な力を無効化させるための、思想的な対抗概念なのである。つまり葬り去られるべき過去の宗教価値と政治価値に対抗するだけの新しい価値の公準となりうるものとして、啓蒙主義者が理念として設定した価値目標であって、その実在が信じられた現実ではない。それは社会主義者や共産主義者が説いた未来の理想社会が理念であって、現実ではないのと同じである。

カントが「進歩」を完成させる三つの要件とした意志の自由、理性の使用、自然の計画（自然の配慮とも自然の配置ともいわれる）は、啓蒙主義の合理精神とも一致するものではない。カントのいう「理性の使用」とは、それはイギリスの経験論哲学が想定する認識の演繹論的、実験的、帰納的方法と結び付けられる方法、つまり先験的、形而上学的認識の否定による事象の認識方法ではなくて、形而上学的な認識の基盤としての先験的な思惟能力を意味する思考方法、認識方法のことである。

また「意志の自由」とは、キリスト教神学の自由意志論からルネサンス期の哲学的な自由意志論への移行を経たものであるが、それはキリスト教神学的な恩寵として神によって人間に例外的に下賜される特典的なものでもなく、また人文主義者が説くような「汝の欲するところを為せ」という欲望解放論につながるものでもない。それは人間を含む全被造物が自らに対してもつ「権利《レヒト》」であり「法《レヒト》」である。それはすべての被造物が世界内存在者として自己の存在の自律性として有している「法」と「権利」なのである。それは全被造物が先験的に与えられている「自然の計画」の目的のためにもつ「自律性」なのである。いうなればそれは被造物のすべてがもつ形而上学的な存在の根拠であり、根底なのである。カントの哲学はつねにその基礎を形而上学においているが、それは問題を社会学的な関心、社会学的な権利闘争の回避や逃避からくるのではなく、問題をもっと本質的《ラディカル》に突き詰めたために出された暫定的な結論ともいうべきものであった。

カントがイギリスやフランスの啓蒙主義者のように相互に連繫し、同時に社会的支援を期待できる状況のなかで意見を表明することが可能であったなら、彼らよりもっと急進的《ラディカル》な表現を用いることができたであろう。ミルの『自由論』がいうように「意志の自由」とは不幸にも誤って市民的、社会的自由と対立させられたもので、本質的には「社会が個人に対して正当に行使しうる権力の本質とその限界」のことであって、個人が社会に対してなしうる欲求とその限界のことではないとのことである。つまり西欧における哲学的、政治学的な「自由」とは個人の欲求の正当性の条件とその範囲と限界についての議論ではなく、権力が個人に行使する力をどのようにして、またどのぐらい制限しうるのかという権力制限論の観点からの議論を意味していたのである。それは自然法の議論を神学的な議論から独立させ政治学的、法学的、哲学的な議論のなかで世俗化させ、自然権を道徳的領域とは切り離して、政治的、法学的な方向に限定していくことである。

カントの「意志の自由」論は、決して現実の社会問題や人生問題から回避したり、無視した単なる哲学領域内の課題解決に向かうだけのものではない。それは現実的な社会変革の課題として提示されたものであったのである。そして実はこの課題に向かうこと自体がキリスト教信仰が西欧社会全体におよぼした道徳的、社会的、政治的な強制力と抑圧から社会と個人を解放する第一級の重要性をもつ社会論と人間論だったのである。また意志の自由論が観念論の思考内だけにとどまる形而上学的課題ではないことは、それが「理性」と「自然の計画」という概念と結びついて、進歩という観念を構成する役割を担わされていることからも理解される。

一般的に啓蒙主義の進歩信仰といわれるものは、人間精神が時間を追って向上し、歴史は時代を追って完全で理想的な状態へと変化していくという、きわめて楽天的な思想とされている。啓蒙主義が人間精神は先験的に内在的な原因によって自動的にひとりでに完成と完全に向かうものと誤解されるためである。すでに述べたように啓蒙主義とはそのような気楽な楽天主義ではない。それは人類の思想史上、最も巨大で深刻な思想闘争を引き受けた思想である。つまり人類史がそこから独立しえなかった宗教社会と伝統社会の権力と権威、いいかえればそれまでの全人類の存在根拠の否定という前代未聞の闘争を引き受けた思想なのである。

啓蒙主義の「進歩」とは人間精神と人間の歴史の自動的な好転への期待ではなく、宗教社会と伝統社会が抑圧してきた「人間」の本性のなかに内在する能力を解放し、その能力の解放から新たに生じてきた価値を積極的に評価し、育てることで、宗教社会や伝統社会の価値体系と正面から衝突し、闘争していこうという思想が生み出した観念なのである。進歩とは、未来に達せられるべき理想と目標を設定することで社会の現状維持が社会秩序の保持につながるとする伝統主義の守旧精神と積極的に闘争することを意味し、過去に向かっては宗教社会と伝統社会が自己保存のイデオロギーで塗り固めた歴史像と歴史観を破棄して、歴史をすべて人間の活動の産物とする「文明」「文化」という新しい価値概念で再整序し直すことをも意味している。

ドイツ観念論哲学の歴史哲学が歴史を理性の実現過程と捉えることで、「進歩」の観念は人間の内面性の進歩、つまり精神の進歩と道徳的進歩にまでその範囲を拡大させる。ベーコン、デカルト、パスカルの初期の合理主義哲学において進歩は人間の技術的進歩と自然科学的進歩による自然征服力の進展過程と結び付けられ、ベンサム、ゴドウィンやチュルゴー、コンドルセなどによって、進歩は社会的進歩や生活環境への適応技術の進歩、生活習慣の個別的な進歩と結び付けられる。つまり主に「文明」の概念との結び付きを深める方向での進歩の観念が、ドイツ観念論哲学やヴォルテール、モンテスキュー、ルソーといった科学技術的方向よりも人文学的な関心により傾いた思想家たちによって、進歩の観念は「文化」概念との結び付きをより深める方向に導かれる。

人間思想の革命的な転換である近代化と近代諸価値の基盤とは、最終的には「進歩」という観念の生成と発展に求められるべきものである。科学技術における進歩の観念の芽はたしかにフランシス・ベーコンによって植え付けられたものといえるが、科学技術の進歩が西欧における進歩の観念の歴史の主流を形成してきたという考え自体が、実は二〇世紀の西欧の歴史学が流布させた「科学革命」と「産業革命」という歴史学的概念の拡大の結果で、時代の歴史の中で科学技術の進歩が現実的な実感として体感された現実認識の変化を意味するものではなかった。この科学革命の時代は、産業革命の時代に行なわれた「新旧論争」「古今論争」とよばれる古代と近代のどちらがすぐれているかの論争を反映したものであり、この時代の西欧人の「進歩」の意識の実情は、到底いまのわれわれが進歩の概念でとらえるものとはいえないほどに異なったものであった。いうなればそれは進歩論というよりは古代と近代のいずれが人間的価値において優れているかの優越論の問題で、科学技術の進歩や社会制度の進歩の論争ではなかったのである。

「進歩」とは人間が孤立した被造物として無力なままに世界に投げ出されているか、あるいは永遠の輪廻のなかで、因果応報の定めのなかで転生を繰り返すという受動的な位置から自らが世界の支配者、主宰者の位置に進み出ることである。いいかえれば受動的に与えられた位置にとどまるのではなく、自らの運命の開拓者として、社会的諸制度や人間の歴史的発展の創造者、決定者としての位置を引き受けることである。そのときの社会的諸制度や歴史的発展の理念的指標となるのが、「進歩」の観念である。この「進歩」の観念に自らが創出した諸価値、私たちはこれを近代価値というのであるが、その諸価値を「文明」と「文化」という概念で整序し、その概念を人類史の諸段階、諸局面に割り振りしてきたのである。この両概念は一九世紀中葉から後半にいたるまで概念対立や概念区分は明確ではなく、それぞれの国民が母語表現のなかで言語使用の好みで選択されていた。

ところがそれが一九世紀中葉頃から、それぞれの国民の自意識と国民的矜持、優越意識の表現として、「文明」と「文化」が概念分化と対立を意識させるようになってきた。そしてその概念分化と概念対立は二〇世紀に入って第一次世界大戦によって概念のイデオロギー化でひとつの極点をつくり出すことになる。英仏の「文明イデオロギー」は科学技術の進歩に加え、民主主義や主権在民の思想の社会的浸透と拡大への自負となったのに対して、もう一方の「文化イデオロギー」はドイツ国民の精神価値を優位に置く自意識の表現となっていったのである。

このように一九世紀中葉をすぎると「文明」と「文化」の概念が相互補完的から対立的な分化の方向に進み、二〇世紀に至っては両概念がイデオロギー的対立と敵対関係にまで至ってしまうのは、「進歩」を西欧の前近代社会の最高の神聖価値であった「神」に代えて、近代の新しい神として、世俗的人間価値の最高理念にしてきた世俗神学ともいうべきものであり、進歩、文明、文化の新しい三位一体の教義の修正を迫られたことを意味している。「進歩」の理念が古代の超越的な規範理念、たとえばプラトンのイデアのような超越的な理念が真善美の人類の理想の絶対的な規範となる人間観・社会観と中世のキリスト教やイスラム教的な神による世界の絶対的な支配という人間観・社会観に代わって、新しい人間中心主義の価値体系を築きあげるとき、過去の伝統社会の価値を一方では凌駕し、屈伏させると同時に、もう一方ではそれを懐柔し、同化させるという両面での対応を必要とした。

伝統社会の規範遵守、典礼尊重による安定社会の停滞性に対しては、一方では革新による新しい社会価値の創出という展望を称揚し、さらには慣習的反復と形式的な儀礼継承に代わって人間の内面的な価値の本源的な追求の優越を説く近代価値の教義の集約概念が「文明」と「文化」であった。その意味で「進歩」「文明」「文化」は近代の新しい三位一体論ともいうべきものであったが、その三位一体の蜜月時代が意外に短かったのは、西欧近代があまりにも急速な近代価値の拡大をはかり、世界の近代化が加速され、結果的には「近代」の暴走化と不消化な「近代」の拡散をもたらしてしまったためである。

日本の場合を例にとって見ても、福沢諭吉の「天は人の上に人をつくらず、人の下に人をつくらず」や「天は自ら助くる者を助く」という命題は、西欧近代の「進歩」の理念をかなり本質的な部分で理解していたことを教えてくれる。だが、それが明治政府の「殖産興業」や「富国強兵」というスローガンに代えられるか、あるいは接続されると、「近代」と「進歩」は、社会制度や人間精神のそれではなく、「文明」と「文化」の跛行的な「近代」を生み出してくる。それはなにも日本的な特殊事情ではなく、一九世紀末から二〇世紀にかけての西欧近代の危機、西欧近代が内包していた諸矛盾や諸対立の表面化と等質のものであったといえるのである。

「文明」と「文化」の概念分化と対立、さらにはその対立のイデオロギー化は、つきつめて考えれば「近代」の価値はどこにあるかということ、いいかえれば「進歩」の尺度はどこに求められるべきかという問題に帰着する。それは人間の進歩は科学技術の進歩による物質的な生活による富裕の増大、あるいは社会諸制度の整備による自由と平等の浸透による精神的安定という問題である。または社会変革や政治・経済の構造や仕組みを絶えざる改善、改良、変革の意識の持続によって社会的不平等、社会悪を漸新的にあるいは飛躍的に変化させる革新的進歩、あるいは「近代」のなかにも根強く生きながらえている伝統や、人間の生物的条件のなかに残存しつづける変化に対する恐れと不安という保守主義的要求との妥協と調和への欲求という問題である。

自然権の自然法化

「進歩」の概念が人間社会の世俗化を促進させていった経過を最も明瞭に理論化したのはイギリスの政治哲学であるが、そのなかでもホッブズとロックは際立った貢献をなしている。ホッブズにとって人間の万人に対する万人の戦いという不断の闘争状態と生存欲と所有欲という私欲を調整するのは神の権威ではなく、君主の権威である。彼にあって宗教はもはや人間の公的生活の領域においては裁定者ではなく、私的な魂の慰安者にすぎないものとなる。いうなれば社会の進歩の推進者は世俗的人間の欲望であり、その裁定者、調整者である世俗君主である。このことは人間社会が神の恩寵の永遠性から世俗的流動性の中に投げ出されることを意味する。ホッブズにとって人間とは神によって創造された被造物でもなければ、自己の自然の権利をすべて神の摂理と恩寵のなかに委ねることで充足する存在ではない。ホッブズの考える人間とは自己の自由と平等を自らが主体的に追求する存在である。

だが逆説的ながらこの自由と平等、さらには自己の生命の安全と財産の保全を確保するためには自己の自然権を一時的に放棄し、万人の万人との闘争をより高位の段階で自然法という実定法に制定してくれるコモンウェルス（国家）という強大な権力と権威組織に一体化させなくてはならない。それが彼が「信認」と呼ぶ社会契約である。彼の社会契約はしかしながら、彼につづく政治思想家のジョン・ロックやルソーのそれとは違って、コモンウェルス（国家）と個人は、市民と国家の対等な権利関係、利害関係に置かれた存在ではない。彼のいうコモンウェルスや国家とはリヴァイアサンという伝説の怪物のごとき巨大な権力をもった存在で、個々人は自己の生存権の確保のために、それに対して絶対的な臣従を要求される存在である。いうなれば人間は相互の闘争という武力と暴力の行使を放棄するためにリヴァイアサンという強大な権力と武力に自己の権利の使用を委託し、丸腰となることを選びとったようなものである。ここにはもはや市民と国家の相互依存関係は存在せず、市民の輿論が国家の政策を誘導し、国家が市民の権利を第一義的な配慮の目標とすることもない。ホッブズにとって厳密な意味での社会契約は存在しない。彼にあるのはリヴァイアサンというコモンウェルスへの「信認」のみである。だが彼のこの「信認」は古代的な超越価値やキリスト教的中世の神の摂理の支配の中で主体的な社会形成が封じ込められた状態から解放され、人間的で主体的な社会形成の第一歩を踏み出させることを可能とする画期的な「進歩」の観念の創造の役割を果たしたものであった。

この「進歩」の観念を社会制度形成において、さらに一歩前進させたのはジョン・ロックの『統治についての二つの論考』（一六八九年）である。一六五一年に出版されたホッブズの『リヴァイアサン』よりおよそ四〇年あとに出たロックの『統治論』は、ある面ではホッブズの積み残した問題を大きく前進させながら、ある面ではホッブズよりも後退している。後退した面とは、チャールズ二世による王政復古（一六六〇年）とウィリアム三世の名誉革命（一六八八年）という複雑な宗教情勢を生きた彼の体験を反映してか、彼は「国家の法」（自然法）に並べて「神の法」への配慮を無視しえなかった点である。それにもかかわらず彼がホッブズをはるかに超えて、ルソーの『社会契約論』の「一般意志」という「公共圏」の発見を可能にする「社会」という国権を私権の観念に先行させる「輿論の法」、あるいは「公論の法」（Law of Opinion）という第三の社会制度の領域を導入した先駆性の価値ははかり知れないほど大きなものである。しかしそこに入る前に『統治二論』のうちの『市民政府論』の次の文章から考えていくことにしたい。

政治権力を正しく理解し、その起源を尋ねるためには、われわれは、すべての人間が天然自然にはどういう状態に置かれているのかを考察しなければならない。そしてそれは完全に自由な状態であって、そこでは自然法の範囲内で、自らの適当と信ずるところにしたがって、自分の行動を規律し、その財産と一身とを処置することができ、他人の許可も、他人の意志に依存することもいらないのである。

それはまた、平等の状態である。そこでは、一切の権力と権限とは相互的であり、何人も他人より以上のものはもたない。同じ種、同じ級の被造物は、生れながら無差別にすべて同じ自然の利益を享受し、同じ能力を用い得るのであるから、もし彼らすべての唯一の主なる神が、なんらかの明瞭な権利をその者に賦与するのでない限り、互いに平等であって、従属や服従があるべきではない、ということは明々白々であるからである。　（鵜飼信成訳）

ロックのこのような自然権の考え方は基本的には西欧近代の人権思想、つまり生得の社会的平等と自由の思想においては同一の基礎の定礎者たる位置にある。だが同じ自然権の思想であっても、ホッブズにおいては社会的権利よりも個人の生物的な生存の権利に重点が置かれるので、自然権と自然法の間に断絶と空隙が生じてしまう。いうなれば個人と権力の間には「社会」という中間地帯、あるいは緩衝地帯が存在せず、両者は直接向きあうことになる。ホッブズにあって自然権とは各個人が自然の状態において有する自己保存のための自由であるが、すべての個人が他人に対して同じ自由の権利をもつゆえに、自己保存そのものが絶えず危険にさらされるという状態が生じてしまう。したがって人間は自然状態においては「絶えざる恐怖と暴力による死の危険の存在」の中に置かれることになる。

この権利のみが存在し、いかなる義務も存在しない人間の自然状態を脱して、生存の保証と平和を手に入れるためには、「自然権」を放棄し、それを「自然法」のなかで再構成しなくてはならない。ホッブズにあってこの自然権を自然法に再構成し直す、人間の知的活動が「理性」と呼ばれるものである。ホッブズにとって理性とは知性の私的使用のことではなく社会的使用のことを意味する。別ないい方をすれば知性の使用を自然権の範囲内にとどめるのではなく、自然法という社会的規範の作成という脱自己利益的な使用のことである。彼が『リヴァイアサン』の一四章の「自然法」の規定のなかで、次のようにいうのはこのような意味においてである。「《自然法《レクス・ナトウラリス》》とは、理性によって発見された戒律または一般法則であり、それによって人は生命を破壊したり、生命維持の手段を奪い去るようなことがらを行なったり、また生命がもっともよく維持されると彼が考えることを怠ることが禁じられる。というのは、この問題について論ずる人たちは、よく「ユス」と「レクス」すなわち「権利《ライト》」と「法《ロー》」を混同するが、それは区別されるべきものである。なぜならば、《権利》はある行為をやったりやらなかったりする自由であり、《法》は、そのどちらかに決定し、それを拘束するものだからである。したがって法と権利には、義務と自由のようなちがいがあり、同一のことがらにかんして両者が一致することはない」（永井道雄・宗片邦義訳）。

ホッブズにとって、右のように「権利《ライト》」と「法《ロー》」は同一範疇のものではない。自然権は個人の生得の権利であるが、それはあくまで私的領域での「人権」が有する先験的権利であって、同等の権利を有する多数の人間集団のなかでは、その権理は相互間の対立の要因となっても、相互協調や相互の安全保障とはならない。そこで個人は「理性」を媒介に個々人の自然権を放棄し、コモンウェルスという国家権力への信従を条件に自然法という実定法の制定を信認する。ホッブズにとって「自然法」とは人間の社会生活の規則の制定を通じての行動規範をも意味する法制体系ではなく、「理性によって発見された戒律または一般法則」なのである。いうなればそれは法規範というよりは、道徳的な「戒律」である。そしてその目的は、「それによって人間は自分自身の生命を破壊したり、あるいは生命を保存する手段を取り去ったりすることを禁じられ、さらにはまた生命を保存するのにもっとも良いと考えられることをしないことを禁じられるものである」ということになる。

ホッブズにとって厳密な意味での「社会」は存在しない。存在するのは個人という利権的存在者とコモンウェルスという国家権力的存在者のみである。そこでは個人の集合的な合意が社会という公共圏を形成し、その公共圏のなかで形成された輿論が社会規範となる実定法を制定していくというプロセスが存在しない。いうなれば「人民主権」「民主主義」という思想はいまだ生み出されてきていない。ホッブズの政治思想は「自然権」という個人の生存権の基礎を認め、それを「理性」という媒介項を通して、神や絶対者という超越者の支配領域から独立させた点では、近代の人間中心主義の統治思想の開拓となったものであったが、それは直線的に近代の主権在民や民主制につながるものでなく、絶対主義的な君主制や立憲君主制により接近し、傾斜していくものであった。ホッブズの『リヴァイアサン』にあっては、個人と権力の間に意思の疎通の通路は存在しない。そこに存在するのは命令と服従、信任と許諾、拘束と義務である。なぜなら、そこには私権と国権の両者の主張を中間的に制限する社会的権利がいまだに生み出されていないからである。

この不備を補い、権力の独走に歯止めをかけ、私権の我儘を抑圧する機能としての「公共権」、彼自身の用語でいえば「輿論の法」(Law of Opinion) という社会的権利を導入したのがジョン・ロックの政治思想である。ロックは人間活動を規制する「法」を三つに分ける。神の法と君主の法と輿論の法である。神の法は道徳を規制し、君主の法は刑罰をもって規制し、輿論の法は主権と個人の権利を規制する。主権が強力になりすぎると輿論は窒息し、私権は萎縮してしまう。私権が強力すぎると輿論の結集が困難となり、社会という公共圏は限定された小範囲の地域のなかでしか成立せず、市民や国民は形成されえない。ロックは自然権の所有においてはホッブズ同様、各個人は皆同等であると考えるが、その享受においては同等でないと考える。ホッブズはこの等しく与えられた自然権を等しく放棄するという形でコモンウェルスに譲渡し、代わって自然法という実定法に服従することで自然権を保証してもらおうとする。それに対してロックは、自然権を国家主権に譲渡するのではなく、個々人が「共同社会」を形成し、主権と私権の調整基盤を確かなものとしたうえで、道徳は神の法に、刑罰は君主（国家）の法に、公共利益は輿論の法に配分的に委託していこうとする。ロックにおいても神の法は個人の私的な、精神的な問題とされているので、問題は市民社会という共同社会が私権と主権に対してどのようなかかわりをもつのかということになる。そのことを論じているのが『市民政府論』（『統治論第二篇』）の第七章「政治社会あるいは市民社会について」第八七節である。長い引用になるが彼の思想の集約となっているので、全文を示したい。

すでに明らかにしたように、人間は生まれながらにして、他のどんな人間とも平等に、すなわち世界中の数多くの人間と平等に、完全に自由を所有し、自然の法の定めるすべての権利と特権を、抑制されずに享受する資格を与えられている。したがって人間は、自分の所有物、すなわち、生命、自由、資産を他人の侵害や攻撃から守るための権力だけではなく、また、他人が自然の法を犯したときには、これを裁き、またその犯罪に相当すると信ずるままに罰を加え、犯行の凶悪さからいって死刑が必要だと思われる罪に対しては、死刑にさえ処しうるという権力を生来もっているのである。

しかし政治社会というものは、それ自体のうちに、所有物を保全する権力と、そのための、社会の人々のすべての犯罪を処罰する権力をもたなければ、存在することも存続することもできない。だから、政治社会が存在するのは、その成員のだれもが、社会によって樹立された法に保護を求めることを拒否されないかぎり、この自然的な権力を放棄して、その権力を共同社会の手に委ねるという場合、そんな場合だけなのである。このようにして、すべての個々の成員の私的な裁判権はすべて放棄され、共同社会が、すべての当事者にとって公平で同一である一定の常置の規則によって、裁き手となるのである。

また、共同社会は、これらの規則を施行するために、共同社会から権限を授かった人々の手をつうじて、権利問題に関してその社会の成員間に起こりうるあらゆる争いに決着をつけ、そして社会に対して、その成員が犯す犯罪を法が定める刑罰によって処罰するのである。このことによって、政治社会に入っている者と入っていない者とは、容易に区別される。結合して一つの団体をつくっている人々で、彼らの間の争いを裁定し、犯罪者を処罰する権威をもっている共通の確固たる法や裁判所に訴えることができる人々は、互いに市民社会に入っていることになる。しかし、そういう共通の訴え場所をもたない人々は、まだ自然状態にいるのであって、この場合、他に裁判官がいないから、各人が自分で裁判官となり、法の執行官となる。これは前に示したように、完全な自然の状態である。

（宮川透訳、原文にない段落をもうける）

ロックのいう「政治社会」「共同社会」という人間社会の公共圏、つまり私権という生物的な自然状態と主権という擬制的な超越権力の体現者たる国家の双方から分離された近代的な政治領域の発見こそ、西欧近代政治思想史上における、ホッブズのコモンウェルスの発見につづく偉大な「進歩」の観念の発見であり、「文化」「文明」の概念の基礎づけとなるものであった。

ホッブズやロックに限らず、ルネサンスや宗教改革期の政治思想家をも含めてすべての西欧近代の政治思想家は、キリスト教の「自然権」の思想、つまり人類に普遍的に与えられた権利としての生存権と財産権と平等権の思想を継承することから社会理論を出発させている。いうなれば西欧近代の政治思想は神の普遍的で、人類全体に共通する「自然権」をどのように地域的、領邦的な主権、あるいは絶対主義的な君主権のなかで再編成させ、国家的、民族的な地域集団の権利として個別化していくかということ、つまり普遍的な自然権を地域国家のなかで「自然法」化、実定法化していくために理論の集約化が進められてきたのである。

「自然権」とは神によって人間に与えられた特権であったが、それは神という絶対者の保護の外に置かれることで、単なる生物学的な特権であって社会学的な特権ではなくなる。人間が自ら神の庇護枠の外に出て、自らの共同体を形成しようとするとき、つまり自らが主体的に被造物たる地位を捨て、自らの運命と歴史の創造者への道を歩み出したとき、そこに帰属することを自ら主体的に是認、了承する人間集団は、ホッブズの場合もロックの場合も最終的には、普遍的な「帝国」ではなく、地域的な領土国家、君主国家である。

進歩の観念と西欧世界の変革

西欧近代と近代の諸価値が現在どのような批判と懐疑に直面させられているかは別問題として、西欧近代と近代の諸価値の中心にあるのは「進歩」という観念である。これまでホッブズやロックの政治思想にこだわってきたのは、西欧の近代政治思想史を跡づけるためではなく、この「進歩」の観念がどのように西欧社会を変革させ、その社会変革の思想が西欧における「人間精神の進歩」を歴史的に実践させてきたかを見るためであった。カッシーラーの『国家の神話』によれば、「自然権」という思想はローマのストア哲学に由来する観念が、キリスト教の「原罪」という人間の社会的結合の障壁となる観念と神学的な神秘主義的思考で人間の社会的組織化という観念に変容させられたものであるという。それによって「自然権」という観念は、人類の普遍的な価値の指標とされたが、西欧近代の政治思想家たちはこの観念が、人間をして「原罪」からの自力脱出を助けるものではなく、むしろ神的救済以外の方法では、つまり最後の審判以外では救出しえない被造物集団にとどめ置く理論になってしまうことに気づいたのであった。

「自然権」を人間に与えられた天与の権利としてその権利の存在に満足することは、その価値を人類の普遍的な価値として、神や超越的な絶対者の支配に安住し、人間が自己の力で自己の運命や歴史を開拓するという努力を放棄していることを意味する。いうなればストア哲学やキリスト教神学の自然権の授与者としての人間は自由や平等を神話的な観念、呪術的観念として捉え、人間を単なる動物的な生存者として神や超越的な絶対者の前に対等で平等に投げ出されている存在者として相互了解しているだけのことにとどまる。ホッブズやロックはこの「自然権」を人間の主体的な進歩の意志にとっての負の価値物、つまり人間を自然状態への隷属にとどめ置くものとして、人間相互の「契約」を通じて「自然法」という個別的な価値につくり換えることで、神的価値に隷属する人間の意志を主体的で自律的な価値に換えていこうとした。いいかえれば自然権を自然法に転換させるということは、神的、超越的な普遍価値を個別的で地域的な社会集団の価値に細分化させることであった。さらに具体的にいえば、普遍的な人類に統括されていた人間存在を地域的な主権国家、つまり領主制国家、君主制国家、さらには国民国家、民族国家という個別的な人間の社会集団に独立させていく過程だったのである。

ホッブズとロックによってもたらされた西欧近代の進歩の観念の最大の成果は、ネイション・ステイトと市民的権利の結合である。なぜネイション・ステイトの発明が進歩の観念と結びつくのかといえば、人びとが自然権のなかにとどめ置かれている状態は、万人の万人に対する闘いという、私権と私権の対立を合理的に処理、解決する段階に達していない人間精神の「未開」状態を意味するからである。いうなればこの未開状態とは、ホッブズのことばでいえば「オオカミ社会」の状態で、利害の対立、衝突が暴力的な力関係による決着ないし解決に委ねられる非文明段階を意味するからである。ホッブズの場合はこの私権と私権の対立を処理する機関としてコモンウェルスという立法・行政・司法の合体した「リヴァイアサン」という強力な「文明装置」が考案される。

しかし、ロックの場合は権力をより強大な権力で押さえ込む警察国家、夜警国家的な私権に直接的に干渉する権力装置ではなく、より文明化された輿論の法という、公共圏あるいは社会の良識を代表する観念装置を意味するものである。この「輿論の法」という観念装置は、私権と私権の対立をより高位の公共の利益という観念で軟化させ、国家という暴力的な権力装置の権力の恣意的行使を制限し、国家構成員の広範な意見を吸いあげる役割を果たすものである。ロックにおける「意見《オピニオン》」とは、単なる人びとの思いつきとかその場かぎりの意見をいうものではなく、「徳と悪徳の基準」(measure of virtue and vice)であり、「民衆の慣習」(folkway)、つまり、同一社会集団の共通の思考と行動と生活の様式を指すもので、彼の別の用語法によれば「哲学的法則」(philosophical law)といわれるものである。いいかえればそこには社会の叡智と良識が集約されたものという意がこめられたものである。ロックのいうlow of opinionはのちに公共意見(public opinion)、公共利益、公共関心(public interest)の語法に発展していくものである。

ここでさらに一歩進めて「社会」「公共圏」の発見がなぜ「進歩」や「文明」や「文化」と結びつくのかをも考えてみたい。社会とか公共圏とは単なる人間の物理的集合、つまり自然権の状態ではなく、またキリスト教的中世の「教区民」(die Gemeinde)、つまり超越的な権力と権威によって個々人の意志とは無関係に、神聖権力の恣意的な命令で形成される地域的区割りに帰属を強制された人間集団ではなく、人間相互の合意によって形成される意志的な結合集団なのである。公共社会を意味する英語のthe publicの原義は、共通の言葉によって組織される公衆を意味するものであった。中世の僧侶階級や学者、知識人の用語であるラテン語は、地域と身分を越えた特定の読書人団体の言語であり、一般民衆の俗語とは別の人間集団の形成原理をもっていた。この「俗語」は地域的、方言的な範囲を次第に国民国家の共通語的な方向で組織され、いわゆる国民的な母語として組織されてくる。

いいかえればそれぞれの国の「国語」(俗語)は、ラテン語の普遍性、つまり社会圏、公共圏という地域的、個別的意志形成を阻んで、あらゆる価値をキリスト教的に一元化する普遍主義を地域的な個別化の要求のもとで解体、再組織する最大の武器となった。ラテン語から俗語への転換は、当初は文章語の転換にとどまるものであったが、オペラや俗語演劇の社会的な拡大とその地位の向上、民衆歌謡や民間伝承文学の価値の発見と流布によって、俗語圏と公共圏の結合が結集されてくるようになる。

話を戻せば、「自然権」の状態に放置されていた自然状態とは、文明段階としては未開、あるいは半文明の段階にとどまっている状態のことである。それが「社会」や「国家」を発見し、それに合わせた社会状態を整備していくことが人間の「進歩」を意味する。そして、個人と社会と国家が相互に独立した権力共同体の形成に達した状態を「文明」と呼び、その社会が他の社会に対して自己の価値を主張しうる社会の行動様式、人間の活動形態を通じて表現したものが「文化」なのである。ここに至って私たちは西欧近代の出発点が「進歩」の観念の成立であったことと、その観念の成立が歴史主義思想の成立と同一の思想的基盤にもとづいていたことを再認識するのである。

世界史と西欧社会の進歩

歴史主義とは西欧近代思想史の文脈に戻して考えるなら、キリスト教的な「ユニヴァーサル・ヒストリー」（普遍史）が個別的な地域の文明圏として捉えられる「世界史《ヴェルト・ゲシヒテ》」に組み立て直される思想の成立を意味するのである。ユニヴァーサル・ヒストリーとは「ヒストリー・オブ・コスモス」を神の摂理と恩寵という単一で普遍的な原理の帰結として捉える歴史観であった。つまり、そこには人間の主体的意志の関与は存在せず、人間は予定調和という神の計画のなかで受動的な運命を閲《けみ》するだけの存在にすぎないのである。またそれは人間の歴史だけでなく、神の被造物全体としての「宇宙」と「非生命体全体」までをも含んだ歴史だったのである。それに対して、歴史主義の世界史は、ヴォルテール、モンテスキュー、カント、ヘルダーなどの歴史思想が示しているように、世界を個別的な文明圏に所属する人間と捉え、その歴史も普遍的な単一の進展や展開を示すのではなく、それぞれの文明圏の人びとの個性的な文化と個別的な思考にもとづいた歴史的な展開を示すものであると捉えられたのである。歴史主義とは世界が単一で普遍的な価値を共有するのではなく、諸民族、諸国家、諸社会集団が自己の置かれた状態のなかで、主体的、自主的に個別的な歴史的展開に身を置き、個別的な価値意識のなかで、固有の文明、文化をつくりあげる過程であると捉える思想なのである。マイネッケの不動の定義をもう一度思い出してもらうなら、歴史主義とは「人類最高の理想の永遠性と人間本性の恒久的な同一性を信ずる頑強な自然法的思考を軟化させ流動化させる」という信念、つまり歴史の「進歩」という信念のもとで世界を再構築するという思想であった。

ホッブズ、ロックの思想も最終的には「自然権」という自然法的思考の基盤を国家や国民、社会や輿論（世論）という地域集団の個別性のなかに解消、解体させようとする思想で、人類の普遍史を解体させ、「世界史」という諸国民、諸民族の歴史のなかに再整序し、再構築しようとする思想にほかならなかった。ホッブズもロックも「自然権」が古代哲学やキリスト教神学が考えるような人間の本質的な権利として、現実的存立を保証された実行的権利ではなく、理念としての社会的な擬制《フィクション》であることは十分に理解していた。だからこそ「国家」や「社会」という擬制的制度を措定し、それによって近代市民主義的な、あるいは国民や民族という地域的集団の成員の行動規範を設定する実定法を提示しえたのであった。

ホッブズもロックも生活の権利としての自然権の存在を承認し、その権利が実定法化されることが、その権利の社会的保証となり、現実的な実現となることを知ってはいたが、彼らはそれだけでただちに社会的進歩が達成され、平等で自由な社会が出現されると信じるほど楽天家でもなく、また素朴な自然権の信奉者たちでもなかった。それにもかかわらず彼らが自然権という個人の基本的権利を主張しつづけるのは、神的な共同体の全体的な価値と権利が個人の個別的な価値と権利に優先させられる全体主義・普遍主義の関係から個人という部分価値と存在意義を救出しなければという使命感をもちつづけていたためであった。

全体が個に優先するという全体主義の論理は二〇世紀のファシズムや超国家主義をまって生み出された論理ではなく、古代的な規範主義と伝統主義の国家観のなかにも、あるいはキリスト教の普遍主義的な社会理論やそれと合体した中世の「帝国」理念のなかに内在していた原理であった。身分や階級や職能的区分ではなく、法的擬制としての「市民」、まさしく近代の社会価値の担い手としての法的人格としての「市民」を自然権と結合させ、その存在を「国家」や「社会」と法的価値において等価と見なしていく社会理論の創造こそが、ホッブズやロックにとどまらず、その思想を継承していくプーフェンドルフ、カント、ルソー、ベンサムなどの近代政治思想家や哲学者たちにも支持され、拡大され、深化されていくのは、全体価値に対する個別価値の確立こそ、「進歩」の概念の中核の形成であり、人間の主体的、自由な価値創造活動の基盤となるという信念をいだいていたためであった。

一七、八世紀の政治思想家や哲学者にとって「進歩」とは具体的になにを意味していたかといえば、それは人間が「自然状態」から「市民社会」へ移行することであった。いいかえれば人間は本来与えられている「自然権」、つまり自然的権利を自覚し、その発展をはばんでいる未開な社会の無目的状態を脱して、法的に擬制された国家をつくりあげ、その国家の権力と権威によって、市民社会を維持、発展させることであった。これが一七、八世紀の政治思想家にほぼ共通する社会進歩論の骨格であり、この市民社会論の目的とするところは最大多数の最大幸福というのが、イギリスの政治思想の基本的な方向となっていた。

それに対してカントの政治哲学はイギリス的な功利主義とは別方向を示していく。それは世界市民論と永久平和論の結合のなかに求められていく。彼がなぜ時代の政治思想家たちと異なって、市民体制の最終的基礎を国家に置くことはできないとするのか。なぜなら人間が市民的体制を必要とするのは、人間が本来的に「非社交性」という孤立への要求と他人に対する協調性の欠如という悪を内在させているからである。しかし、人間はその孤立への要求と協調性の欠如という悪の不利益をなんとか抑止し、国家という市民共同体制を設立するが、個人の非社交的で対立的性格は本質的に解消されるのではなく、国家と国家の対立というより拡大された対立になってしまうとカントは考えるのである。そこで彼は国家と国家の対立が発展的に解消される世界市民国家という国家連合と国家と国家の間の戦争がいかなる国家利益をもたらさないという論拠を提示する永久平和論の理論を展開させていこうとする。

カントによれば人間の社会的な進歩とは、この孤立への要求と協調性の欠如という「非社交性」を克服していく段階であり、「文明」と「文化」とは「人間の歴史の全体が、自然の隠れた計画を実現していく」プロセスのことであり、またその成果のことを意味している。彼の言葉で直接に語ってもらえば、「未開な社会の無目的な状態では、人類に内在するすべての自然的な素質の発展が抑制されていたが、結局はこうした未開な状態が人類に及ぼした悪のために、人類はこうした状態から抜けだして市民体制を樹立せざるをえなくなった。そしてこの体制においてこそ、萌芽のままにあった自然の素質が発展できたのである」（中山元訳）ということである。

カントはホッブズが「オオカミ社会」と呼んだ万人の万人に対する闘争状態を無目的な未開状態の「非社交性」と呼び、その悪を人間が逆手にとって自らを善へ誘導するための相互協調性を可能にし、「社交性」を涵養していった結果が「市民体制」であり、そして市民体制を法的に保証し、育成していくものが「国家」であると考えた。しかし、この国家をそれ自体で無条件に信頼しうるものとは考えていなかった。彼はこのことを『世界市民という視点からみた普遍史の理念』の第八の命題で次のように表現している。「人類の歴史の全体は、自然の隠された計画が実現されるプロセスとみることができる。自然が計画しているのは、内的に完全な国家体制を樹立することであり、しかもこの目的のために外的にも完全な国家体制を樹立し、これを人間のすべての素質が完全に展開される唯一の状態とすることである」（中山元訳）。そして、「この命題は第七命題から導くことができる」といっている。

カントがいいたいのは次のようなことである。つまり個人が自己の非社交性という孤塁を捨てて、それなりに多くの義務と責任を負わねばならない相互協調的な市民体制をつくり、それをそれなりの代償を支払って守り、維持しているように、国家も自らの孤立に安住し、「内的な国家体制の樹立」だけにとどまるなら、それは個人の非社交性という悪徳を拡大させたものにすぎないものといえる。国家も諸国間の協調体制という「外的にも完全な国家体制」の樹立を目指していかなければならないということである。この外的にも完全な国家体制の樹立というのが、「世界市民社会連合」であり、それを成り立たせる理念が「永久平和論」である。ではこの第八の命題が導き出されてくる第七の命題とは何であったか、重複するがもう一度確認することにしたい。

第七命題
完全な市民的な体制を設立するという課題は、諸国家の対外的な関係を合法的なものとするという課題を実現できるかどうかにかかっているのであり、これと切り離して実現することはできない。
個々の人間のあいだに合法的な市民的な体制を設立してみても、すなわちひとつの公共体を設立してみても、それだけではあまり役には立たない。というのは、人間たちにこうした公共体を設立するよう強制したのは非社交性だったが、対外的な関係にある複数の公共体の間にもこの非社交性が働き、ほかの国家と関係をもつ国家は、放埒《ほうらつ》な自由を享受するようになるからである。かつては個々の人間は、各人の自由のもたらす悪になやまされて、合法的な市民状態にはいるように圧迫され、強制されたのだったが、いまやさまざまな国家も、個人がなやんだのと同じ悪に直面することを予期せざるをえなくなるのである。（中山元訳）

カントの炯眼と洞察力は国家主権、つまり国民国家という個別的な主権国家の本質をよく見抜いていた。「主権」という法的擬制が国家の非社交性、つまり国家悪の根源であることをカントほど明確に認識していた思想家は存在しない。だから彼は一見、自らも「空想的」と呼んだ永久平和論を提唱することになる。人間が自らの協調性の欠如を利用することで、その非社交性を克服し、社会や国家を形成することで個人の間の闘争状態を抑止していったように、国家や社会もその協調性の欠如を利用して、「諸国家を避けがたい敵対関係のうちに置き、そこから平穏と治安を樹立しようと」しなくてはならない。つまり国家間の戦争を阻止しようとするのではなく、国家間の戦争を行なわせるだけ行なわせることで戦争の高コスト性、非効率性、無意味性を知ることで、人間の「理性」を覚醒させ、国際的な連合に至らしめる方向に導びこうとするのである。

カントの平和論とは国家間の戦争を禁止することから出発するのではない。むしろその逆で、「戦争にそなえて決して縮小されることのない過剰な軍事力を準備させ、こうした軍備のために平時にあって国内の窮迫を実感させ、また戦争によってもたらされるあらゆる種類の荒廃や国力の徹底した消耗、理性の抑止からもたらされる憎悪、敵愾心といった感情の暴走のあと、「理性があればこれほど痛ましい経験を積まなくとも実現できたこと、すなわち無法な未開状態から抜け出すことができたこと」を実感することで、はじめて国家も戦争の非効率性と無意味性を自覚し、「大規模な国際連合」の必要性を認識するにいたるであろうという。ちょうと個人が相互の敵対関係やその状態を社会や国家を形成することで、無法な未開状態を脱し、文明状態への移行という進歩を果たしてきたように、国家も相互の敵対状態や関係の未開段階から国家間の連合という文明状態へと進歩をとげていかなくてはならないという。「このような思想は一見すると空想的なものに思われるかもしれない。そしてこうした思想を唱えたサン・ピエールやルソーは嘲笑されたものだった。しかし人間がたがいに相手から陥れられた窮地から抜けだすには、この方法を採用せざるをえないのである。この窮地のために、未開な状態にある人間たちが嫌々ながらも市民社会の樹立を強制されたのと同じように、たとえそれがどんなに困難であっても、国家は次のことを決意せざるをえなくなるのである。すなわち粗野な自由を放棄し、合法的な体制のもとで、平穏と安全を求めるしかないと、決意するのである」（中山元訳　第七命題の項）。

千年王国論としての進歩理論

カントにとって「進歩」とは人類社会の理念的な目標である「永久平和」の実現に向けての人類の実践的な努力の全プロセスを意味している。そしてその「永久平和」の理念の実践的な達成は人間が国家的結合の段階を越えて、「人類の完全な市民的連合」を作り出すことである。さらにこれを別ないい方をすれば、人間社会の進歩の具体的な指標としての「文明的進歩」と「文化的進歩」の並行的、乖離的発展を人間の道徳的成熟で統合、合一化させていくプロセスである。人間的な資質や生き方においてまったく対極的なルソーをカントは深く敬愛していたが、その文化・文明観については最終的に同意しえない部分を有していた。それは具体的には次のような表現となる。つまり「ルソーは文明よりも未開の状態が望ましいと語ったが、われわれ人類がこれから登りつめようとしている最後の段階を見逃すならば、これはそれほど間違っていたわけではない。われわれは芸術と科学の力のおかげで高度の文化を所有している。あらゆる種類の社交の礼儀と典雅さにかけては、繁雑なほどに文明化されている。しかしわれわれが道徳化されているかどうかを考えてみれば、まだ欠けているところは大きい。というのは、道徳性の理念は本来は文化に属するものであるが、われわれはこの理念を名誉欲や外的な上品さというみかけだけの道徳的な意味で使っているのであり、これでは道徳性はまだ文明に属するにすぎないのである」ということになってしまっている。

　人間の本源的な資性の保持においては文明よりも未開状態の方がより望ましいとするルソーの考えは誤っているのではないが、それは人間の究極的な進歩を意味する「完全なる市民連合」と「永久平和の理念」の達成という目標を考慮に入れていない考えになってしまっている。つまり、人間の本質とは「非社交的な社交性」という分裂した性向を合一させようとする「天性《ナトゥーア》」を有する存在だからである。それは論理的には相矛盾するものであるが、人間的な自然においては自己同一性を想定せずには説明不可能な天性なのである。だから彼の『世界市民という視点からみた普遍史の理念』の第四命題は、それを次のように命題化するのである。つまり「自然が人間のすべての素質を完全に発達させるために利用した手段は、社会においてこれらの素質をたがいに対立させることだった。やがてこの対立関係こそが、最終的には法則に適った秩序を作りだす原因となるのである」というものになる。そしてここで「対立関係《アンタゴニスムス》」という言葉で表現されるものがまさしく人間の「非社交的社交性」というものなのである。人間が生物学的な動物的存在の次元を超えて、理性に基づいた意志の自由によって自律した行動領域を確保していきたいという欲求と社会的存在としての自然権的な生存権を、人間の尊厳の保証を確立していきたいという相対立する関係にある非社交性と社交性を調整していくものが人間の「市民的な体制」の設立という進歩の理念の提示となるのである。カント自身の言葉でいえば次のようになる。

> 人間の非社交的な社交性……これは人間が一方では社会を構成しようとする傾向をもつが、他方では絶えず社会を分裂させようと一貫して抵抗を示すということである。この素質が人間の性質に内在しているのは明らかである。人間には、集まって社会を形成しようとする傾向がそなわっている。それは社会を形成してこそ、自分が人間であることを、そして自分の自然な素質が発展していくことを感じるからである。
>
> （中山元訳）

カントにとって「進歩」とは人間が他から独立して自由な個人的領域を確保しようとする「非社交性」と、敵対とまではいわないまでも相対立しあう個と個の関係を「社会」という相互譲歩の機能によってのみ成立する「社交性」と融合させることで、個人の非社交性の領域と個人の意志の自由と人権の尊厳も自然権として保証されるが、同様に社会形成の欲求それ自体も単なる特定範囲内での集団形成だけにとどまるのではなく、さまざまな特定地域集団の枠を越えて、「世界市民連合」というより高次元の社交性が個人の非社交性を解体させる域にまで達していこうとするプロセス全体をいうのである。

カントにとって「文化」と「文明」の関係はこの人間の非社交的社交性の関係と同じものである。「文化」とは人間の個人的能力、性向、意志、自由によって自己価値の形成、確立、保持のための自己独立領域の確保の活動に発しながらも、それが個人的価値を越えて社会価値全体のなかで、その存在意義が承認されるときはじめて社会価値を獲得するものである。それに対して「文明」とははじめから社会価値を承認されており、その社会価値が個人の活動全体を方向づけ、規定し、個人が自覚的な活動領域を発見し、形成していく以前にすでにその行動規範となることで、個人の活動の方向性を与え、その活動の社会性、あるいは反社会性の測定基準を決定するものである。いいかえれば「文化」とは個人の私的活動が集団的価値、社会的価値に拡大、上昇していったものであり、「文明」とは逆に社会的、集団的価値が一方では普遍的価値としてますます脱個人化、脱地域化し、世界の価値を一元化していきながら、さらに他の一方では一元化されていく価値を等価的に分散化、拡大化させながら個人の私的活動領域にまで浸透していく性格をもつものである。

カントにとって「進歩」とは「文化」と「文明」が道徳性の理念のなかで合一、融合することであるが、それを可能にするのは人間の道徳的成熟を俟たなければならないという。なぜなら「文化」と「文明」の合一、融合はすでに引用文で語られたように両者の本質の理解の不足、不徹底のため分裂状態のなかにとどめ置かれているからであるという。つまり「われわれは芸術と科学の力のおかげで高度の文化を所有している。あらゆる種類の社交の礼儀と典雅さにかけては、繁雑なほどに文明化されている」。それなのに人びとが「進歩」の実感を得られないままにいるのはなぜなのだろうか。それは「われわれが道徳化されているかどうかを考えてみれば、まだ欠けているところが大きい」からなのである。「というのは、道徳性の理念は本来は文化に属するものであるが、われわれはこの理念を名誉欲や外的な上品さというみかけだけの道徳的な意味で使っているのであり、これでは道徳性はまだ文明に属するにすぎないのである」というように、「文化」と「文明」の両者の道徳性とかかわる運動の方向性を見誤っているためであるからだというのである。

「文化」とはカントの考えによれば個人の内発的な自立と人格の自律的な価値が社会的価値に上昇され、拡大されることで人間の道徳的成熟をうながすものである。それに対して「文明」はすでに確立され、規範化されている、外的で形式的な道徳価値が個人のなかで内省的な反省と深化を果たしていくことで、個人の内面的な道徳と融合、合一することで成熟に向かって完成されていくのである。いうなれば「文化」とは個的な内面価値が外面化されることで社会価値となっていくものであり、「文明」とは外的な集合的な価値が個人の内面価値、人格価値と融合することで精神価値を獲得していくものである。したがって「文化」も「文明」もともに自発的な内的な発展原理によって成長していくもので、外的な強制力はその自然な自己形成と高次の道徳的成熟力を圧迫してしまう。「文化」

は内発的で個別的な精神価値や思想価値を社会化することで自己形成と自己成熟を果たしていくものであり、「文明」はすでに社会生活の規範価値として確立されている権威の社会的強制力を個々人に押しつけるのではなく、その権威を個々人の人格発展の形成財（教養財）に転化させることで精神化、内面化を果たしていくものである。「文化」や「文明」は共に個人の範囲や国家の範囲内にとどまるのではなく、両方の枠を越えて、「市民社会連合」という超国家的な次元、つまり「人類史」と「世界史」の成立といえる「道徳性の理念達成」の段階に至ってはじめて完成の域に達したことになる。「文明」「文化」の成熟の非強制性についてカントは次のようにいう。

国家が、虚栄心のもとで権力を用いて拡張の意図を推進することに全力を傾け、みずからの思想を内側から育む国民のゆっくりとした営みを妨げようとするならば、そしてこうした営みへのあらゆる支援を拒むならば、国民の思想の形成は期待できないのである。すべての公共体では長い時間をかけて、国民が教養を積む内面的な営みをつづけることが必要だからである。道徳的な善をめざす気持ちに結びつかない善はすべてまったくの偽善であり、輝ける悲惨にほかならない。これまで説明してきた方法で、混沌とした国家のありかたから脱出するまでは、人類はこのような状態にとどまらざるをえないだろう。（中山元訳）

このような文章から伝わってくるカントの「進歩」思想とは、人間の道徳的進歩への期待と信奉へ帰着する一種の「千年王国論」、つまり中世キリスト教の神学的なそれに代わる近代の哲学的なそれともいうべきものである。カント自身の言葉でいえば、第八命題の「人類の歴史の全体は、自然の隠された計画が実現されるプロセスとみることができる」としたあと、「この命題からも、哲学には哲学なりの千年王国説があることが明らかだろう……これはたんなる夢想ではない」という言明に至っていることでも確認される。カントの人間社会進歩論は一世紀ののちのダーウィンの生物進化論と類似したところをもちながら本質的なところでは異なっている。

ダーウィンの進化論はその理論を最終的には自然淘汰論に一般化しうるほどに、生物に内在する原質の有機的「発達《ディプロップメント》」という思想にもとづいたものである。つまりその理論は生物が原初的形態から発達した形態、いいかえれば「低次の」生物から「高次の」生物への発達、あるいは未熟な形態から成熟した形態への有機的な発達と見る思想である。それに対してカントの進歩論はその千年王国論に象徴されるように意志による決断的な選択にもとづく社会契約論であり、体制変革論である。その意味で彼の千年王国論的な進歩理論は、同時に彼の永久平和論と理論構造を同じくしている。カントの『永遠平和のために』の第二章は次のように書きはじめられている。

隣合った人々が平和に暮らしているのは、人間にとってじつは「自然な状態」ではない。戦争状態、つまり敵意がむき出しというのではないが、いつも敵意で脅かされているのが「自然な状態」である。だからこそ平和状態を根づかせなくてはならない。というのは、敵意がないだけでは平和は保障されないし、隣国が一方の国に平和の保障を求めたのに（それは法的な保障というかたちでようやく実現するものだが）、その国が拒否したとすると、その隣国は敵とみなし得るからだ。

（池内紀訳）

このような文章はカントの思想が、ホッブズ、ロックの西欧の社会哲学（政治哲学）のオーソドックスな継承にとどまるだけでなく、同時代の啓蒙主義にも、またつづく初期社会主義やマルクス主義にも継承発展していく社会変革論の基本的な理念を共有するものであることを示している。その社会変革の基本理念とは「進歩」の思想であって、ダーウィン的な「進化」の思想とは次の点で異なる。進化が環境という外なる世界に対する物理学的な適合、つまり進化主体が自己の生存環境の物質的条件に自らの生体機能を有機体として適合させていく過程であるのに対して、進歩は進化のように受動的変動ではなく、主体的に自らの生存条件、つまり生存環境を選択的につくりあげていく過程である。進化が自然淘汰、適者生存という、生存にとっての絶対的条件である環境に対する適合性の獲得をめぐる種と種の間の競争であるのに対して、人間の社会進歩は生存競争を社会契約という共存共栄の社会的集合体を形成することで回避しようという思想である。

近代の政治哲学、社会思想における人間とは、被造物として与えられた運命を甘受するだけの存在ではなく、またすでに承認された社会的権威を絶対的な規範として遵守すべき存在であるという思想、つまり宗教社会と伝統社会の制約の克服、排除を理論化していく思想である。近代の政治哲学、社会理論の出発点となったのは宗教的な諦念思想と伝統主義社会の権威主義思想からの脱却であり、その目標は市民社会の創出であり、生物学的個体としての人間から社会的に確立された道徳的人格を成熟させることである。市民社会の創出とは主権在民の民主主義が確立されている社会であり、特定の個人、特定の集団、特定の組織が社会権力を独占することのない反個体性原理の社会のことである。したがって君主主義、貴族主義、専制主義、国家主義（いわゆる超国家主義）、全体主義の社会とは対立した原理に基づく社会である。また、社会的に確立された人格、道徳主義とは、人間が個人的な私的活動の領域でつとめて対人的な対立や葛藤、軋轢を発生させないような教養人の修養を積むことでも、知的修練による知的判断の正確性を高めていくことでもない。それは社会全体の要求や欲求と自己の個人的な欲求や欲望の軋轢、対立を社会的倫理の問題として和解、融和させる思考能力を高めていく努力とその作業のことである。

すでにこれまでの論述で縷々述べてきたように、西欧の「近代」を始動させ、その近代の展開を主導してきた「進歩」とは、個々人の知的進歩でもなく、またのちには主導的な役割を担うことになる科学や技術の進歩ではなく、個人が自己の自然権を社会集団に移譲し、社会集団の権力のもとでより高次の実定法としての自然法に結実させていく過程のことである。つまり「進歩」とは個人の能力の開発と進展ではなく、社会活動全体としての「文化」と「文明」の発達のことなのである。

西欧における「進歩」の観念はこのように科学と技術による諸発明やその結集として起こる「産業革命」という社会の物質的な変化の実感に先行した、社会制度と人間の社会的責任（社会道徳）の変革の理念によって主導されてきたものであった。近代以前においても人民統治の政治的な技術としての「政治学」と「法学」はそれぞれの統治段階に応じた形で知的な組織化が図られてきた。たとえばマキァヴェッリの『君主論』は封建制度から絶対王政に至る全政治史をカバーしうる期間の統治技術論となっているように、前近代の西欧の政治学、法律学はつねに為政者側に立った統治技術論であり、方法論であった。それに対して近代の政治哲学は統治者と被統治者の伝統的な関係そのものを問い直すことから出発したものであった。そこから新たに生まれた近代の政治学の中心概念となるものが、「市民社会」であり、さらにその概念の整備のなかから生じてきたものが「民主主義」「主権在民」といった新しい概念であった。

しかし、近代の政治哲学は前近代の政治学的思考の枠を越えて、「政治経済論」の領域を開拓していった。たとえばルソーの『政治経済論』やアダム・スミスの『国富論』がその代表的なものであるが、そこからホッブズ、ロック、カントの政治哲学で追求された「政治社会学」的な領域に加え、新たな「経済社会学」あるいは「産業社会学」的な新たな社会科学の領域が開拓されるようになってくる。

この経済社会学や産業社会学的な思想と思考の出現過程のなかで、科学技術の進歩や社会経済圏の拡大といわゆる「産業革命」という政治哲学論的な社会理論を経済哲学的な社会理論へ転化させる思想転換が生じてくる。そしてその新しい経済哲学的な社会理論が工業化された産業社会の出現と結びつくことで、それまで政治社会の変革を中心に理念化されてきた「進歩」が、次第にそのシフトを転換させて、科学技術の進歩を中心軸とした方向に変わってくる。これによって「文明」と「文化」の概念も相互補完関係から対立関係へと次第に変化を開始させ、それと並行するかたちで政治社会論も革新主義と保守主義の対立、世界市民主義と国民国家主義の対立、物質主義と精神主義の対立を生み出してくる。以下はこの対立を「文明」と「文化」概念の分岐、対立を通じて見ていくことになる。

第四章　「世界史」の思想と世界蒐集の思想

ヘーゲルの歴史哲学

今日では進歩、文明、文化はほぼ一般的な名辞と化してしまい、価値概念の名残りを保持しているといえども、それはごく相対的な価値を表わす名辞にすぎなくなっている。それは西欧近代が自己の価値の絶対性の主張を自明とする方向を維持しえなくなった第二次世界大戦期に至って、はじめて生じた概念転換の結果である。だがこの進歩、文明、文化の概念は西欧近代が本質的には呪術的な神学的世界観と反進歩主義の権威主義的な伝統社会の思想に対する新しい人間中心主義の価値世界を創出しようとする、新しい理念の提示として、絶対的な価値を要求する闘争性を顕わにする名辞だったのである。つまりそれは今日の用語法のなかに置かれているような相対的な価値の指示詞ではなく、自己の絶対性、優位性を確立していくための闘争性を剝き出しにした名辞であり、過去の世界を覆っていた価値体系に代わる新しい価値体系の創出を宣言する革命的な名辞であり、世界変革の要求を顕わにした名辞だったのである。

そこには今日的な「異文化交流」とか「多文化共存」とか「国際文化」といった微温的な主張や物欲しげな要求を含まない絶対的な自己主張と自己の優越性に対する確信が貫かれていたのである。本書がこれまで進歩、文明、文化の語を括弧付きの語として使用してきたのは今日的な用法と区分するためであり、またその語を成立時の用法に戻してみることで、新しく創出されてくる西欧近代的価値の人類史的かつ革命的な意義と非西欧社会の西欧化、いいかえれば一九世紀以後の世界の西欧化と近代化のプロセス、またそれに対する反感と抵抗の成否の問題をも含めて考えてみたかったからである。

比喩的な表現をすれば、今日の進歩、文明、文化の語の用語法は、世界の人びとにとっていずれもその人格の尊厳性において対等の価値を有する存在であり、その求めるものは争いのない共存共栄なので、「みんなで手を取って仲良くやりましょう」という諸民族、諸国家の価値の相対性を観念的に承認しあう方向に転換されることで、それらの語が本来有していた、過去の価値の転覆と自己の価値を絶対的優位に置く主張が顕わにしていた闘争性、世界の諸価値を自己の価値に一元化することで、また世界を西欧価値に服従させることで、新しい世界秩序を再構築しようとする自己の価値を絶対的優位に置く主張が覆い隠されてしまったといえるのである。

いいかえれば、進歩、文明、文化は今日的な用語法がそうであるような、平和的で友好的なものでもなく、また「異文化」の価値を容認するような寛容精神に溢れたものでもなかった。むしろそれはまったく逆に、自己の「進歩」「文明」「文化」を基準に、世界の他文明、他文化を未開、野蛮、粗野な非文明社会に位置づけ、非西欧世界の思惟体系全体を非合理的で呪術的、魔術的な思考段階に停滞している世界と見なし、西欧の「文明」「文化」の教導なしには救済の可能性のない世界と断ずる驕慢さそのものに転ずる方向性を同時に併せもつ語となっていったのである。

西欧の近代価値の集約点に位置する「文明」「文化」の概念は、「進歩」の観念を指導軸としながら、さまざまな「進歩」の公準と価値基準を設定しながら歴史世界と人類社会を整序し直そうとする。宗教社会や伝統社会が人間の個人的な運命にいたるまでの全世界を支配する神意や天命、摂理という支配、監視システム理論を整備していたように、西欧近代の「進歩」の観念も全世界をその「規準《クリテリオン》」に則って再整序し、新秩序のもとで新しい世界像を完成させようとする。ヘーゲルの場合、世界史の「進歩」の規準は「自由の意識の前進」が選ばれる。彼は『歴史哲学講義』において、「世界史とは自由の意識が前進していく過程であり、わたしたちはその過程の必然性を認識しなければなりません」と宣言する。そして世界史における自由の意識の進展の実例を次のように、「わたしは民族における自由の認識のちがいについて一般的にのべ、東洋人はひとりが自由だと知るだけであり、ギリシャとローマの世界は特定の人びとが自由だと知り、わたしたちゲルマン人はすべての人間が人間それ自体として自由だと知っている、といいましたが、この三区分は、同時に、世界史の区分のしかたとあつかいかたをも示唆するものです」と言っている。

ヘーゲルが歴史の進歩の規準を富や幸福の増大、徳の増大、技術の進歩に求めずに、自由の意識の前進に置くのは、物質的進歩はそのときどきの状況に左右される本質的なものではない進歩であって、精神的進歩こそが実体的で本質的な進歩であるという思想にもとづくのである。彼自身の言葉でいえば、「精神の自由についての意識と精神の自由の実現は、精神世界の定義として、さらには――精神世界こそが実体的な世界であり、物質世界は精神世界に従属するもの（哲学的にいえば、精神世界に真理をうばわれたもの）である以上――世界の究極目的として、提示されてい」るものだからということになる。

さらに敷衍していえば、ヘーゲルがフランシス・ベーコンやディドロに代表されるフランス百科全書派の進歩思想のように、科学技術や産業技術の改良、新方式の発明や発見による急進的な社会の富と幸福の増大に「進歩」の規準を置かず、またイギリス流の勤勉の精神や企業家精神、さらには冒険的商人精神の社会的増大と社会の富の増大、その功利主義的な配分による漸進的な社会改良をとおした進歩にも規準を置かずに、精神の自由の意識とその実現に規準を置いたのは、その進歩こそが、「理性」の本質的な自己覚醒と本源的な実現を意味するものと考えたからである。

ヘーゲルは「自由の意識の前進」と「世界史の進歩」と「理性の実現」の関係を次のように説明する。「理性そのものがなんであるか、という問いは、理性が世界と関係づけられているかぎりで、世界の究極目的はなにか、という問いにつながります。究極自体は、いうまでもなく、実現されるべきものと考えられています」。これはヘーゲルの世界史哲学の中心的なテーゼである。「理性の現実における精神の完全なる実現形態としての国家」が導き出されてくる最終目標となるものである。彼にとって「世界史」とは諸民族、諸集団、諸国家の加算的な総和を意味するものではない。それは「自由を実現した」西欧近代国家を基軸として整序された「理性的なものの現実化」としての国家の名に値する国家の謂である。彼の言葉で直接語ってもらうなら次のようなものになる。

世界史においては、国家を形成した民族しか問題とならない。というもの、これはぜひとも知っておいてもらいたいが、国家こそが、絶対の究極目標たる自由を実現した自主独立の存在であり、人間のもつすべての価値と精神の現実性は、国家をとおしてしかあたえられないからです。精神の現実性とは、人間の本質たる理性的なものを対象として知ることであり、理性的なものが、客観的な、形のある存在として目の前にあることです。そのときはじめて人間は共同体を意識し、人とつながり、法と道徳にかなった国家生活をおくるのです。共同体の真理とは、公共の精神と主観的精神が統一されることであり、公共の精神とは、普遍的かつ理性的な国家の法律のうちに表現される。国家は、神の理念が地上にすがたをあらわしたものです。（長谷川宏訳）

ヘーゲルのこの国家観、つまり「国家こそが、絶対の究極目標たる自由を実現した自主独立の存在であり、人間のもつすべての価値と精神の現実性は、国家をとおしてしかあたえられない」とする国家思想は、のちさまざまの批判と反撥にさらされることになる。このヘーゲルの考えは国家（全体）は個人（部分）を越えた全体的存在として権利を行使しうる存在であるという考えになる。この国家思想は、ヨーロッパの近代の政治哲学が追求してきた政治哲学、つまりホッブズやロックやルソーやカントが追求してきた、契約国家説や夜警国家といった、人間の相互信頼を基盤として考えられてきた国家観とも大きく異なっているし、またのちのマルクスが考えたように、国家とはつねに支配階級による法と暴力装置（軍隊と警察）の独占による階級支配の手段とイデオロギーにすぎないとする思想とも大きく異なる。

ヘーゲルの国家思想はあらゆる面から考えて、ヨーロッパの近代が求めてきた自由思想に対する反動的な側面を顕在化させたものであり、それはナショナリズムや保守主義やロマン主義と通底するものである。また彼が「父なる国家が共同の生活を保障し、人びとの主観的意思が法律にしたがうとき、自由と必然の対立は消滅します」というのは、「法律とは精神の客観的なあらわれであり、意思の真実のすがたであって、法律にしたがう意思だけが自由だからです。意思が法律にしたがうことは、自分自身にしたがうこと、自分のもとにあって自由であることです」という国家と自己の同一化、国家は自己の究極的完成体であり、自己は国家の不可分の構成要素であるという二〇世紀の全体主義とファシズムの国家思想にも通底する思想である。

したがってヘーゲルの国家思想がさまざまの批判と反撥にさらされてきたのは当然のことである。だがここでその批判に踏みこむことは意図ではない。問題にしたいのは、ヘーゲルが「進歩」の歴史と捉える「世界史」の構造とそこから導き出される西欧中心主義と西欧優越思想であり、またそれと西欧近代の進歩思想全体とのかかわりである。

このことを確認するために彼の「世界史」という観念が導き出されてくる彼の「歴史哲学」という概念の立脚点にたちもどってみる必要がある。彼は「歴史」を捉える方法には三つの方向があるという、それは（a）事実そのままの歴史、（b）反省を加えた歴史、（c）哲学的な歴史の三つの捉え方であるという。

まず（a）の事実そのままの歴史とはヘロドトスやツキディデス、グイチャルディーニに代表される歴史記述で、「かれらは、大体において、自分たちが目のあたりにし、自分たちがそのおなじ精神を共有できる行為や事件や時代状況を記述し、もって外界の事実を精神の王国へとうつしかえました」。記述そのものがひとつの権威ある事実に変貌していく歴史である。いいかえれば「外面的な現象が内面的な観念に変えられ」る歴史で、記述された歴史が現実生活の規範や尺度として人びとの行動様式の原則を提示するものとなる。

（b）の反省を加えた歴史、ヘーゲルはそれをさらに三区分して、①「一民族ないし一国土ないし世界の全体を概観する歴史で、要するに通史とよばれるもの」、②「実用的な歴史といわれるものです。過去の遠い世界とかかわるとき、精神は、自分の努力にたいする報酬として、精神の活動のなかから現在にも通用するなにものかをひきだしてきます」、いうなれば現在との関連において過去を捉えようとするもの。③は個別専門の歴史で、芸術史や法制史、宗教史などであるが、それは事実の歴史や通史とは異なって、個別領域という概念化された理念の歴史とかかわるゆえに、それは次の哲学の歴史と相通じる精神をもつものである。なぜなら、それは歴史事実そのものが歴史的省察の目的になるのでなく、理念によって歴史を再構成しようという精神に由来するものだからである。「魂をみちびくヘルメスに似て、理念こそがまさに民族や世界の真のみちびき手」であるという理念史的な要求によって生みだされた歴史だからである。

（c）の哲学的な歴史とは、「歴史哲学」のことであるが、それはヘーゲル自身の言葉でいえば、「哲学が歴史におもむく際にたずさえてくる唯一の思想は、単純な理性の思想、つまり、理性が世界を支配し、したがって、世界の歴史も理性的に進行する、という思想です」というものである。そして、「その理性が、実体であり、無限の力であり、みずから自然的生命および精神的生命をなりたたせる無限の素材であり、この内容を活性化させる無限の形式でもあることが、哲学的認識をつうじて証明されるのです」という論拠に基づく。

ヘーゲルにとって「歴史」とは究極的には「理性」の実現過程である。そして理性の実現過程とは人間精神が自らに課する「理念」の覚醒とその理念実現への努力の全過程の認識活動の総体である。したがって彼が歴史における理性の意味を最終的には、「現実における精神の完全なる実現形態としての国家」に求めるのは、歴史を過去に起こった事実の記述とも考えず、また彼が「反省を加えた歴史」という専門的な歴史研究、つまり歴史科学として資料批判や文献学的な操作によって過去の事実の客観的追求を真の歴史認識とは考えず、理性によって理念化された精神の現実化の過程と考えていたためである。

いいかえればヘーゲルにとって「歴史」とは過去の事実でもなく、またその忠実な記述でもない。さらに歴史科学が求める公平、公正な過去の事実の探究でもない。彼にとって歴史とは、人間の最高の理念としての「国家」の歴史のなかに求められるべきものである。なぜならそれは個人の意志と集団の意志、つまり個人の主観的精神と共同体の普遍的な公共の精神が統一される人間理性の最高の達成形態、制度だからである。つまり歴史とは彼にとって過去の出来事の記憶手段ではなく、人間の過去の努力が未来の理念達成につながっていくプロセスの総体を意味する。

政治哲学の帰結としての「世界史」

ヘーゲルにとって歴史とは人間精神の「進歩」への信奉によって、過去の人間精神の進展過程の総体を再整序、再構成しなおし、「国家」という人間存在の最高形態への接近度によって人間価値が測定される規準であり、尺度なのである。クローチェからE・H・カーにいたる現代の歴史思想は、「あらゆる歴史は現代史である」という観念をめぐるものになっているが、この考えもそれを遡っていくとヘーゲルに辿り着くことになる。そしてそのヘーゲルの思想も西欧近代の「世界史」の思想と「政治哲学」の思想に起源が認められる。西欧近代の「世界史」と「政治哲学」の思想もその出発点は人間を超える超越者の存在を認めず、人類史と人間社会を人間の主体的な意志活動の成果として考える点に共通性をもつ。さらに両者はともに人間の自由意志の拡大と人間の自然権の確立を「進歩」の規準とすることでも共通性をもつ。

この意味でヘーゲルの歴史哲学は、前章で見てきたホッブズ、ロック、カントの政治哲学と同一の進歩思想の系譜につながるものである。このことはヘーゲルの『歴史哲学講義』のただひとつの真のテーマである「世界史」とは何かという課題の論の展開の文脈に則して考えるとより明確なものになる。それは西欧近代の歴史哲学とは政治哲学と不可分の一体性をもつもので、神話的、呪術的な宗教社会における被造物としての人間の受動的な歴史観や伝統主義的で規範主義的な規範社会の固定化された人間価値の序列に世界の基盤を求めていこうとする歴史観に対して果敢に反撥し、人間精神の主体的な創造性と人間の自然権と意志の自由を人類史の進歩の規準に設定していこうとする思想の産物である。だが人間精神と自由の意志には民族的資質による差異が不可避的に反映され、「世界史」とはその差異が明確に反映されるものとされる。

ヘーゲル自身の言葉でいえば、「世界の歴史とは、精神が本来の自己をしだいに正確に知っていく過程を叙述するものだ、ということができる」ということになる。そして、「萌芽のうちに樹木の全性質や果実の味と形がふくまれるように、精神の最初の一歩のうちに、歴史の全体が潜在的にふくまれます」という結論に達する。もう一度要約すれば、ヘーゲルにとって、「世界史とは自由の意識が前進していく過程であり、わたしたちはその過程の必然性を認識」することが歴史哲学の課題ということになる。そして「ゲルマン国家のうけいれたキリスト教においてはじめて、人間そのものが自由であり、精神の自由こそが人間のもっとも固有の本性をなすことが意識されました」ということが暫定的な結論になる。しかし、それはあくまでも暫定的なものであって、「歴史哲学」はこれを真の教義へと育てていかなければならない。

キリスト教によって導入された「自由」はまだ宗教的な教義の段階にとどまるものであり、その自然権の思想も現実的な実践のために組織的にプログラム化されたものではなく、神学的な教義の範囲内にとどまるものにすぎなかった。自由の原理が宗教的な教説にとどまり、政治の実践領域に浸透されないのは、つまり「国家に自由が浸透し、政治体制が自由の原理にもとづいて理性的に組織されるといったこと」がない段階は、いまだ「世界史」が自由の段階に達したことにはならないのである。「自由の原理を世俗の世界に適用し、世俗の状態に自由を浸透させ自由を確立するには、長い時間の経過が必要で、その経過が歴史自体なのです」ということを明確に理論化していく作用が「歴史哲学」の課題となるということである。つまり、「原理そのものとその適用（中略）このちがいは歴史哲学の根本命題」というのが、ヘーゲルの歴史哲学の中心課題である。そして彼の歴史哲学が政治哲学であり、それが西欧近代イデオロギーの中核となり、西欧精神の「進歩」こそが「世界史」の進歩の最優越価値として、「人類史」としての世界の歴史を再整序、再構成する絶対的な規準となるのである。

そしてその歴史哲学の教義が実践的な目標として設定してきたのが「世界史」という観念だったのである。したがって「世界史」とは世界の諸民族、諸国家の個別的な歴史的展開の記述ではなく、「精神の自由」という理念を指導原理として展開させてきた人類の活動の価値の序列化を意味するものとなる。東洋人は「自由」という観念とは無縁な存在であるゆえに、彼らの歴史的な発展は「世界史」の規準とはなりえない。ギリシア・ローマ人も奴隷制の上に立った「自由」しか発展させることができなかったので、彼らの歴史的業績も「世界史」の規準とはなりえない。ひとり「世界史」の規準を提供しうるのは、「人間そのものが自由であり、精神の自由こそが、人間のもっとも固有の本性をなす」という意識をもったゲルマン精神とキリスト教精神を合体させえた西欧人のみということになる。つまり「世界史」とは世界の個別的な民族や国家の歴史的展開の総和でなく、人間が「精神の自由」という理念を達成させていくための指導理念の提示であり、その理念に沿った人間の歴史の再整序計画のプログラムなのである。

ホッブズやロックにおいては、その政治哲学はいまだ歴史哲学とは一体化せず、それ自身独立した政治学的思考にとどまっていた。それはいまだ人間相互の対立の調停と自然権の自然法化の方策の探究であって、自然権を予定調和的に救出し、完成させる先験的社会組織は想像の範囲外のものであった。彼らの政治哲学はのちの政治学、法学への通路の開拓につながるものではあっても、歴史哲学や歴史学に直結していくものではなかった。なぜなら彼の政治哲学は自立した個々人の社会組織としての統治機構とその制度の樹立、つまり主権在民の議会制民主主義、法のもとでの平等の理念の樹立に向かうもので、人間社会の過去の諸特質の再検証や歴史的諸特質の再確認に向かうものではなかったからである。

政治哲学が歴史哲学と結合し、「世界」認識において同一の方向を探究するようになるのは、両者の価値規準の集約点が「進歩」という「理念《イデー》」に置かれるだけでは不足である。さらにそこに「文明」「文化」という人間活動全般を歴史的に集約することが可能となる新しい規準が加わらなければならない。この政治哲学と歴史哲学の合一、いいかえれば「進歩」の理念と「文化」「文明」の概念を人間活動の認識にとって不可欠なものとして結合させたのがカントの哲学である。彼は『世界市民という視点からみた普遍史の理念』や『人類の歴史の憶測的な起源』や『万物の終焉』という「世界史」に関する論考においてばかりでなく、さらに『単なる理性の限界内の宗教』や『啓蒙とは何か』や『永遠平和のために』といった刺激的な時代批判論考において、政治哲学と歴史哲学の境界をのり越え、両者の区分の意味を見い出しえないほどに歴史と社会の相関性を示してくれた。

この思考法はドイツ観念論哲学と呼ばれる系譜的な思考のなかで強化的に増幅され、ヘーゲルの歴史哲学に帰着していくのであるが、そこでは「進歩」は、英仏の進歩の観念が技術的進歩による社会進化論的な方向へ進んでいったのに対し、人間の「精神」の進歩が個人の自由の拡大と人間集団の最も有機的な結合体である「国家」とのアイデンティティの成立度合いを尺度とする方向に進んでいる。それはいうなれば英仏の機械論的、市民主義的な国家論の方向とドイツの有機的、民族主義的な国家論の方向への分岐ともいうべきものである。なぜなら一九世紀以後、ドイツにおいて一般化される国家像とは「市民」的な国家像よりも「民族」的国家像が圧倒的な優勢さをもち、英仏における自立した市民相互の社会契約によって国家がなりたち、国権と私権いずれかの突出の防止や相互間のバランス保持機能としての「社会」、いいかえれば「公共権」を確立させていく方向での民主主義国家というよりも、国家と民族の心情的一体感のなかで、国権と私権の差異が解消され、両者が渾然一体となり融合する国家である。このことはルナンとフィヒテの「国民とは何か」という規定にその相違が反映されている。ルナンのいう国民とは「日々の国民投票」という隠喩的表現のうちに存在する「そのときどきの契約的集合体」のことであり、フィヒテの国民とは「根源的民族」の有機的な構成要因をなす存在である。つまり、ルナンにあっては「国民」と「国家」は、形而上学的、神学的抽象を排除した結果によって導き出された政治学的観念であるのに対し、フィヒテに代表されるドイツの「国民」と「国家」は形而上学的な哲学的思考によって導き出された先験的な観念であるといえる。

このことはすでに引用したヘーゲルの文章、「世界史においては、国家を形成した民族しか問題とならない。というのも、（中略）国家こそが、絶対の究極目的たる自由を実現した自由独立の存在であり、人間のもつすべての価値と精神の現実性は、国家をとおしてしかあたえられないからです」という言葉に再び戻ることになる。さらにいえば「共同体の真理とは、公共の精神と主観的精神が統一されることであり、公共の精神とは、普遍的かつ理性的な国家の法律のうちに表現される」ということになるのである。この英仏とドイツの国家観の違いは、単なる政治的領域の思考の相違を表わすだけでなく、「近代価値」の思考全般にもわたるものである。

西欧の近代価値の中核を形成する観念が「進歩」であり、その進歩の観念の内包領域を細分化し、概念化していく概念軸の役割を果たすのが「文明」と「文化」であることは、すでに繰り返し述べてきたことである。しかし、ここに立ち止まらずに先に話を展開させてゆくなら、「進歩」「文明」「文化」は人間の集団的な活動の成果であるが、その基礎部分を形成する個人の活動を始動させているものは、「理性」という、感覚的、情動的思考力とは異なる概念的な思考能力であるが、英仏の場合はこの「理性」は論理的、科学的な合理思考とより多く結合したものになっていくのに対して、ドイツの場合は精神的、先験論的（形而上学的）な思考とより多く結合を果たしていった。

このことから暫定的に引き出されてくる結論は、西欧の近代価値の「進歩」の観念《イデー》は、英仏にあっては科学文明、技術文明、社会統治技術文明（市民的国民国家、主権在民、議会制民主主義）の価値の称揚の方向に進み、ドイツにあっては、それは芸術、哲学、宗教（信仰の対象としてのものではなく、教養財として相対化された世界の諸宗教）の文化価値の称揚の方向に進むということである。西欧近代が「世界史」という概念を創出し、その中軸と価値基準を西ヨーロッパ世界に置くのは、全人類と全世界を「文明」と「文化」の概念のもとに組織的統一体として把握する思考体系を形成しえたからである。また西欧社会以外の諸民族が伝統的な権威主義社会か宗教的な神秘主義の段階にとどまり、それらの諸民族の歴史を文明や文化の概念で捉えることができたにせよ、その文明、文化はその歴史の出発点においてすでに完成形態を有し、それらすべてが本質的に下降史観か没落史観に貫かれ、「進歩」の観念と結合しえないものだからである。西欧だけが「進歩」の観念を創出しえただけでなく、その進歩を実体化、現実化しているという自負が、西欧近代の全思想に浸透していったからである。

ヘーゲルにおいてひとつの完成形態を見い出す西欧の歴史哲学は、「世界史」という西欧近代のみが創出しえた「擬制《フィクション》」の歴史である。ヘーゲル自身の言葉でいえば次のようになる。

ドイツ語で歴史（Geschichte）というと、そこには客観的な面と主観的な面が統一されていて、「歴史」は「なされたこと」を意味するとともに、「なされたことの物語」をも意味します。二つの意味が統一されていることは、たんに外面的で偶然のむすびつきといってすますわけにはいかない。そこには、歴史物語が本来の歴史的な行為や事件と同時にあらわれることが示唆されていて、しかも、たしかに、歴史物語と歴史とをともどもうみだす同一の内面的な基礎が存在するのです。

（長谷川宏訳）

歴史とは「なされたこと」、つまり歴史的事実と「なされたことの物語」、つまり事実についての解釈が統一されたものだというのである。歴史とは歴史的事実だけでは歴史とはなりえない。歴史が歴史たりうるのは、歴史的事実と歴史解釈が統一されるような歴史についての哲学的な省察が必要となる、それもヘーゲルの言葉でいえば、次のようになる。

哲学的考察にふさわしい、価値あるものの見かたといえるのは、理性がたんなる可能性として潜在的に存在する状態をもって歴史のはじまりとするのではなく、理性がこの世に現実に存在し、意識や意思や行為のうちに理性がみとめられるような状態をもって歴史のはじまりと見なすことです。精神がいまだ生命をもたない状態、自由や善意や法を意識しない鈍感な状態、いいたければ、それを精神の純良な状態といってもいいのですが、そうした状態は、歴史の対象とはならない。

（同前）

ヘーゲルにとって「歴史」とは、「理性がこの世の現実に存在し、意識や意思や行為のうちに理性がみとめられるような状態」においてはじめて出現するもの、さらにいえば、「精神が生命をもち、自由や善悪や法を意識しうる状態」、つまり「精神が純良さ」を脱した状態をもってはじまる自己の精神の客観化と歴史的事実の主観的省察が可能となる精神段階においてはじまるものである。いいかえれば公共の精神と主観的精神が統一されることで、「共同体の真理」（国家の真理）が顕現するとき、はじめて歴史が歴史として自覚的なものになるというのである。「世界史においては、国家を形成した民族しか問題とならない」というヘーゲルのテーゼは、「かくて、世界史の対象を明確に定義すれば、自由が客観的に存在し、人びとがそこで自由に生きる国家がそれだ」ということになる。

世界史＝社会的自由の進歩の歴史

ヘーゲルの歴史哲学的省察によれば、「公共の精神」と「主観的精神」が統一された「共同体の真理」の顕現化である西欧近代の国家においてのみ「世界史」が成立しうるということになる。かなり難解な用語と説明法で語られているが、要点は個人の内面的自由（主観的精神）と個人の自由を抑制する法あるいは社会的な掟（公共の精神）が、外からの支配力と強制力として自由意志を服従させる強制力を排除する原動力として働くのである。国家と個人の精神の自由を抑圧する「東洋世界」には「世界史」は存在しえない。なぜなら、そこでは歴史は絶対的な権力によって「なされたこと」の記述として超越的な権威をもち、個人の自由意志がその理念を投入する余地が残されていないからである。いうなれば「世界史」とはヘーゲルのいう「国家」と等質のもので、国家は個人の内面と公共の精神を統一するものである。それに対して国家が絶対的な権力をもって、法を公共の精神そのものとして、個人の自由意志の服従と屈服を手段や大義名分とするところでは、「共同体の真理」は抑圧されてしまう。「国家」が「共同体の真理」を実現化させえないところでは、「歴史」は一民族、一国家の行動規範としての歴史にはなりえても、個人の自由意志とその総合としての人類の発展理念が歴史の指導原理となる「世界史」は生み出されえない。

ヘーゲルによれば東洋世界は「世界史」の思想とは無縁な世界である。「世界史」を創出しうるのは西欧世界のみである。東洋世界がなぜ「世界史」を生み出しえなかったか、それは次のような理由による。

東洋世界の原理は、共同精神（国家）が権威としてあらわれることにあります。個人の気ままなふるまい（自由）は、東洋においてはじめて権威のもとに抑制される。共同の観念は法律の形にあらわされるが、主観の意思（自由意思）にとって法律は外から支配力をふるう権力であって、心情、良心、形式的自由といった内面的なものすべてがいまだ存在しない。だから、法律はまったく外部から力をおよぼしてくる強制法となります。（西欧の）現代の民法にも義務の強制はあって、わたしが他人の財産の返還や、締結した契約の履行を命じられることはあるが、共同精神はたんなる強制としてあらわれるのではなく、わたしたちの心情にも入りこんで、そこで共感を得ています。それが、東洋では外部から命令されるだけで、共同の掟の内容はまったく正しく秩序だてられているとしても、内面的なものが外から強制されることにかわりはない。命令をくだす意思は存在するが、内面の命令にしたがって義務を実行するような意思が存在しないのです。精神が内面性を獲得していないために、精神は自然のままの精神としてしかあらわれません。

（同前、文中のカッコ内は引用者が補う）

国家が「共同精神」として権威をあらわしている東洋世界においては、人間の精神は内面性を獲得することができない。人間精神が内面性を獲得していない社会においては、社会集団の意志が個人の意志を包み込んで、個の意識の覚醒の萌芽をうながす余地をも覆いつくしてしまう。そこには主観と客観、内面と外面さえもが未分化で、法と道徳も、国家と宗教さえも未分化のままの段階にとどまっているがゆえに、東洋社会は個人の集合意志としての「共同体」（公共圏）を形成しえない。ヘーゲルによれば「世界史とは自由の意識が前進していく過程であり」「人間の理性がその過程を認識していく過程」にほかならないものである。そうであるとするなら「自由の原理」を宗教社会や権威主義社会から救出し、それを世俗社会の中核的な価値に据えていく人間活動が「歴史」であり、「世界史」の出発点ということになる。彼自身のことばでいえば、「自由の原理を世俗の世界に適用し、世俗の状態に自由を浸透させ自由を確立するには、長い時間の経過が必要で、その経過が歴史自体なのです」ということである。

繰り返し言えば「世界史」とは「進歩」の観念の創出によって、人間の世俗活動を「文明」と「文化」の概念で再構成する作業である。ということは「世界史」を語りうる資格をもつものは西欧の近代思想のみであり、同時にそれは西欧近代の価値を規準においてしか語りえないものである。

西欧の「進歩」思想がはじめ体系的に明確なかたちで表明されたのは、フランシス・ベーコンの『ノヴム・オルガノム』（一六二〇年）であったといえる。しかし、その進歩の確信は科学・技術の分野におけるもので、精神の自由の確立による「社会」の進歩そのものは信じていなかった。つまりその進歩の確信は知の集積という相対的な歴史的条件にもとづく優位であって、西欧人の人間的資質そのものにもとづく優位性の信念に由来するものではなかった。それが人間の資質の優位性に転換される方向に進むのは、デカルト哲学の出現以後のことである。デカルト哲学は人間の認識の起源を経験論に求めるのではなく、つまり学習や教育的実践という後天的な形成に求めるのではなく、すべての確実な知識を明晰な理性の先験的な能力に求める。この考えはスピノザやドイツ観念論哲学に引き継がれるが、最も強く継承、発展させたのがヘーゲルの思想であった。

人間の感覚的な認識能力、つまり相対的で後天的な学習にもとづく認識能力に対する先験的な認識能力としての理性は、原理的には人間の普遍的認識能力、つまり全人類が先験的には平等に賦与されている能力であるが、人間の社会形成の過程のなかで普遍的理性（純粋理性）は、経験的理性（実践理性、悟性）へと分岐してくる。カントのいう純粋理性と実践理性の区分はデカルトの区分にもどせば第一理性と第二理性になるが、西欧の合理主義哲学の思考伝統のなかでは、事物の真の認識は経験的理性の認識が先験的理性と合一し、不可分な統一性の維持するところに求められる。科学的な認識においては仮説と実験の一致であり、社会的認識では行動と理念の一致である。ホッブズ、ロック、カントの政治哲学によって、西欧の進歩思想は、科学的、技術的な進歩という相対的な西欧優先思想から、社会的進歩という絶対的な西欧優先思想へと転換していく。

その根拠となる信念は、西欧においてのみ人間の自然権が社会制度化を達成しえたという自負に由来する。自然権とは最も基本的な部分に人間の生命の尊厳という思想を据えながら、現実社会の慣習や立法を越えたところに理念として人間存在の基礎条件に一種定言的命令のように無条件にあてはめられるべき命令である。そして自然権はその無条件に与えられた命令として与えられる。このように与えられる意志の自由と法の下での平等は、近代社会の絶対的な理念目標として設定されたものである。そして西欧近代の政治哲学はこの自然権を社会的に現実化するプログラムとすることを自らの中心的な課題としてきた。西欧の一七、八世紀の政治哲学と啓蒙思想によって、前近代的な宗教的神権主義や権威主義的な諸特権が相対化されることで、人間の基本的人権の思想が西欧人の人間観、社会観を人類史上、類例のない新しい価値規準で方向づけていく。この価値規準の提示の開始とその理念の実践過程を西欧人は「近代」と規定し、そしてその近代価値の中心に「進歩」という観念を設定してくる。

ヘーゲルに至って西欧のこの社会進歩は、それ以前になかったほど強力に西欧人の絶対的な優越性の哲学的根拠が与えられ、西欧人の「世界史的使命」が自覚化される。「進歩」が人間存在の最も中心的な価値となることで、「文明」と「文化」も西欧の近代価値のイデオロギー的な主張の支柱へと変化していく。一八世紀末までは、科学的・技術的進歩は、すでに述べたように相対的な価値主張であって、人間的資質そのものの価値の優越性の主張につながる絶対的な価値ではなかったが、ヘーゲル哲学では、社会的自由の進歩が西欧人の人間的価値の絶対性の主張へと理論的に整備されてくる。そして、のちにそれと平行したかたちで「文明」概念と結びつく科学、技術、さらには生産技術の進歩と等置され、物質的繁栄を意味する経済と経済思想（資本主義精神）の「進歩」も西欧近代の価値体系の絶対的な優位性の理論化と相乗的に作用力を加速的に推進させてくる。

西欧近代が圧倒的な力として作用し、全世界の伝統的な秩序の存立基盤を揺るがせるか、あるいは弱体化、無力化させる力となっていったのは、西欧近代が単に西欧の前近代の権威にたいする懐疑と批判のみにとどまったのではなく、人間社会全体や人類史全体の権威の神秘的・魔術的支配力を弱体化あるいは無力化させていく思惟方法を確立させえたからである。その近代的思惟とは哲学とよばれる批判的思考で、人間の行動目標を神秘的権威に盲目的に委ねてしまうことなく、人間行動の目標をその方向に応じた根拠に依拠させて、自らの理性的判断で設定していく主体的で自力的な思考のありかたをいうのである。哲学はその進行過程のなかで次第に自然諸科学、社会諸科学、芸術諸科学に専門分化していく方向をたどりながらも、その思惟全体と合理主義精神を可能なかぎり追求することで政治哲学と歴史哲学としての存立基盤を強化させながら、全世界、全人類の空間的（地理的）、時間的（歴史的）存在原理と存在様態の差異の原因解明に関しては個別専門科学がとうてい達しえない探究能力を保持していく努力を失わないようにしてきた。

そして西欧近代がいまなお西欧の優越性を、近代価値の弱体化と相対化が進行しているなかでも保持しているのは、その政治哲学と歴史哲学のイデオロギー的な作用力の絶対的な優越性ゆえであると考えられる。西欧の近代価値を越えようとする試みあるいはその相対化の試みはさまざまな形でなされてきているし、今後もなされ続けていくであろうが、西欧近代の政治哲学が確立させてきた自然法思想を基礎とする市民社会、民主主義、主権在民の制度を支える基本的人権の思想にとって代わりうる社会価値を樹立するのは困難きわまりないことであろうし、歴史哲学が提示した自由意志論を基礎とする個の自律的価値の認識や両極に向かって無制限に拡大しようとするその強靭な原理的思考によって西欧近代価値の優越性はなかなか崩れないであろうし、それを否定することも困難であろう。

「西欧＝近代」という虚構

「世界史」という歴史概念が登場することで「ヨーロッパ」は地理概念や宗教概念とは異なった文明、文化史的な歴史概念で自己の再創造を開始してきた。「ヨーロッパ」という概念は、ヘロドトスやリヴィウスなどの古典古代の歴史著述の伝統のなかでは、アジア、アフリカと区分される純粋な地理概念であった。ギリシア世界やローマ世界の拡大によって、ヨーロッパ概念も拡大されたが、それは原則的に地理概念以上のものではなかった。その伝統はビザンチンの六世紀の歴史家プロコピオスの民族移動期の歴史記述にも変わることなく受け継がれている。しかし、カロリング朝のサラセン人の地中海制覇とヨーロッパ地域への侵入から十字軍遠征の時代の間の宗教的対立によって、イスラム圏に対するクリスチャニタス的統一圏という精神的共同体の概念に変わってくる。このカトリック的キリスト教統一体の意識はすでに述べたように、宗教改革以後しだいに宗教的統一を解体させ、フランス、イタリア、スペイン、オーストリア、ドイツ、イギリスという地域的主権領土の地理的概念のなかに再分裂を開始させてきていた。その再創造ではヨーロッパ人が世界の頂点に立ち、世界を指導していく優越的な資質をもつ民族であったし、またありつづけるであろうという願望によって描かれた「世界史」を制作していくことであった。このことを冨岡倍雄・中村平八編の『近代世界の歴史像――機械制工業世界の成立と周辺アジア』（一九九五年）の文章を借りていえば次のようになる。

世界が中世から近代へ、そして現代へ、とうつりかわってくる過程についてえがかれる歴史像は、従来は、およそ次のようなものであった。

まずヨーロッパにルネサンスがおこり、これが世界の近代化の発端となった。ルネサンスは、暗黒の中世ヨーロッパに古典古代のギリシア・ローマの人間主義・文芸・科学思想を復興発展させることによって、そこに近代社会をつくりだした。そしてその近代ヨーロッパはみずからの内的な力の発露によって世界におしでて、世界の近代化の幕をきっておとした。世に「地理上の発見」といわれたものがこれである。さらに、科学の発展はヨーロッパに産業革命をうみ、産業革命は歴史上未曽有の工業化社会をヨーロッパに現出し、この工業化ヨーロッパが、なお部族的、封建的、半封建的段階にとどまっていたアジア、アフリカ、ラテン・アメリカに対して文明的に、したがって政治的経済的軍事的に、決定的優位にたつことによって、ここにヨーロッパ列強による世界の帝国主義的支配の時代が出現した。

近代世界の歴史に関するこの物語は徹頭徹尾う、そ、でぬりかためられている、それらのう、そ、のいくつかはすでに個別的には暴露され破綻しているのであるが、右にのべた全体としての歴史像のイメージはなお人びとの頭から払拭されてはいない。（冨岡倍雄筆）

ここでは近代西欧の「世界史」の思想がつくりあげてきた世界史像が「ひとつの物語」であって、それが「徹頭徹尾うそでぬりかためられたもの」であることを指摘して、西欧中心主義ではない新しい世界史記述の可能性を求める意気込みの表明が語られている。私自身もそのような試みにはつねに共感と関心をいだいているが、ここではその共感と関心のために、この一文を引用したのではなく、むしろその意図は「それらのうそのいくつかはすでに個別的には暴露され破綻しているのであるが、右にのべた全体としての歴史像のイメージはなお人びとの頭から払拭されてはいない」という西欧近代思想が創造した近代世界史像の強靱さそのものを問題としてとりあげたいためである。そしてまたこの「世界史」観念こそが西欧近代が創作した最も独創的な虚構《フィクション》であることを明らかにしていきたい。

「歴史」とはつきつめていえば、すべては虚構であり、権力の監視下に置かれ、集団の意志という鎖につながれたものであるといえる。ヘーゲル流の区分でいえば歴史とは「なされたこと」と「なされたことの物語」の二つの意味をもつが、歴史記述という「なされたことの物語」はすでにそれ自体が「なされたこと」という歴史的事実の再解釈であり、再創造としての物語、つまり「虚構」だということになる。しかし、歴史哲学は同時に科学的、歴史学的な二方向をも目指すことで、歴史的事実の客観性を尊重し、可能なかぎり事実の真実性を実証していこうとする方向と個々の事実の追求よりも事実と事実のかかわりについて物語ることに、つまり個々の歴史的事実をひとつの全体像の構成要素と見る方向に分岐する。

前近代の宗教社会の神学的な歴史においては、自然と人間を含む全宇宙は天地創造というはじまりと終末や最後の審判という完結した物語のなかで、「なされたこと」はすべて全体のなかで関連づけられていた。宗教的歴史観の拘束の比較的緩い中国や日本の歴史記述も「天命」や「因果応報」という超越者の意志という全体的な物語から完全に自由であることはできなかった。

西欧近代の歴史も前近代の伝統社会と同様に「大きな物語」への従属が必要であった。西欧の前近代の歴史が「コスモス」という大宇宙の歴史の一環として神の意志、つまり摂理という「神の永遠なる計画」に組み込まれていたものであったがゆえに、人間の歴史は自然の歴史と同様、人間の主体的な意志とは無関係なものであった。ここにおいては人間の行動はただの生起せる事象として単なる「できごと」にすぎない。それは摂理に関連づけられてはじめて歴史となるが、それは西欧近代が再創造した「歴史」とは異なって、単なる「年代記」にすぎない。年代記とは日本の説話文学と呼ばれるものと等質のものであって、記録者の主体性が問われないものである。それは記録者の名前が知られたものであっても、原則的に匿名性のものである。

それに対して西欧近代の「歴史」は、歴史の形成主体を超越者から人間へと転換させてしまったために、人間の理性が歴史の主体となり、「コスモス」に代わって人類の共同体としての「世界」が「できごとの物語」の主軸を形成することになる。歴史は理性の「進歩」の物語を紡ぎだしてくる。歴史の経《たていと》と緯《よこいと》が「文明」と「文化」である。両者はどちらが経であっても緯であっても、歴史の経緯の役割を果たしうるものである。問題なのは歴史の記述者における歴史認識の客観性の保証と歴史への関与における主体性の明示という「歴史家の責任」である。年代記作者や説話記述者の匿名性はもはや許されず、歴史家は自己の思想の立脚点を明らかにしなければならない。近代の歴史認識は歴史についての哲学であり、歴史についてのヴィッセンシャフト（学）でなければならない。

西欧近代の歴史哲学と歴史家が創りあげた大きな物語は、ひとつは人類史としての「世界史」であり、ひとつは地域史としての「国民史（民族史）」である。前者は理性の進歩を後者は自由の進歩を核として、西欧近代人に共有された記憶像を創出していく。つまり西欧対非西欧世界の対比においては、進歩と停滞の対照が際立たせられることで、西欧世界はひとつの理性の共同体となる。ルネサンスの人文主義的教養による合理主義と人道主義の拡大、宗教改革運動による土着信仰と融合した教会の秘蹟主義の排除による信仰の純粋化と内面化、つまり批判精神による聖書の自由解釈の容認という自由主義と歴史主義が、それぞれに「世界史」と「国民史」の大きな物語の中心テーマとして育てあげられてゆく。

歴史とは共有化された記憶のことであるが、その共有化された記憶を人びとは伝統と呼ぶ。その伝統とはホブズボウムの的確な指摘が教えてくれているように、悠久の時間の経過のなかで形成されてきたものではなく、大半のものが短時間のあいだにおいて創られたもの、つまり「創られた伝統」である。それと同様、共有された記憶も創られた記憶といえる。歴史が記憶を創り出す作業であるなら、前近代の伝統社会の歴史と西欧近代の進歩主義の社会の歴史は、記憶を共有する共同体の存在形態の違いによって異なったつくられかたになる。伝統社会の歴史はその素材を共同体の範囲内に存在する既知のもので組みたてることができる。それに対して、西欧近代社会の歴史は、それが「世界史」という観念のもとで形成されなければならないので、その素材を未知の領域、つまり全世界から蒐集しなければならない。前近代の歴史は資料を編集する歴史であるのに対して、近代の歴史は資料蒐集の範囲を拡大させていくと同時に、絶えざる資料蒐集を量的に拡大させていく歴史である。

西欧近代の歴史は時間軸に沿ってだけではなく空間軸に沿っても、つねに未知の領域を埋めていく作業に似た性格をもつものである。いいかえれば西欧近代の歴史哲学と歴史学は「世界」をコレクションする思想である。つまり、世界をミュージアム化する思想である。前近代社会が歴史の素材を既知の領域内で調達しうるのに対し、近代社会の歴史がその素材の調達を時間軸だけではなく空間軸においてもたえず未知の領域にまで拡大しつづけていかなければならないのは、社会構成の原理が両者において本質的に異なっているためである。両者の相違をみごとに説明したのが、テンニエスの『ゲマインシャフトとゲゼルシャフト』（一八八七年）であった。この書の価値は人間集団の社会学的な分類において有名であるが、その社会学的な分類は近代と前近代の歴史的な差異の考察にも有効なものがある。

テンニエスの区分を借りて近代社会と前近代社会の相違を考えるなら、近代社会が「選択意志」（Kurwille）によって形成される社会であるのに対し、つまりゲゼルシャフトであるのに対し、前近代社会は選択意志と対立的に用いられる「本質意志」（Wesenwille）によって形成される社会、つまりゲマインシャフトである。ゲゼルシャフト的な近代社会が共同の概念によって統合している社会であるのに対し、前近代の社会は心情的共感（Gefallen）や習慣や記憶の共有によって統合している社会である。いうなれば前近代社会は個の独立の意識が存在せず、「私」が「みんな」の中に融解している社会である。したがってここには理念的に「私」と「公」を区別する思考そのものが未成熟な段階にとどめ置かれたままである。それに対して近現代社会は個人が主権者であり同時に従属者であるという「公共圏」形成の意志が支配的となる。

突き詰めて言えば、前近代社会は「権威」のなかに安定を見い出そうとする社会であり、近代社会は脱権威思考によって、人間の共同の選択意志によって形成される公共社会であるという考えこそが西欧近代思想の帰結点をなしているといえるのである。しかし、西欧近代が脱権威と脱魔術化によって合理主義的思考に貫徹された非権威主義的社会を建設しえたという自負をもちつづけているとするなら、やはりそれはひとつの「幻想」であるといえる。彼らの創造した「世界史」が真の世界史ではなく、単なるひとつの世界史像であるように、西欧近代が神や超越者や絶対者という権威を完全に追放し、無力化させたという自負もやはりひとつの「幻想」である。

神に代わって神々が支配する社会

西欧近代は前近代の神に代わる新しい神々を創出した。前近代の一神教が近代の多神教に変貌しただけで、近代社会も神々を必要としたのである。西欧近代の神々のなかで最大級の権威をもつのが、「科学」「芸術」「歴史」という神々であり、同じように神格的威力を発揮し、さらに神話的観念体系として近代人の価値観を支配してきたのが「進歩」「文明」「文化」という概念群である。いうなれば西欧近代の神学は科学、芸術、歴史という神格を中心に教義が形成され、進歩、文明、文化の観念体系に沿った近代神学の教理問答《カテキズム》が展開されてきたのである。西欧近代は確かに合理主義精神と分析知を推進させてきたが、一方では新しい権威主義と新しい神秘主義をも同様に育成させてきている。ここでいう神秘主義とは専門的な哲学的術語が規定しているような、神秘的体験に中心的な意義を認めようとする宗教的、哲学的な立場に限定されるものではなく、西欧近代的思惟が価値体系に仕立てあげた概念体系を経験的、実証的に説明するのではなく、その概念体系を先験的なものと考え、それが直接的には神的なもの、超越的な価値と合一したものであるとする感情である。いいかえれば神秘的な合一感情によってしか、その真の価値を実感しえないとする感情や信念が私のいう神秘主義である。

本章で最も中心的に語ってきたのはヘーゲルの「世界史」、つまり「歴史」であるが、これはもはや彼がいう「なされたこと」や「なされたことの物語」を越えて、「時代精神」という神秘的作用力そのものの展開の謂である。すでに引用した文章を再び利用すれば、「世界史においては、国家を形成した民族しか問題とならない。……国家こそが、絶対の究極目的たる自由を実現した自由独立の存在であり、人間のもつすべての価値と精神の現実性は、国家をとおしてしかあたえられないからです」ということは、「国家は、神の理念が地上にすがたをあらわしたものです」、ということになるからである。いいかえればヘーゲルにおいて、歴史、時代精神、国家は神秘的な合一によって生成した近代の神そのものなのである。

「芸術」もまた以前の職族的な技芸、つまり実践的訓練を通じて修得される「技術」ではなく、芸術的天才の霊感の神秘的な作用力でつくり出される創造的形象として神的な価値を与えられる。「科学」もまた先験的で神秘的な理性という合理的精神によって、先例主義、規範主義の非合理的思考、神話や宗教の魔術的、呪術的思考の非合理性を排除して、近代の新しい神的位置を擁護してくる。「歴史」「芸術」「科学」が近代の新しい神々の座にのぼらせられると、教会に代わる新しい神殿が必要とされてくる。それが「ミュージアム」という複合神殿装置であり制度である。このことに関しては、すでにクシシトフ・ポミアンの文章の引用によって示しておいたように、「ミュージアム」とは「教会」に代わる近代の国家神殿の役割を担うものであるという指摘を思い起こしてほしい。近代はキリスト教の神を追放しただけでなく、キリスト教以外のあらゆる神々を追放した。そして神を内面化することで、宗教の社会的な強制力を完全に抑圧し、古い宗教的な祭式から解放されたと思い込んでしまった。だが、近代の合理主義も近代の合理主義を推進していく神話体系を必要とし、それに見合った宗教的教義と祭式をつくり出さねばならなかった。なぜなら啓蒙の合理主義はロマン主義の非合理主義を内包することでしかその存在の立脚点を確立しえない相対的な合理主義にすぎないものだったからである。したがって表層的には合理主義を装いながらも、その内実は非合理的な絶対的権威を必要とする複合性を克服することができなかった。

そのため近代社会は多元的な近代価値を神格化して、近代の神話を創出する必要に迫られ、その神話の管理機能を国家に委ね、その管理機構を多元的に分散化させた。しかし、近代国家の神話を最も包括的に集合させ、もはや古い宗教的な祭式がカバーできなくなった役割を代行しうる近代の祭祀施設として創出されたのが「ミュージアム」という近代の神殿である。それはポミアンがいうように、「国家が主体であると同時に客体ともなりうる」新しい様式の祭祀施設としての近代の神殿である。そして、そこで執り行なわれる近代の祭式とは、「国家が国家自身に捧げる恒常的な敬意」である。国家が国家に捧げる恒常的な敬意とは、いいかえれば国家が自らの「歴史」と「文化」と「文明」を顕彰することである。国家が自らの歴史、文化、文明を顕彰するために執り行なう祭式とは、自らの価値と尊厳を高めるあらゆる過去の記念碑的な遺品を蒐集し、保管し、展示することで、自己の存在価値と社会価値を同化させることで、共同の目標を設定していくことである。

しかしポミアンの著作よりほぼ三五〇年前にミュージアム思想やコレクションの思想が「近代」の根幹的な価値であり、近代価値の必須の形成要因であることを予言していたのはフランシス・ベーコン(一五六一―一六二六年)の『ニュー・アトランティス』というユートピア物語であった。
この著は未定稿として残されていたものがベーコンの死の翌年一六二七年に出版されたものである。この『ニュー・アトランティス』が描き出しているという孤島ベンサレム国において「コレクション」という活動が国家維持の根幹をなす最重要課題であることは、のちに見ることにして、まずはポミアンの前の引用文とまったく同一の思想が語られる部分を先に見ておきたい。それは未定稿として断筆される最後部の文章で、ベンサレム国の最重要国家機関である「サロモン協会」とも呼ぶべき学術協会の、展示と礼拝のためのミュージアムとも呼ぶべき施設について語られる部分である。

展示と礼拝に関して言えば、たいへん長くて立派な会場が二つある。その一つは各種の著しく優れた発明品の模型と見本を展示し、もう一つの方は主な発明家の像を一人残らずおいている。西インド諸島を発見したあなた方のお国の人コロンブス、船舶の発明者、大砲と火薬を発明したお国の修道僧[ロジャー・ベーコンのこと]、音楽の発明者、文字の発明者、印刷術の発明者、天文学上の諸事実の発見者、金属工芸の発明者、ガラスの発明者、蚕の絹の発明者、葡萄酒の発明者、麦とパンの発明者、砂糖の発明者等、あなた方の間での言い伝えよりは確実な証拠に基づいて、これらの発明家たちの像を飾っている。われわれの産んだ優れた器械の発明家たちも大勢いるが、器械を見たことがないあなたにその説明をすれば長くなりすぎる上に正しく理解することは容易ではないであろう。あらゆる価値ある発明をした者には、その像を建て、多額の名誉ある報酬を与える。これらの像は、あるものは青銅製、あるものは大理石や試金石製、またあるものは、金箔を施した香柏、あるいはその他の特別な木で作ったもの、あるものは鉄、あるいは銀、あるいは金製である。

われわれは讃美歌と礼拝を毎日声を出して行い神の驚くべきみわざに対して賛美と感謝を捧げる。われらの労働に光を与え、それを聖かつ善なることに用いられるよう神の助けと祝福を乞う一定の形式の祈りもある。（川西進訳）

この「サロモンの家」と呼ばれる同名の学術協会の展示と礼拝堂は、国家の威信と人類史上の偉業を顕彰する記念物を展示する役割を果たすと同時に、「ひとつの社会のすべての構成員が同じ祭式を行なうことで一致共同する場所として」国家宗教、つまり「古い祭式に代わって、国家が同時に主体となり客体となる祭式」が執り行なわれる場として描かれている。まさしく一八世紀末から一九世紀初頭に制度化される近代西欧のミュージアム制度の先駆的な思想がここに明白に表明されている。ブリティッシュ・ミュージアムやミュゼ・ルーヴルなどによって祖型が示され、次第に制度化される近代ミュージアム制度は、近代国家の政治原理となっていき、政教分離の思想を自らの内なる理念としていく。しかし、ここで分離される宗教とはすべての既成宗教、とくにキリスト教からの分離であって、近代国家が新たに創りあげる祭式、つまり「国家か同時に主体であり客体でもある祭式」「国家か国家自身に捧げる恒常的な敬意」というようなれば近代国家が創りあげる「国家教」ともいうべき国家崇拝思想とは別のものである。

近代国家のミュージアム制度とは図書館にはじまり動植物学ミュージアム（動物園、植物園）、各種歴史遺跡、歴史記念碑、国立公園、自然保護区から世界遺産まで多種多様な内包領域をもつものであるが、つきつめていえばそれは国家の神殿、国家の聖遺物と国家の聖地を創出し、整備し、国家が自らに捧げる敬意を視覚化していく装置ということができる。最も象徴的なことは、フランス革命によって、ブルボン王朝という一家系の私的財産を国民の共有財産、国民の教養財産へと転換させた思想そのものである。また同時にルイ一五世の命によって建築家ジャック゠ジェルメン・スフロ（一七一三―一八〇）によって建設されたパリの守護聖人、聖ジュヌヴィエーヴに捧げられた教会が、フランス革命によって新古典主義様式の神殿様式に改装され、さらにパンテオンに改称されて、フランス史の偉人廟に変更されたことも近代ミュージアム思想上の象徴的な出来事である。さらにまたバイエルンのルートヴィヒ一世がナポレオン支配下にあって、単なる一領邦の問題ではなく、全ドイツとゲルマン民族の団結を求め、解放後にはナポレオンに対する勝利、つまりゲルマン人のローマ人に対する勝利と重ねあわせて、レーゲンスブルクのドナウ河畔の丘にギリシア神殿的な偉容をただよわせる「ヴァルハラ」と命名された神殿の建設も同一の思想に由来するものである。

国家の聖遺物を必要とする近代国家

いうなれば西欧近代のミュージアムの思想と制度とは国家の神殿と国家の聖地を創りだしていくもので、国家の成員が一致共同する場を形成していくものである。近代国家とは何かという規定はさまざまな方向でなされうる。たとえば憲法によって主権が制限され、主権存在の思想が議会制民主主義によって確立されていること、あるいは産業革命と高度資本主義の社会にあって経済が独占資本主義、金融資本主義、国家独占資本主義の形態を生じせしめる社会経済段階への移行などと規定されうる。これも近代国家の顕著な特徴である。だが「国家」そのものがひとつの神格をもち、「歴史」という国家教の経典の役割を担い、その教義によって「国民」が形づくられる国家信仰そのものも、それらに劣らない重要な近代国家の特徴である。

「国家」とは、政治学的、社会学的にいえば、西欧の民主主義思想によって樹立された中央集権的国民国家のことである。歴史的にいえば封建主義時代の領邦分立的な地域分権主義と社会全体が身分的な主従関係に貫かれた身分制社会から対等な法的平等と自由を有する個人の集合体としての国民国家へ移行したものということになる。いうなれば、それはポリスでキヴィタス、インペリウムから区分されるステートやシュタットやエタという概念で呼ばれる近代西欧独自の統治機構であり、社会集団のことである。

西欧の近代思想はホッブズ、ロック、ルソー、カントの思想が目指したように自律的な個人の集合的な合意によって形成される、契約にもとづく人工的国家の概念を発展させたものであった。ここで構想された国家は今日の社会学的な概念でいえば、その社会形態はコミュニティではなくアソシエーションである。また、ゲマインシャフトではなくゲゼルシャフトであり、第一次集団ではなく第二次集団、基礎社会ではなく派生社会（高田保馬）、基礎社会でなく機能社会（福武直）ということになる。先に挙げた例でいえば、フィヒテの根源社会ではなくルナンの「自立の人民投票」によって成り立つ社会である。

だがこの進歩主義的な革進主義の国家観に対してフランス革命後に起こってきた保守主義的な反進歩主義の国家観の成立にあって、近代国家は相対立する二つの方向の調整という困難な問題を抱え込むことになる。ヘーゲルの歴史思想のなかに、この対立矛盾が最も端的に表われ出ている。「世界史」は人類の理性と自由意志の進歩、発展、展開の歴史であるが、「国民史」は国家というひとつの全体が部分（個人）を越えた全体存在として集合意志を展開させる歴史となっていく。いうなれば、自由な個人の自律性は全体意志のなかに呑み込まれてしまうことになる。別ないい方をすれば、ここでは国民という社会集団はアソシエーションではなくコミュニティであり、ゲゼルシャフトではなくゲマインシャフト、派生社会や機能社会や第二次集団社会ではなく、基礎社会、基底社会、第一次集団社会として心情的な統合集団たらんとする方向に戻ろうとする。そのため個人主義と集団主義への分裂を調整していくのが近代思想の全領域での努力となってくるが、ミュージアムの思想は一方では「国家」の神話的な神秘性を教養化し、国民の根源的一体性の祭式執行の場となることで国民の基礎集団化を目指す方向にも進むが、「公共圏」という抽象的で中性的、中立的な社会を創造していくことで、個人主義と集団主義、進歩主義と保守主義、「世界史」と「国民史」を調整する役割を担うことになる。

もちろん、ミュージアム思想そのものも両方の思想にとってそれぞれに利用されることによって、進歩主義的な制度となったり保守主義的な制度になったりと、そのときどきの政治情勢、社会情勢によって変化を余儀なくされるが、公共圏を創り出していくことで私権と国権の調整の役割を果たしていくことになる。ポミアンがいうように、「ミュージアムとは、ひとつの社会のすべての構成員が同じ様式を執り行なうことで一致共同する場所として、教会にとって代わるもの」であるなら、ミュージアムが「世界史」の文脈で考えられるときは、そこに蒐集されるものは人類全体の聖遺物となり、人類全体の聖地となる。だがそれが「国民史」の文脈で考えられるときは、そこに蒐集されるものは、国民の聖遺物であり、国民の聖地となる。たとえば国立公園や国定公園、国家指定の史跡や遺物は、国民史の文脈で選定、指定されるが、世界遺産や自然保護区や少数民族保護区といったものは、理念的には世界史の文脈で指定されるものであっても、現実的な政治勢力の文脈のなかでは、「国民史」

的な思考に取り込まれ、その理念は国家利害や国家威信のなかに取り込まれることになってしまう。ということはきわめて中立的で中性的な近代のミュージアム思想も、国家が「歴史」をどのようなかたちで神聖価値化していくかで、進歩主義の文脈にも保守主義の文脈にも取り込むことができるということを意味している。また逆にいえばミュージアム思想そのものが、自らの中立性と公共圏を主体的に保持することで、双方への過度な傾斜を抑止する可能性をもちうる。

国家がひとつの社会集団であるかぎり、それは集団に内在する複合性と流動性に支配され、同一性を維持していくことは困難というより不可能に近い。ゲゼルシャフト集団であり、機能集団である国家も時間の経過のなかでゲマインシャフト的な基底集団としての心情的共感、集団化や共通の連帯感の要求が生まれてくる。それは自らが克服してきたはずの伝統社会への追慕あり、機能社会のなかで孤立する個人的存在であるよりも共感社会の集団的連帯性のなかに埋没したいという要求でもある。いうなれば、進歩と保守の対立構図の発生である。西欧近代国家は理念的には人類の理性の進歩という信念のなかで生まれてきたものであるが、その現実的な経過や局面に対して保守主義の精神と伝統主義への郷愁の念に揺り動かされる。このようにして近代国家のなかに進歩主義と保守主義の対立、対決が生じる。この対立は個人の人権の拡大と集団的、心情的連帯の強化というかたちで個人優先主義と国家優先主義の対立ともなってくる。

近代国家のなかでは個人の権利、つまり私権の拡大が自己目的化されると、それと並行するように国家の権力も自己目的化される。

このような国権と私権的利権の対立の間で緩衝地帯の役割を果たしていくのが、「公共圏」という中間地帯である。近代国家の成熟の度合を測る尺度はこの公共圏の発達の度合によるといえるが、この公共圏の発達が双方の行き過ぎを抑止する。この公共圏を生み出し、発展させていくのが「ミュージアムの思想」である。

共通の宗教、共通の伝統、共通の権威によって、同一の祭式を執り行なってきた前近代社会が近代国家の出現によって連帯の基礎を失ったとき、古い祭式に代わる新しい祭式の場を形成していく思想を、ポミアンの定式化に倣って、私は「ミュージアム」の思想と呼んできた。それは近代国家の国民が共通に賛同の意を表することができる、国民の新たな聖遺物と聖地を創出していく思想である。いいかえればそれは国民が国民を主体として創出していく「国民史」樹立、つまり、まったく新しい理念で創られる「歴史」の創出である。

近代国家、近代社会の歴史とは伝統社会の王朝史や宗教的な人間救済史ではなく、国民の文化史、文明史といった国民の精神の発達史である。前近代社会の政治史は基本的には社会統治と政治的支配の歴史のみを歴史概念としてきたため、その歴史は為政者の家系の歴史か政治的に顕著な業績をあげた偉大な政治的人物の歴史に終始する。宗教史は教会史か、殉教者や聖人の歴史、あるいは奇跡の歴史に終始する。そこには人民や民衆の文化や精神の歴史的意義を問う思想は存在しない。それに対して近代国家の歴史は国家を構成する国民の精神の進展を意味するものとなる。それは理念史としての人類の文明、文化の発展史を意味する歴史哲学であると同時に、客観的な科学的な歴史学の成立をも意味する。なぜなら国家権力にのみ加担し、歴史を政治史として為政者の業績にのみ歴史記述を終始させるなら、国民の精神史や文化史、文明史が歴史から切り捨てられてしまうからである。さらに風俗や習慣や生活様式の変遷だけに着目する社会史、経済史だけに終始する歴史も、国権と私権の間に社会的な中立性と中性的な緩衝地帯となりうる「公共圏」を創造できないからである。

近代国家の歴史とは理念的には人類史、世界史の視点に立ちながらも、現実的な歴史記述においては、資料的に裏付けされうる科学的客観性と政治的中立性をもった公正な歴史でなければならない。現実的にそれに成功するかどうかは問題ではない。問題は公正性、中立性が保たれ、国家のイデオロギー的支配から解放されることを目指すことである。しかし、一方では歴史はつねに権力と支配イデオロギーに利用される。なぜなら「歴史」は中立と真実を建前としているゆえに、それを味方にすることは公共圏、輿論を味方にすることを意味するからである。したがって歴史はつねに権力によって監視され、操作されてきているが、近代の専門的な科学としての歴史も公共圏の輿論の支持によって権力に対抗しうる力をもつにいたっている。そのため近代においては歴史の組織化の方向が国家間の争点となったり、権力側と反権力側の双方の争点となる。そして両者が歴史を自分の味方にしようとすることが政治課題となるのである。したがって近代の歴史科学がいかに客観性を標榜しようとも、その客観性、中立性には限界がある。

ともあれ、近代の歴史科学や歴史哲学、歴史思考は前近代社会の歴史のように政治を主題とする方向から、人間の精神の発達を主題とする文明史、文化史の方向に転換する。近代の科学的な資料批判に基づく歴史学はレオポルト・フォン・ランケ（一七九五―一八八六）に始まるとされ、よく彼に近代歴史学の父という冠称が与えられるが、この評価はかなり微妙な問題を残すものである。なぜなら彼と同じような原典批判、資料批判の方法はイタリアの一六世紀の古典学者スカリゲル（一五四〇―一六〇九）においてかなりの精度と資料の博捜によってすでに開始されていたし、またすでに何度か挙げているゲッティンゲン学派の聖書文献学や古代語研究も資料批判や原典復元の方法に着手していたからである。さらにいえば、この流れから輩出し、独自の古典文献学を創出したフリードリヒ・

A・ヴォルフ（一七五九―一八二四）やフィリップ・A・ベック（一七八五―一八六七）などの文献学の研究方法もランケの方法とほとんど懸隔のないものであった。それにもかかわらず、ランケが近代歴史学の父とされるのは、ひとつは歴史哲学に対する反撥、ひとつには近代歴史学が文明史、文化史、精神史の方向に向かうことに対する「政治史」側からの反撃ということができるだろう。

ランケ自身が考えられているほどの政治史家であるかどうかも実はかなり疑問である。その処女作の『ラテンおよびゲルマン諸民族の歴史』（一八二四年）も代表的な『教皇史』『宗教革命時代のドイツ史』も『世界史』（全一六巻）も政治史というカテゴリーでは捉えきれないものである。彼の政治史の典型とされる『プロイセン史』も『フランス史』も『イギリス史』も前近代の政治史のように「なされたこと」の忠実な記述を目指すものではなく「なされたことの物語」として、彼の「世界史」像のなかで整理された歴史像の提出となっているのである。とりたててランケを問題にしたいわけではないが、ランケを近代歴史学の父とすることは、近代の歴史思想の理解にとって、すこしも助けとならない。

なぜなら「政治史」とは前近代の歴史記述にとって唯一の存在理由が認められる領域だからである。前近代社会にあって、人間は被造物にすぎず、その来し方と行く末はすでに定まっているものである。近代のように人間の主体的な活動として歴史をみる見方のないところでは、人間が創造的に創出しうる領域はどこにも存在しないのである。「芸術」は自然模倣であり、その自然もイデア世界の模倣であるという世界観のなかでは、「科学」も「歴史」も人間の主体的な意志の産物ではないことになっている。そのなかで唯一価値ある人間的活動とは、神の摂理によって人間の世俗的活動を左右する政治領域、つまり神の恩寵の授与と喪失によって起こる人間集団の運命や神権授受者の運命の転換を意味しているからである。

いいかえれば近代の歴史思想とは歴史をすべて人間の主体的な活動として再整理していく思想のことである。さらにいえば前近代の神や天の意志によってなされた人間の運命の歴史としての「政治史」を「進歩」の理念によって発達する人間の精神の活動とする、「精神史」「文明史」「文化史」に転換させるのが近代の歴史主義の思想である。したがって近代の歴史思想（歴史主義）の始動期のヴォルテールの『諸国民の風俗と精神について』や『ルイ十四世の世紀』、ヘルダーの『人類の歴史の哲学のための諸理念』、ヒュームの『英国史』（一七四一―四九年）、コンドルセの『人間精神進歩史』といった歴史著作者たちが歴史を政治的な諸事件の連鎖としてではなく、人間精神の発展と諸民族、諸国民の文化的な特性の形成過程として記述しようとしてきたのである。

近代国家、近代社会とは、人間を国民という政治共同体に再創造していく諸思想と諸制度の複合体であるが、人間が政治的共同体として再編されるためには、共通の歴史によって共通の心情的共同体意識を形成してきた、精神的な同族集団であるという意識の共有が必要である。いうなれば、国家というゲゼルシャフト的な機能社会も、その基底は、ゲマインシャフト的な心情的複合意識が与えているという共感を必要とすることを意味している。したがって、近代の歴史科学は歴史研究の分類を政治史、経済史、科学技術史、芸術史などと形式的な区分を設けて、その専門区分を尊重しているが、その区分はお役所の権限区分と同じく、一種の学問的業界内の縄張り争いのようなもので、近代の歴史思想の本質的な要件ではない。

文化史という用語が専門の歴史学の分野に登場し、定着していくとされるのは、ブルクハルトの『イタリア・ルネサンスの文化』（一八六〇年）、カール・ランプレヒトの『文化史とは何か』（一八九七年）や『文化史的方向』（一九〇〇年）、ホイジンガの『中世の秋』（一九一九年）によってのことであるが、それは歴史学というひとつの職能集団の学問業界内の問題にすぎない。近代の歴史思想はすでに歴史主義の草創期の歴史哲学に含まれていた「人間精神進歩史」と「民族（国民）文化形成史」という概念を拡大、展開させたもので、一九世紀以後の専門の歴史科学もその思想圏を越えることができないものである。

したがって専門の歴史学が区分し、固有の学的領域や方法論が主張する、政治史とか経済史とか文化史といった業界の区割りは、恣意的な区分であって本質的な区分ではない。西欧近代の歴史思想は進歩主義であれ保守主義であれ、基本的には「人間精神進歩史」という人間理性の進歩を理念とすることを定言的命題として引き受け、革新と保守の対立がその相互対立によって自らが信奉する理念への賛否の問題として起こってくるものではなく、国民（民族）共同体の形成にかかわる現実的な思想闘争の問題として出てくるものである。ということは近代思想における保守とは、マンハイムが指摘しているように反進歩思想ではないということである。進歩に反対するのは彼のいう「伝統主義」であって保守主義ではない。保守主義とは人間精神の進歩を否定する思想ではなく、進歩の加速化を抑制する思想なのである。進歩の加速は個人を高まらせ、個人の幸福を増大させるが、国民共同体の統一を分裂させ、国民の心情的一体感や共同意識を破壊する、というのが保守主義の主張である。

西欧近代思想は「進歩」という理念のなかに内在する相互矛盾、つまり、進歩を加速化させる科学技術の進歩と精神史の進歩、つまり人間性の道徳化、内面化、成熟化という進歩の間の矛盾対立を調整し、両者の進歩の相互補完をはかるために、「文明」と「文化」のほぼ重複する同義概念的な用法を容認してきていた。しかし、近代国家が国家自体を神格化し、「国家理性」という国家自体が自己目的化する国家思想を推進させていく過程のなかで、それは「国民史（民族史）」と一体化しようとする。つまり国家が歴史を一体化しようとすることは、国家とは国民精神の体現そのものであるという国家イデオロギーの産物を意味するものである。いうなれば国家が歴史を神格化し、歴史が国家を神格化するのが、近代国家と歴史の関係である。

歴史の支配と自然の支配

国家が神格化し、神話化する歴史は二つの歴史である。ひとつは理念としての「世界史」であり、ひとつは神話としての「国民史」である。前者は西欧近代が自己の理念に合わせて一元化されるべき歴史、つまり全人類が西欧近代の価値尺度に合わせて、解放され、幸福に向かって前進していく過程を含んでいる理念としての歴史であり、後者は西欧近代の思想によって宗教に代わる新しい国民祭式の神話として神聖化され、列聖された国家聖人たちによって織りなされた国民精神史である。

「ミュージアム」はそれ自体が西欧近代の歴史の理念化と神話化の可視化装置、制度であると同時に、自らが近代国家の聖地となる。それはフランス革命によって聖ジュヌヴィエーヴ聖堂が国家英雄の列聖殿としてそのパンテオンに代えられ、ヴァルハラがローマに勝利したゲルマンの神々と英雄たちの聖廟となり、以後ヨーロッパ諸国が国家記念碑や各種ミュージアムを通じて国家の歴史を神話化し、神聖化していったプロセスに対応するものである。「ミュージアム」とは歴史の可視化であると同時に、歴史の神聖化装置である。それは国民の歴史を聖別すると同時に、それを人類の歴史遺産と位置づけることになる。

「ミュージアム」とは西欧近代が歴史を「文明」や「文化」の概念のもとで聖別し、神聖化する思想と制度であるだけでなく、自然を人間の支配下に置く思想と制度でもある。すでに引用したベーコンの『ニュー・アトランティス』の展示室と礼拝室のみが、西欧近代のミュージアム思想の祖型を与えているだけでなく、その孤島ベンサレム国の学問の府「サロモン協会」の諸実験施設の研究目的も西欧近代のミュージアムの重要な構成要素となっている動物園や植物園、自然保護区、自然公園の思想を明らかにしてくれている。サロモン協会の長老との会見が許可されたとき、長老は不意の訪問者であるわれわれに協会設立の目的、同協会の実験諸施設、研究の業務と役割について説明してくれる。まずは協会の目的から説明をはじめる。「わが協会の目的は諸原因と万物の隠れたる動きに関する知識を探り、人間の君臨する領域を広げ、可能なことをすべて実現させることにある」とその目的は自然を人間の支配下に置くことであることを明言することからはじめる。そして次々と協会の諸実験施設や機器、機具類の説明に入っていく。そして、たとえば動物園相当施設については、次のような説明がさなれる。

われわれはまたあらゆる種類の獣、鳥のための園と檻を有している。珍しいものを人に見せるためだけではなく、解剖と実験のためであり、それによって人体にどのような処置を施すことができるかを理解するためである。それによって例えば、身体の重要と思われているさまざまな部分が朽ち、切除されても、生命が維持されること、一見死んだと思われたものが再生するなど、多くの不思議な成果を得ている。また内科的、外科的に、毒物や薬物を試験的に投与し、異常に大きく、高く成長させたり、反対に矮小にしたり、成長を留めたり、標準以上に多産にしたり、反対に不毛にし、仔を産まぬようにする実験を行う。また色、形、動作等を変える手術もする。われわれは異種間の混交、交配の方法を知っており、それによってすでに多くの新種を得ている。しかもそれらは通説とは異なり、繁殖力を有する。われわれは腐敗物より数種の蛇、毛虫、羽虫、魚を作る。それらが発達して（結局は）完全な動物である鳥や獣となり、雌、雄の区別が生じて繁殖するに到る。これは偶然にそうなるのではなく、われわれはいかなる原料と混交からいかなる種類の生物が生ずるかをあらかじめ知って行うのである。

（川西進訳）

その他にも養魚場、養蚕、養蜂場などさまざまな実験施設があって、増産、品種改良などが行なわれている。さらに植物園も「美観」よりもさまざまな樹木と草花の生育にふさわしい地形、地質を配慮して作られている。その植物園は果樹園や菜園をも含み、植物の品種改良、増産、成長促進、薬用実験などが行なわれる。野生の樹木も接ぎ木や芽接ぎなどその異種交配や生活用途品化など方途がさぐられる。

「動物園」や「植物園」が正式には動物学ミュージアム、植物学ミュージアムであるのは、ミュージアムが歴史を「文明」「文化」の概念下で支配したように、動植物をも人間生活の資とすること、つまり自然を人間の支配下に置く思想とそのための装置創出の思想として成立してきたことを教えてくれる。ミュージアムとは「歴史」と「自然」、つまり「世界」を蒐集する思想から生まれたものである。「世界」が蒐集されるとは、全世界が知識として所有されることであり、また全世界が西欧近代が創出した「文明」と「文化」の価値体系によって整序され、分類されることである。全世界が知識として所有されることは、認識する主体の側もそれを可能にするだけの認識化の能力の精度の高さが要求されるということを意味する。認識する側の認識の精度を高めるために必然的に、あるいは意識的に開拓していった認識方法が「科学」的方法であり、その方法を基礎に展開、発展させたのが、西欧近代の専門諸科学の分化と独立である。

西欧近代の専門諸科学が大別すると歴史科学と自然科学に集約されうるのは、西欧近代が「世界」を「歴史」と「自然」に分類し、自然の征服と制覇を人間の理性の進歩の理念、つまり目標にするという思想的課題をもって開始されたためだったからである。この思想を最も端的に、もっとも早く提出したのがベーコンであることはこれまでもくりかえし語ってきたことである。彼は人間の認識活動を伝統的な人文学的、道徳的な方向から科学技術的な認識への転換を主張する『学問の進歩』(一六〇五年)と『ニュー・アトランティス』をもって西欧近代の開始を予告している。再びサロモン協会の研究活動とその使命に戻って、その性格がどんなものかを確認しておきたい。そこで明らかになるのは、ここで行なわれる自然研究とは、人間と自然が対等の関係で行なわれる自然観察、自然認識ではなく、徹底的に実験によって自然が人間生活の資に換えられる研究である。それはいうなれば自然利用の研究であり、自然征服の研究である。

サロモン協会の諸研究施設は、今日の近代自然科学が備えるべき諸実験施設をほとんど先取りした形で備えている。物理的実験、化学的実験施設はもちろんのこと生物学的実験施設も医薬品研究施設も工芸研究施設もプリズムやレンズ、人工の虹、光の屈折、反射、増幅などを研究する総合光学研究施設にいたるまでほとんど完備しているといえるほどの充実ぶりである。さらにいえば音響学研究所や動力研究所、数学研究所を備え、あらゆる現象を計測する計器類をも欠かさず所有している。興味深いのは最後に挙げられている研究所が錯覚研究所で、「そこではあらゆる奇術、妖怪、詐欺、幻影の類が実験され、その騙しの手口が明らかにされる」ということである。これはそれまで挙げられている実験施設や研究所の科学技術の探究方向とかなり方向を異にしているように見えるが、これはベーコンの時代の全ヨーロッパの宮廷や貴顕の大邸宅に備えられたヴンダーカンマーやクンストカンマーといった自然の珍奇物蒐集に対する批判として近代のミュージアムの自然史博物館の思想の先駆的なものとして読むときその意味が明らかになる研究所なのである。この錯覚研究所の説明の続きの部分を読むとその意味が明らかになる。

あなた方も容易に信じていただけようが、われわれの所には、まったくありのままでありながら、おのずから驚嘆せずにはいられないようなものが、たくさんあるので、もしそれに仮装を施し、この世に有りうべからざるものに仕立てあげたとしても、ほんとうだと思いこませることができる場合は数限りないほどある。しかしわれわれはあらゆる詐欺と虚偽を憎む故に、わが国においては、自然の働き、自然の産物を、飾るなり誇張するなりして奇をてらい、ありのままの純粋な姿を隠す者は、例外なく不名誉の烙印と罰金を科せられるのである。（川西進訳）

ベーコンの時代のヨーロッパのヴンダーカンマーやクンストカンマーの所蔵品の自然物は稀少価値の高い珍奇物に人工的な装飾が施されたものであった。それは稀少性の高い自然物にはそれに相当する最高の技術による装飾が必要であるという思想にもとづくものであった。また当時は（今もそうであるが）、「フェイク」（Fake）とよばれる贋作物、たとえば毛の生えた魚やイッカクの牙をユニコーンの角と称したものや人工的な自然物が本物として蒐集されていたことを考慮に入れて右の引用文を読めば、ベーコンの真意がはっきりしてくる。自然は限りない多様性をもつものであるがゆえに、それ自体で、「おのずから驚嘆せずにはいられないようなもの」をたくさんもっている。それに「仮装を施し、この世に有りうべからざるものに仕立てあげたとしても、ほんとうだと思いこませることができる場合は数限りないほどある」のだから、その欺瞞はひとを騙すものであると同時に、自然認識をも歪めるものである。

自然が蒐集されるのは、珍奇物のもつめずらしさや稀少価値ゆえではない。自然が蒐集されるのは、それが人間生活にとって役に立つという有用性のためであり、また自然そのものを知りたいという知的認識衝動、知的好奇心そのもののためだからである。対象への知的関心と諸特性の認識への衝動こそが蒐集の出発点となるものである。その意味で蒐集とは対象の支配と所有を意味するものである。ベーコンの『ニュー・アトランティス』のサロモン協会の諸研究機関や実験場は、その意味ですべて、動植物や鉱物のみならず、自然現象や天体運動まで含めた広義の自然の解明、つまり自然の利用、自然の人為的操作としての自然支配を目指すものである。そしてその基礎にあるのが、自然を人間の認識の対象として蒐集するという蒐集の制度化である。蒐集とは、よくいわれるように人間の本能的な衝動や行為ではなく、社会的に整備された制度である。蒐集とは集められる対象物を特定の価値尺度で整序し、特定の認識系のなかで体系づけ、分類する活動である。

蒐集物が私的所有物として社会から隔離され、人びとの視線から隠蔽されると、それはコレクションではなく、私有物としての私的財産と位置づけられるものになる。コレクションとはそれが発展的に制度化されるためには、公開展示されることで共有価値化されなければならない。コレクションは展示されることで私的な価値を越えた社会的価値を獲得する。そしてその価値が共有されることで社会の公認価値となり、その価値への信奉がコレクションを制度化させ、ミュージアムという制度を生みだしていく。ベーコンがコレクションの制度化とミュージアム思想の祖型を与えたというのは、この意味においてである。

王侯貴顕たちのヴンダーカンマーやクンストカンマーのコレクションの恣意的な価値を科学的価値から批判し、「科学」という思想で整序された価値判断によってコレクションを公開することで、ミュージアムを制度化すると同時に、同一価値を共有する公共圏を形成していくというのが、ベーコンのコレクションの思想である。そしてそれが西欧近代のミュージアムの基礎を形づくったものである。彼の時代、また「文明」や「文化」の概念はまだ存在していなかったが、彼が「学問の進歩」を文明の進歩と同一地平で捉えていたことは疑いない。また彼にあっては「文化」の概念も存在しないものであったが、「歴史」を文化と同一地平で捉えたことも確かである。したがってすでに引用したサロモン協会の展示室と礼拝室が、今日の科学ミュージアムと歴史ミュージアムの祖型と位置づけられるのである。

美術ミュージアムはヴィンケルマンの古代美術価値の発見を導き出してきたルネサンス期の人文主義思想の流れのなかから出たものであるが、ヴィンケルマン以後の「芸術」価値の発見とベーコンの「科学」価値の発見は、コレクションの思想を通じて見るかぎりでは西欧近代思想の重要な部分を担う「ミュージアム」の思想のなかで可視化され、統合させられている。ベーコンがサロモン協会の長老の口を通して語らせる協会の研究員の職務と使命はまさしく西欧近代のミュージアムの「世界」蒐集という思想の出発点となるものである。長老の口から語られる協会も研究員の個々の任務は、まず最初の十二名の研究員グループの任務から語られるのであるが、それは「他国人の名を名乗り（わが国の国籍は隠す故に）諸外国に渡り、外国で行われている実験に関する書籍、要約、模型を持ち帰る」ことです。そして彼らの間の符牒ではこの任務に携わる者は「光の商人」と呼ばれていることが語られ、そのあと彼らの符牒で「収奪者」「技術者」「開拓者」「編纂者」「贈与者」「灯火」「接種者」「自然の解釈者」と呼ばれるそれぞれのグループの役割と任務が語られる。

要約すれば彼らの職務は「世界」を蒐集し、それを情報として集積することを通じて、それを所有、支配することである。別のいい方をすれば世界は同一の価値尺度で蒐集され、解釈され、情報として集積されることである。つまり世界が一元的な価値のもとで整序され、彼らの価値体系に取り込まれることで存在意義が与えられるのである。いうなれば事物は存在が確認されることではじめて存在が認められることを意味する。ベーコンのこの方法を彼自身の言葉に則していえば、世界が「イドラ」の支配を脱して「実験」という実証的方法によって正確に認識されるべきだということになる。彼によればすべての人間は先天的にか後天的にか、知的偏見を受け継ぎ、自分ではそのことに気づいていない。この知的偏見を彼は「偶像（イドラ）」と呼び、それを「劇場のイドラ」「種族のイドラ」「市場のイドラ」の三つに分けている。劇場のイドラとは特定の人物や教派の教説を権威として受け容れてしまう知的偏見であり、種族のイドラとは、自分の信念や確信を支持してくれるものが、自己の願望と一致するものには注目するが、それに反するものは無視してしまう知的偏見であり、最後の市場のイドラとは、先祖伝来の伝統的信仰や不正確な観察をそのまま無批判に継承する知的偏見である。

この三つのイドラを克服して、世界を実証的、実験的に認識する方法を発見していくことが、ベーコンの課題であると同時に、西欧近代の世界認識の新たな課題となる。ベーコンやイギリスの一般的に経験論と呼ばれる世界認識は形而上学的な先験論的領域を極力排除していく方向に進んでいったのに対し、デカルトやカントに代表される大陸の観念論的な世界認識は、第一理性とか純粋理性という先験論的な領域を残していくのである。この二つの方向が、世界を「文明」軸で理解していくのか、「文化」軸で理解していくのかの分岐の淵源となるのであるが、その分岐が決定的となるのは一九世紀に入ってからのことである。

「歴史」が人間精神の「進歩」として捉えられることと「自然」が科学的精神によって捉えられるということに共通するのは、両者が共に人間欲望の解放、つまり欲望の肯定の思想基盤においてはじめて生成しうるものであるということである。いいかえれば西欧における前近代精神の克服への意志、つまり「世界」を神聖価値の支配に委ねるのではなく、世俗価値の支配に委ねるべきであるという思想の出現をもってなされたものだということである。この文脈でベーコンの科学思想と「世界」蒐集思想を改めて考えてみるとそれはのちのベンサムによって定式化される「最大多数の最大幸福」という功利主義的世俗主義の要求を先取りしたものであることが明瞭になる。そしてさらにそれは近代の産業革命の思想と資本主義の開花の予告となっている。

ウェーバー「資本主義の精神」再考

しかし、このように西欧近代の出発点を禁欲の否定と欲望の解放の思想に置くなら、近代主義の精華を資本主義に求め、その資本主義の精神がプロテスタンティズムの禁欲思想に起因するとするウェーバーの禁欲論と矛盾してしまうことになる。彼は近代資本主義の精神をプロテスタンティズムの「世俗内禁欲」に求め、それを中世カトリシズムにおいて組織化された「世俗外禁欲」、つまり個人を神の意志を遂行する道具とし、現世の自然的秩序を否定し、神の意志にかなう秩序を実現するものとしての禁欲に対立するものとした。ウェーバーのいう資本主義の精神とは、人間の歴史とともに古い「営利欲」ではなく、近代資本主義の成立に際してプロテスタンティズムの神学が世俗的欲望に服するのではなく独自の労働観と職業倫理でもって発見した「召命」観から生み出された禁欲的な経済論理ということである。さらにその資本主義の担い手の論理を、一方では資本家の経営論理と、一方では労働者の労働論理に分割しながらも、結局は最終的には西欧資本主義精神の論理水準の高さと道徳的優位を証明しようとする西欧優越主義のイデオロギーに帰着してしまうのである。

確かに非西欧圏の資本主義の受容とその進展、つまりその倫理の未成熟性や低さと比較すれば、西欧の資本主義の世俗内禁欲はある種の説得性をもっているように見える。しかし資本主義がアダム・スミスの自由放任主義原論の範囲内に収まっている時代ならともかく、国家資本主義や金融資本主義に移行してしまった今日では、ウェーバーの「勤勉」や「職業《ベルーフ》」という神聖な概念はもはや通用する余地を残していない。資本主義が変質したのではない。資本主義を育てた西欧近代の思想がそもそも欲望の解放であった。そしてそれが真正の利潤追求の否定であったなら、「世俗内禁欲」と「世俗外禁欲」という姑息な禁欲の分割そのものが、いずれは馬脚を現わすものであった。

西欧近代思想が、「世界」を蒐集する思想、つまりミュージアムの思想であることに気づいたとき、マックス・ウェーバーの思想そのものが最も象徴的な西欧近代思想の表われであることに気づくのである。彼自身の知的関心領域がなぜ全世界的な範囲にまで拡大されるのか、その関心領域の拡大そのものが、西欧近代の「世界」の蒐集であり、西欧中心主義、西欧優越主義の証明となるものである。いうなればウェーバーの思想そのものが、西欧近代の「ミュージアムの思想」の体現そのものを意味しているのである。
世界を蒐集するということは、表面的に見れば西欧人が「地理上の発見の時代」と呼ぶ大航海時代から開始される、未知の領域の「発見」「探検」「調査」を通じて獲得した情報の集積作業と現地で蒐集された人工物、自然物の物的略奪と自己の知的体系への編入によるミュージアム制度への系統的な編入と分類を意味する。いうなれば自己の外にある世界に対する情報の蒐集と外なる世界への認識の拡大を意味するのであるが、もっと本質的にいえば、それは西欧人の自己発見そのものを意味するものである。

私たちは「世界史」という概念を客観的な実体として、その出発点もコロンブスの西インド諸島発見以後に設定したり、あるいはチンギス・ハーン以後のモンゴル帝国の版図拡大の方がより実質的な世界史の開始であるとする。つまり特定国家や民族による実効支配領域を「世界史」の成立を云々するのにふさわしいか否かの規準としているのである。したがって真の世界史の成立は世界中に植民地を置くことに成功した大英帝国に開始されたという考え方もなりたてば、より真の世界史成立は世界が西欧の植民地からの独立を開始した第二世界大戦後に置かれるのがふさわしいともいわれる。つまるところ「世界史」の成立といえば、その実体性の根拠の正否によって定められるべき実体的な存在の有無として問題とされている。だが西欧近代が創出した「世界史」は理念であって、実体ではない。

すでにたびたび論じてきたように西欧近代の「世界史」とは、キリスト教「普遍史」としての世界年代記でもなく、人類の終末において完結を見る超越的な歴史でもない。それは、超越的な歴史観のなかで神の意志を受動的に引き受けている人間の歴史でなく、人間が自らの主体的な意志で創り出してきた成果によって、世界を再解釈、再整序するプロセスのなかで生まれた西欧近代の新しい歴史意識の産物である。この西欧近代の新しい歴史意識とは、別ないい方をすれば人間は自律的な存在であり、人間活動は非合理的な部分を含んではいるが、全体的に見れば合理的で理性的な方向での自己達成を目指すものとする歴史意識である。さらに別ないい方をすれば、それは人間活動、人間の歴史的営為は「進歩」と「文明」と「文化」の概念で捉えられ、判断されるべきものであるという思想に帰着するものである。いいかえれば人間が現にある自己であるのは、先験的に与えられた特性に拠ってではなく、歴史的に形成されてきた歴史的形成物であるという歴史主義の思想に帰着するものである。

西欧近代の「世界史」は表層的な部分で考えれば、西欧圏が非西欧圏に向かって実質的な支配を拡大するプロセスのなかから生まれてきた実体的な世界への進出によって形成された概念のように思えるが、それはすでに述べたように原因と結果を逆転させたものである。いいかえれば一八、一九世紀の西欧近代の新しい歴史思想が「世界史」という概念を強化してしまったので、一五世紀以後のポルトガル、スペインの東回りと西回りの大航海が、「地球上の発見」の時代と呼ばれ、一五世紀の東ローマ帝国の崩壊とそのギリシア語圏知識人のイタリア亡命によってはじまる人文主義教養、つまりギリシア語文献への関心の拡大によってもたらされた思想の西欧圏での開花が「ルネサンス」と呼ばれるようになったのである。いいかえれば一九世紀中葉にいたるまでの間、西欧世界には「地理上の発見」という言葉「ルネサンス」という概念も成立していなかったのである。西欧世界の非西欧世界への実質的な進出が、世界史を成立させたのではなく、世界史の概念の出現が「世界史」を実体的なものにする作業を開始させたのである。

ということは「世界史」とは実体的な歴史像ではなく、自己の歴史像を形成していくための理念的な目標なのである。「世界史」とは結論的に、また断定的にいえば、自己の歴史を中心に据えなければば成立しない歴史意識である。自己中心主義と中華思想は「世界史」成立の最少の要件である。さらに必要な要件は自己拡大意志と自と他の価値的区分、つまり他に対する自己の優越意識である。第三に必須の要件となるのは、文明や文化のような同一の価値基準で他をも判断し、序列化し、評価しうる概念の創造である。西欧近代の「世界史」とはまさにこのような要件を創出することで、たとえばヘーゲルやウェーバーの世界史像のような、非西欧圏の文化の矮小化と西欧文化の優越性の証明作業となるのである。「世界史」とは歴史的な実体として存在しているものではなく、観念的に構成された歴史像を歴史的な実体として存在せしめようとする、歴史像創造のイデオロギーなのである。

西欧のこの「世界史」イデオロギーの中核的な概念となったのが、くどいほどの繰り返しとなるが「進歩」の観念である。そしてこの進歩の概念を社会と個人の内面的で精神的な進展と結びつけていったのが「文明」と「文化」という概念であった。さらにヘーゲルが人間精神の進歩を自由の拡大の歴史として捉え、ウェーバーがそれを合理主義的思考能力の浸透と、拡大範囲で測定しようとしたのは、「自由」と「合理精神」こそが、西欧圏が非西欧圏に対する優越性の主張の論拠となるものと考えたからである。

さらにもうひとつ西欧近代の「世界史」イデオロギーにとって不可欠であったのが、西欧世界の統一的一体性という観念であった。それがどんなものであったかを考えていくために、ランケの『近世史の諸時代』(邦訳では『世界史概観』)の次の一文を引用したい。

私が到達した根本思想の一つとして、絶対に正しいと確信していることは、ヨーロッパ・キリスト教諸民族の複合体は、渾然たる一体として、あたかも単一国家のごとく考えられるべきであるということである。そうでないかぎり、西欧世界と東方世界とのあいだの驚くべき相異や、ゲルマン風民族とラテン風民族とのあいだに存在する大きな類似を、正しく理解することができない。

（鈴木成高、相原信作訳、第一三講）

ランケにとって「世界史」とは、西欧世界と非西欧世界の驚くべき相違とヨーロッパの二大民族であるゲルマン系民族とラテン系民族の大きな類似、つまり、民族的には複合体でありながら、「あたかも単一国家のごとく考えられるべき」存在であることを西欧人の共通認識としていくための観念的目標を意味する。ランケは保守主義的な歴史家として、「進歩」の観念に反対ではないが、歴史観念としての使用には多くの留保事項を設けているが、西欧世界の非西欧世界に対する「文明」的、「文化」的優越は認める。しかも彼も留保条件を付しながらも、結局は歴史の進歩と西欧の優越を承認するのは、ヘーゲルやウェーバーと変わるところはない。彼が歴史の進歩に留保条件を付していくのは、「まず第一に、人類の大半がいまなお原始状態にあり、出発点そのものにとどまっている。ここにおいていったい進歩とは何ぞや、どこに人類の進歩がみとめられるかという疑問がおこらないわけにはいかない」といった留保条件である。その留保されるべきものはヨーロッパ以外の「未開の地」とヘーゲルやカントの歴史哲学の理念としての「進歩」であって、歴史科学的な世界の歴史的発展の現状からは無条件には同意しえないという理由だけの問題である。

つまるところ条件付きではあっても彼にとって、歴史における進歩は存在するし、西欧の歴史的な発展力（歴史力）の優位性はあきらかに存在する。だから彼は次のようにいうことができる。

もっともラテン風ゲルマン風民族の中に内在化された偉大なる歴史的発展の諸要素が存在する。彼等にはたしかに段階から段階へと発展する精神力が存在している。いなすべての歴史を通じて、人間精神がもつ、いわば歴史力ともいうべきものがあることを否認することができない。それは原始時代に樹立せられ、ある恒常性をもってたえず継続している一つの運動である。しかるにこの世界史的な運動に参加するものは、人類全体の中において、わずかに一つの住民体系があるだけにすぎない。これにたいし、それに含まれないほかの住民が存在しているのである。しかもわれわれは、さらにこの歴史の運動に加わっている諸民族なるものが、また一般に不断に進歩しつつあるとみなすことができない。たとえばアジアに眼をむけてみよう。われわれはそこに文化が発生していたこと、またこの大陸がいくつかの文化段階をもっていたということを、知っている。しかるにそこでは、歴史の動きは、全体としてむしろ退行的であった。アジア文化においては、最古の時期がかえって全盛期であって、ギリシャ的要素やローマ的要素の盛期にあたる第二第三の時期には、すでにそれは大したものではなくなっていた。

（同前、第一講）

歴史哲学の「進歩」の観念がさまざまに留保条件が付されながらも、ランケの実証主義的と称される歴史科学もその他の西欧の歴史哲学や歴史科学と同様に、西欧の歴史の進歩は承認されるが、非西欧圏のそれはつねに留保条件が付される。そのために彼が歴史科学的に実体化させようとする「世界史」も結果的には西欧世界の非西欧世界に対する優越性のイデオロギーに帰着してしまう。たしかに彼は歴史哲学者たちのように「進歩」の観念を絶対的なものとして措定しようとはしない。歴史哲学が歴史的実証や証明を飛び越えて、「進歩」の観念を「世界史」の理念的目標として措定しようとするのに対して、彼はゲルマン系民族とラテン系民族の統一的一体性を歴史的に実体化していこうとする。彼の処女作である『ラテンおよびゲルマン諸民族の歴史』（一八一八年）はすでに出身を異にする両民族がキリスト教の基盤のなかで、北方的なゲルマン精神と南方的地中海的精神を融合させることで、ギリシア・ローマ精神の共同の継承者になっていくプロセスを歴史的な実体としていこうとしているのである。

それはヘーゲルがサンスクリット語の発見とヨーロッパの諸言語のサンスクリット語とのつながりの発見は、新大陸の発見にも比すべき歴史上の大発見と考えたのと本質的には同一の思想である。これらは共に、本来は異文明圏、異文化圏に属していたギリシア・ローマ民族、ゲルマン民族とケルト的・ローマ的ラテン民族を統一的融合体に育てあげていくところの、「世界史」の実体化の作業の産物であると断じることができる。「世界史」とは、それが歴史哲学的によって追求されようと、あるいは専門の歴史科学的によって追求されようとも、西欧世界をギリシア・ローマの「古典古代世界」の正統の遺産継承者として歴史的に実体化していく思想の産物である。

西欧近代がキリスト教的な超俗的な宗教価値によってつくりあげられてきた価値体系を崩壊させ、新たに人間の欲望を肯定する世俗価値体系をつくりあげるためには、ギリシアが是非とも必要であった。いいかえれば、西欧近代は産業革命やフランス革命といった現実的な革命のほかに、西欧近代人のなかに集合的に推進された「聖俗革命」という、世俗価値の勝利が必要であったということである。この「聖俗革命」という言葉は村上陽一郎の『近代科学と聖俗革命』から借用したものであるが、それが何を意味するものかは直接、氏の言葉で代弁してもらうことにしたい。

聖俗革命という概念によって截り出される一つの局面は、まさにここ［アイザィア・バーリンの著作のなか］に言われている「全知の存在者の心の中に」ある真理、という考え方から、「人間の心の中に」ある真理という考え方への転換であり、「信仰」から「理性」へ、「教会」から「実験室」への転換であるからである。私はこうした動きのなかに、真理の聖俗革命、真理の世俗化、知識の世俗化を見たいのである。

「聖俗革命」とは、まさに真理の世俗化、知識の世俗化のことを意味している。いうなれば一般歴史的概念としての「科学革命」「真理の聖俗革命」を意味している。それは別ないい方をすれば、「科学的真理」が真、善、美の聖俗両界の究極価値の独占者たる「全知全能の神」の手から人間の手に渡されることを意味するものである。

西欧近代の世俗価値体系の創造とはこのように、真、善、美を唯一者の心の中から、「人間の心の中」に移行させていくプロセス全体を意味する。つまり科学的真理が神の手から、「科学者」という専門家の手に、美という芸術価値が「芸術家」という美の創造者の手に、善という社会倫理、道徳価値の審判が「裁判官」という専門の司法職の手に移行することを意味する。このような聖俗革命によって、これは宗教的な神聖価値体系に代わる世俗価値体系への移行のことであり、「世俗神学」の教義の確立である。つまり、科学信仰、芸術信仰、国家信仰というように多神教的に、専門的に分化されたかたちで成立してくる科学崇拝、芸術崇拝、国家崇拝の個別的な理論的体系化にとって、哲学こそが、神学に代わる新たな理論的根拠の提示者、新たな世俗神学の理論的な養分の補給者となっていた。政治哲学が人間の欲望肯定の理論を通じて市民社会の確立を、歴史哲学が「進歩」の理念を通じて国民国家の成立の必然性を説くことで、国家が人間の道徳的、倫理的規範の創造者となる。そしてその教説が「近代」という神話の提示者としての新たな神となる。つまり、科学哲学が仮説と実験による真理探究の方法の開拓によって、これまた近代の新しい神となり、芸術哲学が美的教養こそ人間の最も内面的な価値と創造精神を育成しうるという芸術の神聖価値論によって新しい近代の神となっていくなかで、「ギリシア」こそが、西欧近代の哲学思考に最大の養分の供給源となったものなのである。

しかし、神学的思考を排し新たな世俗価値という体系創出の役割を担ってきた哲学も、新たな世俗神学の専門分化の流れのなかで、個別科学にその指導的位置をたえずおびやかされ続けることになる。そうではあっても、この世俗神学の進行、つまり知識の世俗化、知識の専門分化という進行のなかで、「ギリシア」は単なる西欧近代の仮構的な存在から、インド＝ゲルマン語族（あるいはインド＝ヨーロッパ語族）の発見によって歴史的で実体的な存在に変貌させられてきている。

これと同様、「世界史」という仮構を実体的な世界史に変化させていったのが、「ミュージアムの思想」である。それは事物の蒐集、事物の情報化を通じて、「世界」を西欧近代が創出した世俗価値で一元化し、その価値基準で再整序していく思想である。近代の終焉や歴史の終焉がいわれて久しい「近代」が、いまなお「万国博」や「オリンピック」や「世界遺産」を通じて世界を支配しているのは、このミュージアム思想がいまなおその思想的生命力を失わず、「近代」に多くの養分を補給しつづけているからである。それは「文明」と「文化」の概念がその力を失うことなく、というよりますます力を強めていることとも関連している。次章ではこのことをさらに多角的に見ていきたい。

第五章　文明と文化の終焉

編纂される歴史

前の第四章で私が多くの言葉を費やして語ってきた西欧近代の自己中心主義と自己優越性の主張として創り出された「世界史」イデオロギーについて、新たな対抗的な世界史像を提出しようとする伊東俊太郎の『文明の誕生』（一九七四年）の序章は、もっと簡潔に、しかももっと適切にこう語っている。「オリエント文明→ギリシア文明→ローマ地中海文明→西欧文明→西欧文明の拡大という西欧世界の成立と発展というところにのみ焦点を合わせた世界史の単線的系譜は、今日ではすでに常識化した図式になっているが、しかしこれはじつのところ、十九世紀におけるヨーロッパの世界支配という既成事実ができあがった時点で、西欧の歴史学者によってつくりあげられた、西欧中心のいわば身勝手な一面的世界史像なのである」と過不足なく見事に要約したあと、西欧近代の世界史像を決定したヘーゲルの「世界精神」の理念的帰結としての「近代国民国家の成立」について次のように語っている。

こうした西欧中心的な世界史像の典型は、まずヘーゲルの歴史哲学にはっきりとあらわれてきている。ヘーゲルにとって世界史とは「普遍的な世界精神が民族精神を媒介として、その本来の自由の意識を実現していく過程」にほかならないが、この世界精神の自己実現は、具体的にはまずオリエント世界にはじまり、ギリシア世界、ローマ世界を経て、近代ゲルマン世界にいたる過程をとる。この最後のキリスト教ゲルマンの段階において、自由は完全な自己意識に達するとされ、この「自由の完全な自己意識」とは「近代国民国家の成立」にほかならないから、結局、近代西欧諸国（とくにプロシア国家）の成立によって世界史は完結するという形をとっている。

このばあい、中国やインドはもっぱら「静的」であり、理性がいまだ自然性のなかに埋没しているとされて、こうした世界精神の動的展開には参加せず、その「前史」においやられてしまっているのである。たかだかペルシアにいたってはじめて世界史に顔を出してくるが、これもただギリシアによって否定される契機となっているにすぎない。ここにギリシア→ローマ→キリスト教的近代ゲルマン諸国家というヨーロッパ中心の、しかも西欧近代国家の成立を窮極の目標とする国家史観がすえられたのである。その後の西欧の世界史像というものは、本質的にこのヘーゲル的立場を出ていないように思う。

この簡潔で適切な要約は前章の私の不得要領な論述を十分に補って余りあるものとなっている。それにもかかわらず、私が西欧近代の「世界史」のイデオロギーにかかわっていくのは、そのイデオロギー批判を前面に押し出すためではなく、西欧近代が自己中心主義と自己の優越性を主張していくその手法を明らかにしていきたいと思っているからである。またその手法が「文明」と「文化」という概念をどのようなかたちで西欧近代の価値体系の中心的な観念結集の軸にしていくかを見ていきたいためである。

「世界史」とは世界のかつてあった姿を正確に再現したいという欲求と意志から生まれたものではない。それはかくあってほしい姿に世界を歴史的に再構成していく作業である。事実が願望に反する場合も当然でてくるが、その場合、その事実を事実として認めるにしても、それは過度に過小評価されるか、あるいは無視され、あたかもなかったもののような不当な処遇を受けることになってしまう。ヨーロッパの中世における科学・技術、学芸におけるイスラムの影響の大きさは、不当に評価され、「一二世紀革命」という一二世紀のアリストテレスを中心としたギリシア語文献のアラビア語訳からラテン語への翻訳と学芸の隆盛はあたかも西欧の主体的な活動成果とされ、アラブ人の関与に対する評価は、ほとんど無視に近いか、あるいは行きがかり上の言及にとどまってしまう。また一五世紀のコンスタンチノープルの陥落と東ローマ帝国の消滅以後の一五世紀から一八世紀初頭の北方戦争に至るまでの間のオスマン帝国の西欧諸国の外交政策に及ぼしきてた影響力の強大さは、ほぼ完全に無視されたままである。ロシアが西欧世界に関与しはじめるのは、オスマントルコのそれと役割を交替する形においてであるが、トルコの西欧諸国の外交政策に及ぼした響影力の大きさは、二〇世紀の世界外交におけるアメリカやソヴィエト連邦の影響力はそれに近いものであった。

歴史とはこのように事実の記録ではなく、願望の投影であり、自己の正当化と自己価値の讃美と栄光化の意志である。その意味で歴史とはつねに過去の支配を通して現在を支配する武器となるものである。近代以後、歴史は国家と国民が管理するものとなる。マルクス主義国家だけが「公式」の歴史像によって歴史を検閲し、コントロールしているだけではない。自由主義国家も日本におけるように、公式的には憲法によって公権力の検閲を排しながらも、公権力の範囲内では「検定」という準検閲的な措置を残しているのは、歴史が本質的には自己の正当性の証明と自己防御の要求から要請されたものだからである。したがって、歴史が好都合なものは採り、不都合なものは排するか隠蔽するか無視するのは、きわめて自然なことである。たとえば天皇制イデオロギーの温存を願う勢力がいわゆる天皇陵とされる古墳の発掘を禁止する立場と、学問的情熱を優先させたい古代史家や考古学者、あるいは思想的には中立的な立場から発掘、公開を要望する立場のあいだでの勢力争いも、つまるところは日本国家と日本国民の求めるべき「日本史像」のありように帰着する問題である。

西欧近代が出自的には異民族であるゲルマン系諸民族とラテン系諸民族、ケルト系諸民族とスラヴ系諸民族を「ヨーロッパ・キリスト教諸民族の複合体」とし、それをランケのように「渾然たる一体として、あたかも単一国家のごとく考えられるべきもの」とするのも、西欧近代の「世界史」イデオロギーの一環である。さらにイデオロギー性の強いものは、ギリシア・ローマ世界をヨーロッパ史と結合させ、その両世界を「古典古代」という世界史の規範的性格の出発点となし、その古典古代精神の正統な継承者としてのヨーロッパ史を作りあげていく操作、つまり実体的な歴史としていく歴史操作である。本来のギリシアとはオリエント世界の西端に位置するもので、東方世界に対峙する西方世界の最先端ではなかった。アルクサンダー大王の東征も西方世界の東方進出ではなく、東方世界内の事件であった。それを西方世界の東方進出と位置付けたり、あるいは東西文化の融合などと捉えるのは、西欧近代の「世界史」の際立った操作の産物なのである。

その実例として、フランスの大歴史家ミシュレの『世界史入門』を見ることにしたいのだが、まずはその序文からはじめていくことにしたい。その冒頭部は次のように書きはじめられている。「この小著に『フランス史入門』という題をつけることも、十分に可能であろう。この書が到達する地点はフランスである。その点では、［この書のなかに］相当な愛国心が認められよう。著者は深い孤独の中で、流派や学派や党派のいかなる影響を受けることもなく、論理的にも、また歴史を通しても、同一の結論へと到達した。つまり彼の栄えある祖国［フランス］が、今後人類という船の水先案内人になるだろうという結論である」。

ミシュレの『世界史入門』がいわんとすることは、東方世界に対する西欧世界の必然的な優越と西欧世界内におけるフランスの優位性という二重の優越思想である。というのは彼は「歴史」を闘争の歴史と考え、勝者が歴史を主導する存在となるのが、歴史的必然であるという考えをその「世界史」の中心課題としているからである。彼の『世界史入門』の本文の書き出しは、「世界とともに一つの戦いが始まった。それは世界が続くかぎり終わらない戦いである。つまり人間の自然に対する、精神の物質に対する、自由の運命に対する戦いである。歴史とは果てしないこの闘争を物語る以外の何ものでもない」というものである。そしてより具体的な闘争の歴史として順次語られていくが、それはギリシアとローマの東方世界との闘争、ローマ世界とキリスト教の闘争、ローマ帝国の東西分裂と闘争、西方カトリック教会内の信仰闘争と教会分裂、教権国家と世俗国家の闘争、世俗国家内部での国家間闘争、そして最終的にフランスの必然的な指導的位置への歩みをもって終結へ向かうものである。

このこと自体は驚くに値しない。ドイツ人が世界史を論ずれば、ドイツ人が指導的位置を占め、イギリス人が論ずればイギリス人が指導的位置を占めるのは、西欧近代の「世界史」が、ひとつには東方世界に対する西方世界、非西欧世界に対する西欧世界の優越、ひとつには西欧世界内における自国の優越という二重の優越性の主張に帰着する思想構造を有しているからである。したがって西欧諸国のうちいずれの国が思想的な指導権をもっているかではなく、なぜ西欧世界が非西欧世界に対して優越性を主張しうるのか、その思想的な根拠がなにかということを考えてみることである。それは西欧がギリシアを自己の内に取り込み、ギリシアとローマをひとつの連続する世界として一体的なものに仕上げ、そして自らもその「古典古代精神」と歴史の正統で忠実な発展継承者に仕立てあげていったからである。これは歴史のどの局面において見られる「系図買い」の手法である。それは卑賤な存在であったものが成り上がっていたとき、自己の家系を高貴な家系に結びつけることで、当初の作為性を忘れ、偽装された歴史に自らが酔い、自らがそれを真実と信じてしまう歴史の常套手法のひとつである。いうなればそれは歴史の神話化の手法である。ただ前近代社会の神話化手法が王権神話という形で特定の家系神話にとどまったのに対し、西欧の近代的な神話化手法が、西欧社会という特定地域の神話化という、まったく新しい神話形成手法を用いてきたことである。自己の系譜を他の系譜に結びつけるということは、自己を真実の系譜から切り離し、理想の系譜、願望の系譜に結びつけることであるが、それは真実の歴史を無視し、無かったことにしていく作業でもある。このようにして西欧の歴史から無視されたのがイスラム世界とオスマン帝国の西欧世界への関与である。

捏造された「ギリシア」

いいかえれば西欧はギリシア・ローマ世界と自己を結びつけることで、東方世界に対する西方世界、西欧世界に対する非西欧世界という世界史像を創造することができたのである。一八世紀の西欧近代思想によって、ギリシアはその本来の東方世界と地中海世界から切り離され、西欧世界の創始者の地位を与えられ、また東方の古代帝国の専制と停滞世界とは異なった原理に立つ民主制と進歩を原理とする新しい世界の出発点とされたのである。この点をふまえてミシュレの「世界史」におけるギリシアの意義に立ちもどることにしたい。ミシュレにとってアジアとはすでにその歴史以前に地勢的にヨーロッパに対してすでに劣性を示す存在である。地勢的に見たアジアはヨーロッパの活動性に対する非活動性、鈍性、停滞性を示している。彼は両者の地勢的な特徴を比較して、このようにいっている。「われらが小さなヨーロッパを形も定かでないどっしりとしたアジアと比べてみると、なんとヨーロッパが、より多くの動きに適した状態にあるか見てとれるではないか。両者に共通の輪郭においても、ヨーロッパは優位を示している」と。そして共通の輪郭の一例として、両方にある三つの半島を比較する。ヨーロッパのイベリア半島に対するアジアのアラビア半島、ヨーロッパのイタリア半島に対するアジアのインド半島、アジアのインドシナ半島とその島嶼群に対するヨーロッパのギリシア半島とその島嶼群である。そしてそれらを相互に比較しながら最後にギリシアの地勢上の特性とアジアの歴史の不活動性に対するギリシアの歴史の活動性と闘争性が語られる。

そして山と早瀬、岬と湾がぶつかりあっておりなされる様々な光景のギリシア、あんなにも生き生きと機知にあふれて際立っている、あの感知できるかできないぐらいの驚異にも注目したまえ。あのギリシアを、一様なエジプトの不動かつまっすぐに伸びた線と向き合わせて眺めてみたまえ。

ギリシアは地図の上で揺れ動き、きらめいているだろう。それこそいたる所に変化の多いわが西洋における、動性の真のシンボルである。

（大野一道訳）

ミシュレだけではなく、西欧近代の「世界史」はこのようにギリシアを東方世界（オリエント世界）から切り離して、ヨーロッパという真に「世界史的使命」を担った歴史民族の出発点に置く。ミシュレの場合、「歴史」とはたえざる闘争である。そして闘争とは動的な活動性に精神を委ねる行動であり、停滞や現状維持を嫌って、たえざる自由の拡大のために前進していく精神の謂である。したがって、前の引用に続いて次のような言葉がくる。

ヨーロッパは自由の地だ。ヨーロッパに触れた奴隷は解放された。これはアジアから逃れてきた人類にも言えることだ。この西洋の厳しい世界の中で、自然は自発的には何も与えず、必然の法則として自由の訓練を課す。敵に対してしっかりと身を寄せ合うことが、そして都市と呼ばれる堅い結合体を作り上げることが、まさしく必要だった。

城壁で囲まれたこの小さな世界は、その人為的統一性の中に家族と人類を吸収した。この世界は、東洋の部族が送っている生活の中に残存しているようなものすべてと、果てしなく戦うことで自らを形成した。ペラスゴイ人〔ギリシアの先住民族〕がヨーロッパの中にアジアを引きついで持ちこんだ形態は、アテネとローマによって消し去られた。この闘争の中にギリシアの三つの時期がはっきりとしるしづけられる。ギリシアはトロイ戦争でアジアを攻撃し、サラミスで押しもどし、アレクサンドロス〔大王〕によって屈服させた。だがギリシアは自分自身の内で、都市の城壁そのものの中で、さらにいっそうアジアを屈服させた。ギリシアは、ユダヤ自体の中にも維持されていた官能的自然を一夫多妻ともども拒絶し、女を男のパートナーとしてはっきりと宣言したとき、アジアを屈服させた。（同前）

ギリシアの「世界史」的な使命と意義とは、前歴史的な東洋世界から離脱し、新しい「西方世界」を建設することであったとされている。ギリシアとは東方世界の自足、専制、鈍重、一夫多妻制に対する闘争、自由、動性、一夫一婦制を通して人類に新しい歴史モデルの提供者となる。別ないい方をすれば東洋世界には「歴史」は存在しない。歴史とはギリシアによってはじめて成立させられたものであるからである。なぜなら歴史とは人間が自己の責任においてその意志で構築していくもので、人間の意志とは直接関係のない異質の力、つまり超越的な力や天災といったもののような人間の意志と絶対的に隔絶したものに左右されるものではない、ギリシアにおいては神々さえも人間的な尺度に縮小され、人間化され、人間と相互交流の中に置かれた存在とされるのである。そのことを続く文章で次のように語っている。

ギリシアは、アジアの巨大な偶像を人類の大きさに縮小して、それらに美と改良とを同時に受け入れさせたとき、アジアを屈服させた。神々はインドの暗い聖域からしぶしぶと引き出され、光をあびて公共の場所で生きるようになる。そして自分たちの荘厳な象徴体系から下がってきて卑俗な思考を身にまとう。その時まで神々は自らの無限性の中に国家を含みこんでいた。「それに対して」ギリシアでは、神々は市民になることが、無限を去って一つの場所を、一つの祖国をもつことが、都市の中に収まるために自らを小さくすることが必要だった。ここにはドーリアの神々がおり、あそこにはイオニアの神々がいる。神々は崇拝者たちにもとづいて分類される。だが、その代わり民衆の社会で神々がどれほどの利益を得ているか、人類の急速な進歩のあとをどんなふうに付いていっているか、見てみたまえ。『イリアス』におけるパラス〔アテネの守り神〕は血を好む残忍な女神である。マルス〔軍神〕と戦い、石でもって相手を傷つける。『オデュッセイア』においては、パラスは秩序と知恵の声そのものであり人間のために神々の父に苦情を言ってくれる。（同前）

ギリシアの神はこのように東洋の神々のように厳密な象徴体系の中に閉じ込められているのではなく、臨機応変に役割を転換させる。それは「神的なものが、いまだ神的でありながらすでに人間的になっており、また運命的自然から抜け出しながら自由の花が開花することとなった中間的な地点に位置する」存在として顕現する。

ギリシアの神々は東方の異形で威圧的な神々と違って、人間存在と隔絶することに本質があるのではなく、神と人間が相互に本質を分け合うことで、両者が混然一体となる世界をつくりだそうとする。つまりギリシアにあっては神はつとめて人間に近づこうとし、人間は可能なかぎり神々に近づこうと努力する。というのがミシュレの考えたギリシアの神々と人間の関係である。この神々と人間の関係が、さらには芸術作品における神々の像に人間性を与え、人間像の中には神性を与えることになるというのである。これはミシュレ独自の考えではなく、すでにヴィンケルマン以後のドイツ古典主義者の共通の思想となっており、またヘーゲルの「世界史」のギリシア世界の叙述の基本思想にもなっていたものである。

ともあれミシュレのギリシア観はその独創性ではなく、その典型性に意義が見い出されるべきものである。ギリシア芸術の卓越性の発見とそれに平行して進行するヨーロッパ人の歴史意識の転換、カール大帝以後イデオロギー化されたローマ帝国の継承者としてのヨーロッパ、つまりその起源をローマ帝国に求める神聖ローマ帝国理念がそれをさらにギリシアに遡らせ、東洋世界と断絶した西欧世界を構想していった歴史意識の転換は、西欧近代が進歩の観念を中核とした「世界史」を仮構するために是非とも必要とした観念装置だったのである。

西欧近代はギリシアを自己の歴史圏内に取り込むことで、「世界史」を完全に自己の独占物とすることに成功した。なぜなら一八世紀以前には非西欧世界、特に東方世界、オリエント世界は異教世界であったが、「世界史」から除外されてしかるべき世界ではなかった。たとえばヴォルテールの『諸国民の風俗と精神について』やその序論の『歴史哲学』におけるように非西欧世界も厳然たる「世界史」の構成要素として扱われ、その歴史的発展も西欧世界と対等の比重をもって扱われていた。それがギリシアが西欧の歴史圏に取り込まれると、非西欧世界は「停滞社会」とされてしまい、そこから歴史的発展という概念が奪われ、非歴史社会とされてしまう。いうなれば東方世界とは変化を受けつけない世界であり、極度に保守的であるために新しい思想や生活様式を受けつけようとしない世界にされてしまったのである。当然そこには物理的な時間の推移はあるし、出来事の連鎖は存在する。だが、そこには「歴史」は存在しない。なぜなら歴史とは人間存在の様態、思想を変化させる動的な刺激と作用、いいかえれば「進歩」の観念を生み出す作用因だからである。

非西欧世界が停滞社会として西欧世界の進歩社会に対置されることで、そこから「歴史」が奪われてしまう。いいかえればそれは非西欧世界が「世界史」の展開への関与の資格を奪われた存在となってしまったことを意味する。非西欧世界は「世界史」の圏外の付随的な存在として、歴史学的な対象から外されて、民族学と社会人類学、文化人類学の対象とされてしまうのである。「世界史」とは文明と進歩を独占する西欧世界の特権的占有物である。民族学や人類学は「世界史」から切り離された周辺社会や非西欧社会の非歴史性や種族的特質への差別的関心から生み出され、裏返しされた優越意識の産物である。いうなれば、「世界史」とは文明と野蛮のディスクールであるが、「文明」と「進歩」が特権的に語られるときは、世界史の、つまり歴史学的なディスクールとなり、非西欧世界が差別的な関心で語られるときは、「野蛮」と「未開」のディスクールとなる。

西欧近代がギリシアを「世界史」の実質的な出発点に措定することは、すでに述べたように東方世界、オリエント世界を「世界史」の前史とすると同時に、「西欧世界」の外縁的存在とすることを意味する。これは西欧近代がキリスト教の「普遍史」を排除することで、ヘレニズムと西欧を結合させようとする思想的な要求でもあった。したがって、このような思想から生まれてくる西欧近代の諸科学は「ギリシア」にその出発点を求め、自己の理念的な範型をギリシア精神のなかに見い出していこうとする。自然科学の仮説と観察と実験をギリシア精神から引き継いだものとし、政治学、法学という社会科学は自由と民主制という理念の発生をそこに求め、歴史学、芸術史学は進歩の理念の発生と「文明」「文化」の理念の実質的規範の成立をそこに求めようとする。

いいかえれば西欧近代は自らが創り出す近代的諸価値の源泉をギリシアに求めようとするのである。それは彼らが創造していく近代価値の源泉がギリシアにすでに存在していたというより、彼らが創出した価値をギリシアに逆投影したという方がより適切である。たとえば「進歩」という歴史的な理念価値は、ギリシアによって与えられたものというより、西欧近代が自ら創りあげたものをギリシアに逆投影させたものである。なぜなら、そうすることで「西欧」という地域的価値は普遍的な「世界史」的な価値に昇格させられるからである。西欧近代の「世界史」的な価値、いいかえれば非西欧世界に対する優越価値と自己中心価値を理論的に構築し、その価値を保証していったものは、西欧近代の個別的専門諸科学であるが、それぞれの諸科学が自己の価値の中心軸にしていったものが、ギリシアであり、古典古代という理念であった。とくに人文諸科学は単にギリシアを価値の中心軸とするだけではなく、研究の出発点と帰着点をギリシアという「古典古代」の精神の理解に求めていくのである。

人文諸科学は一八世紀末までは、萌芽的に専門分化の方向を示しながらも、厳密には未分化状態にあった。古典文献学、比較言語学、古代史学が混然一体的に「世界史」の科学的基礎づけを果たしていくなかで、西欧近代の人文諸科学の中心軸は歴史科学となっていく。なぜなら「世界史」の根本理念は「進歩」であるがゆえに、歴史科学は人間の精神の進歩とそれを保証していく自由の拡大を跡づけるだけではなく、それらを西欧近代と結びつけ、西欧近代の内在的な原理にまで育てあげていかなければならないからである。いいかえれば「世界史」とは西欧近代がギリシア精神を自己の内に取り込み、自己のものとしていくなかで、自己の「世界史的使命」という優越的位置を確保していく過程であるといえるのである。西欧近代のすべての思想家、歴史家に共通する信念は、歴史とは歴史的な出来事の連鎖ではなく、歴史的な出来事に意味を与える「進歩」の理念の確認と「進歩」に明確な歴史的使命を与える自由の精神の不断の拡大ということであった。

いいかえれば西欧近代の「世界史」の理念とは、ヘーゲルの世界史と同様、「普遍的な世界精神が民族精神を媒介として、その本来の自由の意識を実現していく過程」ということになる。ミシュレにとっても「世界史」とは、人類が自然の拘束から逃れて、精神の自由を拡大していく過程ということになる。彼は人類が自然の力から解放され、はじめて自由を手にしたのはインドであると考える。そして「人間の自由は息たえることなく、インドからペルシアに向かったのと同様エジプトからユダヤの地へと、その解放の歩みを続ける。……だが人間の自由は、逃走してユダヤ地方の山に到達するまでは息をつぐことがなかった。自由は、セドロン川〔死海にそそぐ〕の岩と死海の砂のために、エジプトの肉とタマネギを犠牲にしてその豊かな谷を去った。自由はエジプトの金の子牛を呪った。ペルシアがインドの偶像を打ちこわしたように。唯一の神、唯一の寺院が必要だった。……自然はペルシア人にあっては宗教の中にも自らの絶対的な権勢を及ぼしていた。もちろん抗争がないわけではなかったが。だがユダヤ人にあっては、自然はその権威を失っていた。光そのものが、精神がやってきたとき、〔自然は〕闇となった。二元性は統一性に屈する。統一性と精神との〔ユダヤという〕この小さな世界にとって、山と砂漠のあいだの、空間における一点で十分だった。……世界はこの統一性を懇願しに彼のところに戻ってくるだろう。彼らが自らの仕事をギリシアとローマを通して西洋世界ではじめるときに」という。

自然の力に打ち勝った自由はインドからペルシアに、ペルシアからエジプトに、エジプトからユダヤに、そしてユダヤからギリシア・ローマ、ギリシア・ローマから西欧世界に移行していくなかで領域を拡大させていく。自由の拡大は人間精神を自然から解放させるだけではなく、逆に人間精神による自然の支配を意味する。ミシュレにとって「世界史」とは人間が自然の影響力から脱し、「人間的自由への漸進的解放の開始」を意味する。

太陽の道筋と地球の磁気の流れに沿って、東から西へと人類の移動のあとをたどってみたまえ。アジアからヨーロッパへの、インドからフランスへのこの長い旅において人類を観察してみたまえ。各逗留地ごとに自然のもつ運命的力が弱まり、人種や風土の影響力がより圧制的でなくなってゆくのが見られるだろう。出発点のインド、諸々の人種と宗教の発祥の地、あの「世界の子宮」では、人間は自然の全能を前にして身を屈し、ひれ伏すのだ。それは母親の胸に抱かれたあわれな子供であり、か弱く依存しきった被造物であり、交互に甘やかされたりぶたれたり、あまりに強力な乳によって、養われるというよりも、むしろ酔わされてしまっている。自然は人間を憔悴させる。しめった燃えるような風を浴びせ、また強烈な香料でかぐわしくする。人間の力も生命も思考も、そこでは押しつぶされる。人間は過剰なまでに繁殖し、軽視され浪費されるものとなるが、だからといっていっそう力強くなるわけではない。あれらの風土では生と死の力は対等である。

（大野一道訳）

このようにインドでは、「到るところ度はずれた自然の力に出っくわして、人間は自然に圧倒され闘う気力を失い無条件降伏する」ことになる。「ペルシアは運命の中で自由が始まるところである」が、ペルシア人は現状のなかで満足し、「人間は酩酊の中に自らを忘れ去ろうとする。ここでは陶酔は、インドのような自然から生ずるものではいささかもない。陶酔は自らの意志によるものだ。ペルシア人は冷たい阿片の中に、幻想的な生を夢み、ついには死の休息を見出す」のである。

東洋世界は自由を発展させることはできなかった。「ヨーロッパは自由の地だ。ヨーロッパに触れた奴隷は解放された。これはアジアから逃れてきた人類にも言えることだ。この西洋の厳しい世界の中で、自然は自発的には何も与えず、必然の法則として自由の訓練を課す」のである。ギリシアの「都市《ポリス》」のなかでこそ自由は訓練を果たせられ、自らを確固たる思想にまで高めることができたのである。いいかえれば「ギリシア世界は純然たる闘争であった。アジアに対する、またギリシア自身の中での闘争」だったのである。この闘争のなかでギリシア精神は東洋世界に対する独自の価値世界を提示しえたのである。これはヘーゲルにとっても同じことであった。だからヘーゲルはミシュレの言葉を引き継ぐかのように次のように言う。

さて、ギリシャ精神とはなにかをまとめていうと、精神の自由が力を発揮し、自然の活動と本質的に関係する点に、その根本的特徴があるということができます。ギリシャの自由は他からの刺激を必要とし、その刺激を自発的に変化させ、再生産していくというかたちをとる。それは、自己を喪失した人間の状態（すでに見たような、精神と神が自然に依存するアジア的原理）と、無限の主観が純粋な自己確信を手にし、自我こそがあらゆる価値の土台であると考えるような状態との中間の段階にあるものです。中間段階にあるギリシャ精神は、自然から出発しつつ、自然を精神の形成物へとかえていきます。だから、精神はいまだ絶対に自由だとも、完全に自主的ないし自発的だともいえない。（中略）

ここでは、精神の活動はすみからを表現の材料や道具とするものではなく、活動にあたっては、自然から刺激や素材を借りてこなければならない。その意味で、自分みずからをあきらかにする自由な精神活動ではなく、自然を精神へと形成する活動——精神的個体を形成する活動です。

（長谷川宏訳）

ヘーゲルもミシュレと同様、人間精神がギリシアにおいてはじめて、「自然」の束縛から脱し、「自由」を獲得したと考える。ただしヘーゲルはミシュレのようにそれによってただちに西欧世界、西欧精神の完成とは考えない。ヘーゲルは西欧が西欧となるためにはさらにキリスト教の一神教的な神の霊性を人間精神が取り込むことが必要であると考える。そこにおいてはじめて精神が完全に自然から独立して「思考」の段階に入ると考える。つまり「精神がいまや思考の段階に到達しました」という段階で、いいかえれば「内面性の最後の頂点が思考」という意味での精神の完成を指すことになる。ヘーゲルのいう「思考」とは精神が「自然」から独立した存在になるだけではなく、むしろ「自然や世界を神の理性的な被造物と考え、自然や世界も理性的な存在である」として、「眼前にある自然や世界を認識の対象として精神の裡に取り込む」ことを意味している。いいかえれば精神が他からの刺激に頼らずに自らの裡に「思考」の素材を準備している状態のことをいうのである。「思考」とは彼自身の言葉でいえば、人間精神が神の霊と合一している次のような状態を指すものである。

かくて、内面性の最後の頂点が思考です。思考をしていないときの人間は、他なるものと関係していることになって、自由ではない。が、もっとも内面的な自己確信をもって他なるものをとらえ、概念化するとき、そこにはもう神と人間の和解が生じているといえる。思考と他なるものとの統一はもとから存在しているので、というのも、理性は意識の実体的基礎であるとともに、外なる自然の実体的基礎でもあるからです。だから、思考のむこうにあるものはもはや彼岸ではなく、思考とべつの実体的性質をもつものではないのです。

（長谷川宏訳）

ドイツ観念論的な思弁の複雑さとヘーゲル的な思弁の難解さが重なりあって、文意の理解を困難にしているが、いわんとするところは、西欧近代精神とは、ギリシアの自然を精神へと取り込む活動を継承するだけでは十分ではなく、プロテスタンティズムによるキリスト教の深化作用によって、人間の「主体的な精神が真実の霊を内部に取り入れ」、「個人が神の霊に満されていることを知るとき、外面的な関係はすべて消えさります」という精神と霊の合一の段階に至ることが必要であるということである。つまり、西欧世界の成立とはアジアのような自然支配状態からの脱出だけではなくて、自然から完全に独立した精神世界を確保しながらも、自然と世界を再び精神の内部に取り入れることで、いいかえれば近代的な理性でそれを自らの認識対象に織り込むことでなしとげられるものというのである。

これまでミシュレとヘーゲルを通して西欧近代が創造した「世界史」の思想を見てきたが、再度要約すれば「世界史」とは、東洋、さらにいえば非西欧世界全体を西欧社会の歴史的発展の外にある世界とする思想である。いいかえれば人類の「進歩」に直接関与しているのは西欧世界だけで、東洋世界は「世界史」の発展から脱落し、停滞のなかで「発展の原理」を持続できずに、かつて創りあげた厖大な文化全体を維持できず、歴史を後退させる無気力と精神の活動力の喪失に身を置いてしまっている世界ということにされてしまっている。進歩の理念と発展の意識を継続させるのは、ヘーゲル流にいえば「自由の意識」の発展であり、ミシュレ流にいえば「闘争精神」の発展的継承であるが、それは別ないい方をすれば歴史の一元性の自覚であり、個人が集団的な「共同精神」のなかに埋没せず、自己の責任において、自己の内面的意志の命令を実行していくことである。それが「自由の意識」であり、「闘争精神」の継続ということになる。したがって「世界史」とは、「自由の意識を内容とする原理が段階的発展として表われるもの」ということになる。

自由の意識を発展させることができず、また闘争の精神、つまり「敵なる自然に対してはその存在に疑義を差し挟み、自らを押しつぶす現実には理論によって復讐を果たす」精神を育てることができなかった「東洋世界」は、当然「世界史」から排除されていく。排除というのがいいすぎなら外縁化、辺境化されることになる。自然との闘争に打ち勝ったギリシアとローマ世界の人間的自由への漸進的解放を受けて、その自由精神と闘争精神は神の霊との合体によって人間の精神が主体的な確信となると同時に、客観的な真理ともなるとする西欧近代のフマニズム思想、つまり人格思想、人権思想において、「歴史」は人類の主体的な活動の記録となるというのが「世界史」の思想をわがものとする所以である。

歴史認識の真正な対象は「西欧」のみであった

このような理論的展開で「世界史」は西欧の独占物となり、西欧中心主義のイデオロギーとなる。ということは、私たちが客観的で科学的だと考えている「歴史学」という学問そのものが自己中心主義のイデオロギーから出発したものだということを意味するのである。普遍史としての「世界史」と個別史として「国民史」の関係についてはあとまわしにしたいが、西欧近代が創り出した歴史科学、歴史学の対象としたのは西欧世界だけで、残余の地域の歴史は歴史学の対象から外され、民族学か人類学という別の領域と範疇の対象とされるのである。現代における文化人類学の世界的権威とされるクライド・クラックホーンの『人間のための鏡』という文化人類学の入門書は文化人類学や民族学の成立と発展の歴史を回顧して次のように語る。

二十世紀の初頭までは、人類学者といえば、人間の歴史に現われた珍奇なもの、劇的なもの、不可思議なものに関心を寄せた識者のことであった。（中略）

人類学が学問として発展しはじめたのは、十八世紀終期から十九世紀になってからのことである。サンスクリット語、ラテン語、ギリシャ語、ゲルマン諸語との親族関係が明らかにされたことから、比較研究的な視点が強く打ち出されるようになった。

本格的に人類学と取り組むようになったのは、もともと趣味でやっていた医者、博物学者、法律家、実業家など、いわば才能ある門外漢とでもいうべき人びとで、「未開」民族についていろいろのことがわかってくるにつけ、彼らは常識と、各人それぞれの専門に培われた思考方法と、当時流行していた科学上の教条的見解をもってそれに対したのである。

彼らが研究の対象としたのは、当時の学問の既成分野では取り上げようともしなかった一見きわめて末梢的あるいは特殊な奇異な事物の類であった。……過去の文化の遺物は、ギリシャ・ローマに係わるもの以外は、古典学者に注目されることはなかったし、言語もギリシャ語とサンスクリット語に関係していない場合は、十九世紀の比較言語学者には魅力がなかった。

サー・ジェイムズ・フレイザーの『金枝篇』がその優雅な文体と古典学の学殖の名望によって多数の読者を獲得する以前には、未開民族の風習に関心を示したのは数少ない好事家に限られていた。人類学が「残り物の科学」と呼ばれたのもゆえなきことではなかったのである。

十九世紀の人類学を称して「風変わりな事物を物好きな連中が研究していたこと」とまでいうのは行き過ぎであろう。イギリスのタイラー、アメリカのモーガン、ドイツのバスチャン、その他当時この分野での指導的人物は、衆人の尊敬を得た人びとであった。
しかし、初期の人類学者の多くは、当時の人びとから見ればやはり物好きな人間であったことを認めた方が、その後の人類学の発展の理解が深まろう。彼らが面白がって研究していた奇異な事物は、当り前の人間には大した係わりもなく、一般の知識人が考えても取るに足らぬことと思われていたのである。

（光延明洋訳）

私たちは一般的にいって学問というものは客観的で公平な認識を目指すものと考えている。いうなれば、学問研究とは極力主観的な価値判断をおさえ客観性を目指すものであると思い込んでいるのである。いわゆるウェーバーの「価値自由」（Wertfreiheit）概念の一般化によって、社会科学や人文科学といった研究者の個人的経験や価値判断が入り込みやすい分野では、経験的事実を客観的・科学的思惟で整序することで、主観的価値判断の領域を可能なかぎり排除し、普遍妥当な真理へと近づける努力がなされるべきであるという考えである。いいかえれば、存在するものを研究する経験科学は、存在するもの（Sein）をかくあるべし（Sollen）という理念的な指標で判断すべきではなく、存在するもののもつ普遍妥当な客観的真理の発見を目指すのが、科学的な「価値自由」の到達目標であるということである。したがって科学が科学としての任務を遂行していくのは、認識を歪める価値判断を積極的に排除していくべきであるとする。この概念は日本語では価値自由とか没価値判断とか価値判断排除とかさまざまに訳されてきているが、その概念は十分に浸透しているので、私たちは学問研究、つまり科学と認知される分野の活動を客観的真理の探究活動と考えることに慣らされている。したがって私たちは経験諸科学がその成果として公表するものを客観的事実として受けとめるのである。

クラックホーンが文化人類学、民族学、民俗学を人類学という総称のもとでひとくくりに捉え、その学問が学的出発点を一八世紀末に置きながら学としての認知を得るようになったのはやっと二〇世紀に入ってからであると語り、その学が長い間、正統な学問的領域外で好事家や変人的な研究者による珍奇なもの、つまりオーソドックスな認識価値から取り残された分野の研究と見做されてきたことを語っても、そのこと自体をそのままに受け入れてしまい、その背後にある西欧近代が発展させてきた近代科学の思想そのもののもつ問題性までは問おうとしない。

西欧近代において最も正統的な学的領域を形成してきたのは、「世界史」と「国民史」の理念にかかわる分野で、具体的には歴史学と比較言語学を中心とした文献学であった。クラックホーンが「過去の文化の遺物は、ギリシャ・ローマに係わるもの以外は、古典学者に注目されることはなかったし、言語もギリシャ語とサンスクリット語に関係していない場合は、十九世紀の比較言語学者には魅力がなかった」というのは、まさに至当な指摘である。西欧近代にとってはまさしくギリシア・ローマ世界と同化することが第一義的な関心となり、それを実践することが意識的にも無意識的にも近代的価値創造の基礎となったのである。しかし、こういったギリシア・ローマという古代回帰の精神は西欧近代の諸理念と矛盾しているように思える。なぜならルネサンスの人文主義によって再発見された古代価値も一七世紀の「科学革命」によって、古代の自然観、宇宙観の限界がすでに乗り越えられてしまったし、また同時期の「古今論争」によっても、ギリシア・ローマという過去のうちに真理を求める神話ははっきりと否定され、古代崇拝神話は完全に崩壊してしまっていたからである。

それにもかかわらず一八世紀末から一九世紀に至って再びギリシア・ローマが西欧近代の人文諸科学の中心的な関心の対象となってくるのはなぜだろうか。いいかえれば大航海時代のいわゆる地理上の諸発見の時代に拡大する世界を実感し、知的関心もそれに対応して外に向かって拡大を開始しながら、一八、一九世紀という近代の隆盛期にヨーロッパの知的関心はなぜ内向きとなっていったのかという問題である。航海者や征服者たちが求めたのは異国の財宝であったし、宣教師たちが見い出したのは呪術師や魔術師を畏怖する未開人と偶像崇拝と迷信のなかで理性を失っている異教徒と半文明人のみであった。世界は西欧世界を除いては、「進歩」と「文明」と「文化」とは無縁な存在であり、西欧によって教導されるべき存在であるという思想と信念が彼らの知見に反比例して確固たるものとなってきたのである。

啓蒙時代の初期、文明人に優るとされたあの「善良なる未開人」たちは、西欧人の知見の拡大と深化に反比例して姿を消していき、それらは単なる「未開人」となって、人類学や民族学という新たな知的関心の対象にされてくる。「善良な未開人」と並んで「エシプトの賢者」や「シナの哲人」という文明人に優る理想的人間像は、一八世紀末以後すっかり姿を消し、代わって現われるのが人間の理想像としてのギリシア人である。西欧社会が一七世紀の古今論争において、いったん確認した古代人に対する近代人の優越という確信が一八世紀に至って再び逆転し、古典古代の思想的意義の再評価と理想化へと転換するのは、政治的に分裂したヨーロッパの諸国家を文明的・文化的統一体として再構築し、「世界史」における西欧の役割を新たに規定していきたいという要求に由来するのである。

宗教改革とそれに続く宗教戦争はヨーロッパの宗教的・政治的統一を崩壊させ、教派間対立だけでなく、国民国家や領邦国家を成立させた。その結果として、国家はさまざまな信条が共存しうるだけの多数でなければならないが、同一の「進歩」という理念においては相互補完性を失わないだけの同一目標から平和共存の国家関係を信奉しなければならないという思想が一般化し、それが当時の思想のなかに確固たる地歩を占め、ヨーロッパ諸国家間の「勢力均衡論」の思想を行き渡らせてくる。これと同時にヨーロッパに多数の国家が存在することは、東洋的専制とは異なった、ヨーロッパ的な自由主義思想の発展に多大な利益をもたらすという思想を行き渡らせることになる。いわゆる東洋的専制や国家を超える「帝国主義」、つまり「普遍的王政」への批判が国民国家や地域国家の存在の正当性を確信させるだけではなく、王政の宮廷政治化、華麗で豪華で贅沢な典礼や祝祭によって視覚化される政治手法に対する批判が、新たな民主制や議会主義の思想を浸透させてくる。

宮廷的で華美な典礼主義に対する市民的な倫理主義がヨーロッパの「文明」に対する批判として「善良な未開人」、つまり健全なる未開を称揚する。モンテスキューの『ペルシア人の手紙』、ヴォルテールの『ヒューロン人』、ルソーの『学問芸術論』などすべては、時代の文明批判の流れのなかでの著作というより時代批判という政治の輿論主導化の方向を先導してきた著作である。

だがこの未開と文明の評価の逆転、つまり啓蒙の時代批判が大きな成果をあげてくると、ここで分裂したヨーロッパの精神的統一性への新たな希求が生れ出てくる。それは西欧文明と文化の一体性を保証するものであると同時に、国民国家や地域国家の精神的統一性とも離反しないものでなくてはならない。いうなればかつてキリスト教が果たしていた精神的役割に代わるべきものでなくてはならない。啓蒙主義が時代批判のために利用してきた「善良な未開人」はその批判的役割を十分に果たしえたが、啓蒙思想が信奉してきた単純な「進歩」の観念の再考をもうながすものであった。それは「理性」とは普遍的なものではなく、歴史的に規定されるものという歴史主義的な思考の成立を意味するものであった。

初期啓蒙主義は伝統社会や宗教社会の非歴史主義的な思考を打破するために、「理性」の進歩という観念を措定してきたが、社会の現実批判と歴史主義的思考を進展させていくなかで、「理性」という概念が人間の歴史的規定性を表現するのに適切なものではないことに気づき、人間の歴史的規定性を表わすのによりふさわしい「精神」の概念をそれに代えていった。啓蒙の歴史思想は歴史記述の真の対象を超越者の意志としての偉大な国家の盛衰や偉大な王や英雄の運命の叙述から、「時代の精神」や「国民の精神」といった精神の歴史の叙述へと転換されなければならないという考えである。モンテスキューの『法の精神』（一七四八年）とヴォルテールの『諸国民の風俗と精神について』（一七五六年）はほぼ同時期の著作として啓蒙主義の歴史思想を最も典型的に表わしている。モンテスキューの歴史的関心の中心にあるものは「国家」であるが、その国家とは「法の精神」の変化と同義であり、ヴォルテールの歴史的関心は政治的な歴史の記述でもなければ、英雄や王たちの神話的な歴史でもなく、まさに人間の精神の歴史そのものに移行している。この両者の思想をさらに徹底させるのがコンドルセの『人間精神進歩史』である。

このように啓蒙主義とロマン主義の時代にまたがる西欧の歴史意識は、政治史や事件史的な関心から離れて、人類史と国民史という二つの領域の人間精神における変化のプロセスに向けられてくる。啓蒙主義の「世界史」もロマン主義の「国民史」も共に、西欧近代の人間精神の「進歩」の理念を継承しながら、過去のいかなる時代に自己の精神を接合させるかによって、自己の歴史的使命を確定し、思想的な立脚点を確定していく。歴史とはいかなる時代の歴史であっても、歴史の操作という過去の支配によって現在の支配を正当化し、保証していくための手段へと転化させられるものであるが、西欧近代の歴史哲学における歴史の支配が非西欧圏の地域や時代の歴史と異なるのは、過去に正当性の根拠を求めるだけではなく、「進歩」という理念、つまり理想的な未来像を歴史的正当性の立脚点として設定していることである。西欧近代がギリシアを単なる歴史的過去としてだけでなく、未来の理想像と結びつけえたのは、東洋的停滞の対極として歴史的進歩のモデルへ再転換させたかったからである。

ギリシアが宗教改革後における分裂したヨーロッパ諸国家の統合の理念ともなり、それぞれの国家の自尊心や自負心の支柱となりえたのは、また「世界史」の理念の目標ともなり、「国民史」の精神の補強となりえるのは、西欧人の観念的な創作物であるギリシアが西欧近代の「進歩」の理念と「文明」「文化」の内包価値をすべて備える存在として再解釈されたからであるといえる。「ギリシア精神」の評価と受容は西欧諸国内でもそれぞれに温度差ともいうべきものが存在し、また「古典古代」の概念も純粋にギリシアのみを単独に抽出したものに収斂させるか、ギリシアとローマ世界を精神的な同族として一体的に評価していくのかの違いが存在する。ドイツの場合は古典古代の精神をギリシアに特化して、ローマ世界を亜流視する。そこではイタリアやフランスが古典中の古典とみなすウェルギリウスの『アエネイス』が完全にホメロスの『イリアス』や『オデュセイア』の評価に凌駕され、その古典的な地位を譲ってしまう。またギリシア美術のみが古典的な地位にとどまり、ローマ美術は古典期の精神を失った衰退期の産物と位置づけられることになる。このようなギリシア・ローマの評価が分岐する時期の差はあるが、一九世紀末に至ってはギリシアの優位は西欧世界全体の共通認識となると同時に、西欧世界全体がギリシア精神の共同の継承者という意識を共有していくことになる。

だがヴィンケルマン、レッシング、ヘルダー、ゲーテ、シラー、ヘルダーリンといった人びとに代表されるドイツ古典主義のギリシアへの心酔、ギリシア熱の全ヨーロッパ的な拡大、流布の先鞭をつけたのはフランスのヴォルテールとモンテスキューの歴史思想であった。両者の歴史思想はかなり異なったもので、ヴォルテールはヨーロッパ史を一貫してギリシア・ローマ精神の流れのなかに捉えようとしていたのに対して、モンテスキューはギリシアもローマもそれぞれにその衰退期をもつことで直接的にヨーロッパ精神の形成に関与したのではなく、断続的な接合と考える。彼はそれに代わって西欧精神の形成要因としての「ゲルマン的自由」を大きく前面に押し出してくる。

ギリシアと西欧の接合のプロセス

ヴォルテールは『ルイ十四世の世紀』において、「世界史上の特筆すべき偉大な四つの世紀」として、四つの時代の世界史的意義に着目する。ついでながら、あらかじめ断っておきたいのは彼のいう「世紀」という概念は後に定着する百年区切りの概念ではなく、前後が他の時代と明確な区分を有する、文化史的な特色をもったひとまとまりの時代概念である。彼はそういう偉大な文化史的な意義をもつ時代として、四つの「世紀《シエクル》」を挙げる。第一はフィリップとアレクサンドロスの時代で、それは「ペリクレス、デモステネス、アリストテレス、プラトン、アペレス、フィディアス、プラクシテレスの時代」のことで、アレクサンドロスの征服地を含まないギリシアだけであると但し書きを付している。つまり、「ただしこの栄光にあずかったのは、ギリシアだけである。当時、知られている限りでは、このギリシアを除いて、世界中はまだ未開の状態にあった」からである。第二はシーザーとアウグストゥスの時代、第三はコンスタンチノープルの陥落後のビザンチン帝国の亡命ギリシア知識人を受け入れ、イタリアの学芸と芸術の古代復古の気運を拡大させた時代、彼はルネサンスやユマニスムという後代の概念を知らなかったが、いわんとするのはまさしく「人文主義」と「ルネサンス」と同義の内容を指摘している。第四はルイ一四世の世紀で、この時代は「前三者の世紀の所産を受け継ぎ、分野によっては、これを合わせた以上の進歩さえをも示した」とされ、これによってそれまで、イタリア人からは「野蛮」とされたアルプス以北の世界の「文明化」が着手された世紀と位置づけられている。

ヴォルテールがこのように西欧世界の歴史的形成をギリシア・ローマ文化の継受によって、野蛮から文明段階へ、さらには新たな進歩によって西欧文明の完成化への過程として規定したのに対して、モンテスキューは「進歩」や「文明」や「文化」の概念よりも、「ゲルマン的自由」の概念をより重要視し、それに西欧世界の形成力の要因を見い出していこうとする。彼は『ペルシア人の手紙』では、時代批判として「善良な野蛮人」の手法によって道徳、人倫意識においてペルシア人の優越性を認めながらも、『法の精神』においては東洋世界に対する西欧世界の絶対的優位性を確認していくことになる。東洋世界が彼の言葉でいえば「僭主的」な専制君主制しか知らないのに対して、西欧世界は君主制の他にも共和制が存在し、その歴史的体験と理念が政治における君主制の制限の思想の基本となる「自由」の精神を育成していく素地を拡大しているがゆえに、西欧の政治的優位は動かないものとされる。

モンテスキューはヴォルテールのように「進歩」「文明」「文化」の概念で歴史を考えるよりも、「自由」の概念で歴史を考えていこうとする。彼によればヨーロッパは自由の地であり、アジアは専制主義の地である。ヨーロッパの自由は古代ギリシアの都市国家とローマの共和国が最初の実例を示しているが、そのローマ帝政末期に至って、この古代的自由精神は失われ、独裁的で軍事的な色彩を濃くし、東洋的僭主と変わりないものになってしまい、同時に東洋的奢侈が侵入し、宮廷政治が共和制の理念を窒息させてしまう。ヨーロッパにおける「自由」の意識の再生をモンテスキューは『法の精神』のなかで、さまざまの形で語っているが、その論旨の要約はなかなか困難である。たが幸いにフェデリコ・シャボーの『ヨーロッパとは何か』（原題は『ヨーロッパ理念の歴史』一九六一年）が巧みに要約してくれているので、その文章を次に借用させてもらう。

［ヨーロッパの］歴史の出発点は、四世紀から五世紀にかけての古代文明の全面的崩壊におかれる。新しい文明は、まさしく自由を基礎とする新来者ゲルマン民族の制度のうえに築かれる。ゲルマン民族は「われらの父祖」である（第二八巻一八章）。自由は森のなかで、いかなる専制権力にも悩まされることのなかった、野生のゲルマン種族の間で、生まれたのである。つまり、ヨーロッパの典型たるこの政治形態は、古代人の知らなかったものである。それは緩和された君主制、イギリスにみられるような修正された君主制であり、モンテーニュの理想とする君主制のように（行政、立法、司法の）三権分立によって政治的自由が保証されるといった形のものであった。このような「形態」の政治組織は、歴史的には新しい創造物であって、古代世界のあずかり知らなかったものである。それはまさしくゲルマン民族に負うところのものである（第一一巻八章および九章）。

それでは、「緩和された」君主制、すなわちヨーロッパ大陸の特徴とは、いったいいかなるものであろうか。それは、君主権力が、貴族とか基本法とかいった中間権力によって制限されているということである。その最も原初的形態はサリカ法典であり、明らかにゲルマン起源の制度であり法

律なのである。（第二巻四章）〔清水純一訳〕

ヴォルテールが「ルネサンス」と「人文主義」とルイ一四世の世紀の中心的価値をギリシア・ローマ精神の継承発展のなかに求めていたのに対して、モンテスキューは「ゲルマン的自由」の精神の発展のなかに西欧精神の中心的な価値を求めようとした。ヴォルテールがミシュレやブルクハルト以前にギリシア・ローマの「古典古代」の発見者であるとするなら、モンテスキューはヘルダーやフィヒテやグリム兄弟、ヘーゲル以前の「ゲルマン・ルネサンス」の発見者とすることができる。そして、「古典古代ルネサンス」も「ゲルマン・ルネサンス」もそれが、西欧近代の「世界史」の観念のなかで創出された概念であるとするなら、それは歴史学的な事実、つまり「歴史的事実」というより歴史哲学的事実、つまり「歴史イデオロギー」というべきである。なぜなら、「世界史」とは、ヨーロッパのアジアに対する、つまり東洋に対する西洋の、西欧世界の非西欧世界に対する優越意識と支配の正当性の確認イデオロギーとして創出されたものだからである。

ここでもう一度問題を辿りなおして、なぜ西欧近代が再創造した「世界史」が、西欧中心主義の世界史となり、また西欧優越思想を再生産しつづけ、非西欧世界の歴史に対する関心を失い、それを歴史学の対象から排除し、つまり「世界史」の発展過程から除外して、歴史科学の周縁領域としての人類学、民族学、先史学というマイナーな領域にとどめ置かれつづけたのか考えてみたい。一八世紀にキリスト教の「普遍史」、つまり人間の主体的関与ではなく、神の摂理の年代記的な推移としての世界の歴史から、人間の主体的な行動と人間の進歩の意志によって、神の神聖な意志の関与を俟つことのない、世俗価値の追求だけからつくり出される世俗世界の歴史的価値の創造史としての歴史が、「世界史」として概念独立を果たしてくる。いうなれば「世界史」は、その概念の成立期においては、宗教社会や伝統社会の超越者史観や規範史観から人間を独立させること、つまり人間を神や絶対者の意志に支配される被造物や玩弄物の地位から自らを歴史の主体的形成者への地位へ転換させる思想であった。それはかならずしもはじめから東洋世界に対する西欧世界の優越意識の表明ではなかったのである。たとえばイエズズ会の宣教師たちの諸報告、たとえばアスコタの『新大陸自然文化史』(一五九〇年)、ゴンサーレス・デ・メンドーサ『中国大王国史』(一五八四年)、マルティノ・マルティニ(一六一四〜六一年)の『中国古代史』などの影響下で素朴な「聖書年代記」の信頼をゆさぶられ、エジプトのヒエログリフや中国研究に着手したアタナシウス・キルヒャーの神秘主義的な普遍学志向と「中国熱」にとらわれ、キルヒャーとも交流があり、その普遍学的な志向を共有していたライプニッツなどの「普遍史」意識は、一八世紀の「世界史」イデオロギーとは異なった世界史の認識を志向していた。つまり西欧中心主義や西欧優越思想への発展とは異なった方向性をもつものであった。

古代の学科区分の伝統を継承しつつも、ローマ末期から中世初期のキリスト教神学のなかで確立された自由七学科の学科制度を哲学的に再編しようとする一七世紀の「新哲学」、いうなれば伝統的な学科に捉われない学科総合的な思考を目指す「普遍学」は、エジプトや中国という異教的思考、ギリシア・ローマを対立軸の中心とするヨーロッパと、その対抗の対象とされるアジアという範囲を越えた、より広義での東洋と西欧の思考の総合のなかに、キリスト教的思考の枠だけにとらわれない思考法を探索していく。それはスピノザ的な汎神論的思考と合理主義的思考を吸収しながら、一八世紀の理神論に再び回帰していく。この理神論への回帰において一七世紀の普遍学的な神秘主義は、合理主義思考によって切り捨てられ、それによって、芽生えだしていた東洋への着目が急速に失われていく。ヴォルテールとモンテスキューはまさにこの転換の象徴的な位置に立つ思想家である。

ヴォルテールはその著『諸国民の風俗と精神について』とその序論である『歴史哲学』において、モンテスキューは『ペルシア人の手紙』と『ローマ盛衰原因論』において、東洋世界への関心とその思考法への理解の姿勢を示しながら、前者は『ルイ十四世の世紀』において、後者は『法の精神』において、東洋世界に対する西洋世界の優越性の確認に戻ってしまう。この逆転は両者にとって異なった「世界史」認識から生じているが、結果的には「近代」という歴史的にはまったく新しいイデオロギー支配の時代の開始を告げるという共通の到達点にいたっている。ヴォルテールは「文化的」な関心からギリシア・ローマ世界をヨーロッパに結合させ、自らの内なる世界にとり込んでいるが、モンテスキューは「政治的」な関心からギリシア・ローマ世界をヨーロッパの内なる精神領域からは排除してしまい、代わってゲルマン世界を自らの内在的領域に完全にとり込んでしまっている。なぜなら彼の『法の精神』がいたるところで繰り返し強調しているように、ゲルマン人の森のなかで培われた「自由精神」こそが、ヨーロッパ世界の自由の意識の根幹となっているという信念にもとづくものだからである。

ヴォルテールとモンテスキューのこのようなヨーロッパ認識の違いをすでに引用したフェデリコ・シャボーの『ヨーロッパとは何か』は次のよう語っている。

ゲルマンの「自由」は、ヴォルテールにとっては、世界を蔽う野蛮にほかならなかった。
こうしてゲルマンの自由という神話は、モンテスキューのうちに、きわめて深刻な結果を招来したのであった。この神話は、『ペルシア人の手紙』においてはまだ定かならぬ原理にすぎなかった自由の概念を、肉づけし現実化し歴史化した、といってもよかろう。モンテスキューが一八世紀のヨーロッパ思想に及ぼした影響は、巨大なものであった。それは一九世紀にも引き継がれて、原始ゲルマン的自由の神話は、なんらの抵抗をうけることもなく、ヨーロッパの政治思想や歴史学のうちに生きつづける。

（清水純一訳）

ヴォルテールは「世界史」を進歩の理念を中心に考えることで、ゲルマンとキリスト教的中世を共に「文化的な砂漠」とみなし、両者を「ゴート的野蛮」と断罪した。モンテスキューは古代ギリシアとローマを世界史における最初の共和制と自由の理念の発生地とみなし、それを東洋的専制主義に対置させ高く評価しながらも、帝政末期の時代に至って独裁的、軍事的方向に転換することで、東洋世界と変わらない専制主義に陥ってしまったとする。そして、ヨーロッパ人の真の自由主義の精神の源泉をゲルマン精神のなかに求める。ヴォルテールが「世界史」の真の中心的な理念を「進歩」の観念のなかに見い出していくのに対して、モンテスキューはそれを「自由」の理念のなかに見い出していくという相違はあっても、両者は一方は「ルネサンス・イデオロギー」によってギリシア・ローマを、一方は「ゲルマン・イデオロギー」によって原初的な森の自由を意味するゲルマン精神とキリスト教的中世精神を西欧近代の中心価値とすることで共に西欧世界を「世界史」の指導的中心に据える点では一致する。

両者のあとに展開される西欧中心イデオロギーや近代主義イデオロギー、その代表的なものはやはりヘーゲルの『歴史哲学講義』であるが、そのすべての理論的支柱となる「進歩」と「自由」のイデオロギー的な理論的組織化は直接的影響ではないにしても、一方をヴォルテール、一方をモンテスキューと同じものをもって出発点とすることになる。権威や権力でなく理論的な思考によって構築された理念で新しい世界秩序の可能性を求めることがイデオロギーの原義であるなら、近代とはまさしく、人間の存在様態と人間の価値を「理念《イデー》」によって再編成していく時代である。伝統社会にあって人間は社会秩序のなかで職能的な義務を果たすだけでよかったが、近代社会では職能的義務に加え、社会全体の理念的な方向づけにも参加しなくてはならない。伝統社会では身分という分割された範囲内で、社会全体の秩序とは直接的に連動しない部分的役割を遂行するだけで社会的役割を果たしえていた。たとえば戦争に際しても兵役義務を負わずに済んでいた。しかし近代社会では人間は社会全体の問題への関与が要求される。ということは伝統社会にあっては身分的に構成されていた社会的特権が平準化され、万人が社会秩序の維持に均等化された義務を負っていかなければならない。社会全体の問題に均等な義務を負うということは、伝統社会におけるような身分的に分与された関心だけにとどまっては、社会全体の問題に対処しえないということである。社会全体の問題に対処しうるためには、職能的な社会対応ではなく、全体的社会人、つまり「市民」として社会に対応していくということである。

世界を支配する「市民」イデオロギー

人間が伝統社会の身分的な職能人から市民に転換するということは、人間が全人格的な存在として相互に対等の関係で社会全体の「理念《イデー》」の完成のために共同の義務と責任を負っていくことである。

市民という存在の成立をポジティヴに評価すれば、それは人間という存在を身分的な拘束から解放し、人間を対等で自由な存在にしたことであるが、ネガティヴな評価をすれば、形式的には社会理念の共同の推進者の位置に押し上げておきながら、実質的には伝統社会の身分的差別以上の、より深刻な階層的差別に人間が陥らせられたことである。近代社会、市民社会は自然権という観念体系のもとで、生命権、財産権、職業選択の自由、法の下での平等、言論の自由という総合的な権利を保証されながら、財産、社会的地位、教育や知性の差による、伝統社会以上に複雑な差別を生み出し、それを助長させる要因をつくり出すといえるのである。

近代社会とは人間が職能知識のほかに、社会の理念を理解する学識を要求される社会である。なぜなら近代とは社会がそのときどきに求める「イデー」を理解する能力と関心が社会的成功にとって最も必要とされるからである。近代社会とはその意味でも「イデオロギー」支配の時代なのである。別ないい方をすれば、イデオロギー支配とは、社会がそのときどきに求める「イデー」をイデオロギー化、つまりイデーを学識化して、集団や組織に所属する者たちが社会を支配することである。近代社会とは、思想家が「イデー」を見つけだし、政治家、官僚、学識者がそのイデーをイデオロギーとして組織し、現実化していく社会である。経済人がこれに加わりうるのは、政治家、官僚、学識者を自らの活動領域内に取り込みうる範囲においてである。社会主義や共産主義国家がコミュニズムという理念を組織化し、現実化した共産党の一党独裁に陥るのは必然であったし、天皇制国家イデオロギーを軍国主義イデオロギーへ再組織しえた軍部と右派知識人が戦前、戦中の日本の政治体制を独裁支配しえたのも、近代イデオロギー支配の必然の産物であった。同様、近代が少数の成功者層と多数の脱落者層を形成していくのも近代のイデオロギー社会の必然の帰結なのである。なぜなら近代とは「イデオロギー」の支配者が世界史の支配者となり、それに参画しえない者たちは世界史から脱落していく存在となるからである。

伝統社会にあっては、社会構成は身分的なヒエラルキー構造に即して組み立てられていたものが、近代社会では理論的には身分的階層性は廃棄され、社会の全構成員たる「市民」が対等の関係で社会理念の完成に関与していくものとされるが、実質的にはその市民階層を突き抜けた特権的な上層階級と市民段階からドロップアウトしていくという上下二層への階層に分極化して投げ込まれることになる。近代社会が理論的には平等な市民社会によって構成されているという建前をとっていくのは、そもそも「市民」という概念自体が近代社会の民主主義的、共和制的理念から発しているものであり、その理念《イデー》の理論《ロジック》化が近代社会のイデオロギーであったということからくる必然の結果である。「市民」とは、理論的には伝統的な権力社会における臣民と平民という身分的規定から解放され、また宗教的な権威社会の被造物という規定から解放され、自律的な意志をもった独立人として、人間的には自然権に由来する個人の「自由」意志に覚醒し、社会的には歴史の「進歩」に共同参画するという意識を共有している人びとを意味する。

近代社会内ではこの「進歩」と「自由」の理念の実現を阻む存在が旧体制として批判され、この理念を理解しえない者たちは、啓蒙され、教育され、文明（文化）化されるべき存在と考えられる。西欧社会にあって近代化とは、この「進歩」と「自由」という二つの中心的な理念をいかに思想的に自己の内なるものにしていくかという「近代イデオロギー」形成過程を意味する。それは逆説的ながら人類とは普遍的に同一の存在であるという超歴史的な規定と価値を新たに与えなおされることで同じ価値を享受しうるという理論的な建前としての「近代イデオロギー」の確立過程のなかに置かれることになる。つまり再び人間存在の本質は歴史的に規定されるという歴史主義的思考によって達成されてくるという理論の鋳型のなかで作り直された存在になる。西欧社会が東洋社会と決定的に異なるのは、「自由」という観念をギリシアの共和制の理念から引き継いだという「ルネサンス・イデオロギー」とそのもうひとつの源泉であるゲルマン的自由という虚構された観念を自己の内在的な資性とすることで、「ゲルマン・イデオロギー」を歴史的実体とすることに成功した歴史哲学的な「世界史」を虚構しえたことである。

ヨーロッパは自由の地であり、アジアは専制主義の地であることを認め、そのヨーロッパの自由の最初の実例と代表的な実例をギリシアとローマに認めながらも、その古代的自由は一旦は断絶したが、再びゲルマン人の本源的な資質に由来する自由を近代的自由の直接の源泉とするモンテスキューの自由思想でさえも、アジアに対するヨーロッパの優越と古代に対する近代の優越という二重の優越意識を「自由」の観念のなかに求めている。モンテスキューのようにさまざまの留保条件を付して西欧世界を非西欧世界に対して優越する主張はむしろ稀なことで、西欧の歴史哲学において二〇世紀に入るまでこのような遠慮がちな自己主張はほとんど存在しなかった。つまりモンテスキューだけが例外的で、ほとんどの歴史哲学者は無条件に西欧優越意識に加担していた。あのマルクスさえもが、というよりマルクスこそが最も先鋭な東洋蔑視論者で西洋優越論者の部類に入れられるべき存在である。

ともあれ、東洋蔑視論と西欧優越論の論拠と論理構成がどのようなものであったか考えてみたい。それはまずはアジアの停滞とヨーロッパの進歩、つまり一方の非歴史性と一方の歴史性という信念に由来する。停滞と進歩を分かつものは自由の意識の覚醒と有無にある。東洋にあっては専制主義が自由を抑圧し、西洋にあっては共和制と民主制が自由の意識を育成し、拡大させる。だがより本源的には、東洋が自然の豊かさのなかに埋没し、専制政治のもとにあっても、服従を代償とすることで生存を保持しえるのに対し、西洋は苛酷な自然との闘争のなかで、自己の力だけを頼りに闘争精神の気性と状況を改変していこうという進取の気性、つまり「自由」と「進歩」を育んできたというのが、東洋に対する西欧の優越意識の基本をなしている。つまり専制支配に対する服従と自然や状況への適応のなかで、変革と進歩の意識を喪失した東洋世界は、いうなれば「先天的奴隷人」的な状況を甘受している存在である。

すでに引用したミシュレの「ヨーロッパは自由の地だ。ヨーロッパに触れた奴隷は解放された。これはアジアから逃れてきた人類にも言えることだ。この西洋の厳しい世界の中で、自然は自発的には何も与えず、必然の法則として自由の訓練を課す」という言葉は、この事情を端的に表わしたアジア観となっている。いうなればこれはまだその概念は存在していなかったにせよ、拡大した意味での「オリエンタリズム」である。それは実在せる東洋世界との接触や観察によって得られた情報によってつくられたものではなく、西洋世界の観念のなかで虚構された東洋人像にもとづいた優越意識の逆投影を意味するものである。ちょうど啓蒙時代初期に流行した内部からの西欧世界批判としての「善良な野蛮人」による西欧世界の観察が、本物の「未開人」ではなく虚構された「未開人」によって、特定の歪曲された非文明世界像、つまり「野蛮」であったこと、虚構の「オリエンタリズム」であったことと対応している。

ヘーゲルやミシュレに代表される一八三〇年代以後のヨーロッパの歴史哲学の「世界史」とは、まさしくこのようなオリエンタリズムの思想を基盤につくられた西欧の優越意識の完成形である。しかし、オリエンタリズムという用語は多義的で誤解を招きやすい概念であるので、ここでは直截な表現で、東洋蔑視、あるいは非西欧世界蔑視の語を用いたい。この東洋蔑視、非西欧世界蔑視は、心理的には「善良な野蛮人」のイメージのなかに込められているような、無意識的な東洋憧憬や南洋憧憬のような楽園憧憬を含むものであるにせよ、非西欧世界に向かっての自己世界の拡大という西欧世界の膨張運動のなかで是非とも確認しておきたい自己意識であった。この自己優越意識なしには、西欧世界は「世界史」の主導者の位置を正当化しえなかったのである。

この西欧の自己優越意識は武力や軍事力といった科学技術力の優位によって後押しされたものであったとはいえ、本質的には「近代精神」の確立を通じての西欧人の自己意識と自己価値の発見に由来するものであった。それは西欧の啓蒙主義思想によってもたらされた宗教社会と伝統社会の権威主義的な思考から脱脚し、新たに人間精神の自律性の自覚に由来する社会の内部革命であったが、その社会枠が西欧内部にとどまらず、西欧圏を越えて世界規模へ拡大されてくると、西欧世界の自意識は西欧内部の問題への対処という範囲を越えて、非西欧世界を視野に入れた対外的な問題への対処という、より広範囲な自意識の形成が必須のものとなってくる。それはアルプス以北に限定されたヨーロッパ世界を地中海世界圏と結合させること、つまりゲルマン世界とラテン世界を地理的に一体化させるだけではなく、歴史的にもギリシア・ローマを完全にヨーロッパの内部世界とする作業である。つまり、これが「ルネサンス・イデオロギー」と「ゲルマン・イデオロギー」の結合である。

この二つのイデオロギーを支えている中心的なイデーは、「進歩」と「自由」という理念である。そしてこの「進歩」と「自由」という理念発達は確かに非西欧世界に比べて圧倒的に不利な西欧世界の生存環境や条件との闘争に由来するとされる「自主独立精神の発達」と関わるところの多いものではあっても、この理念を西欧世界の自意識にまで育てあげていったのは、東洋世界や大航海時代以後に新たに視野に入ってきた非西欧世界の自然の豊饒な生産力と歴史的に蓄積された富や伝統の豊かさに対抗する自己のアイデンティティの拠り所の形成であった。西欧人の「西欧」とのアイデンティティを理論的に保証しえたのは「市民」という意識の成長の成果であった。民族移動期からどうにかメロヴィング朝、カロリング朝によるヨーロッパの政治的統一の方向性を見い出したとはいえ、その政治的な独立基盤も弱く、文化的には「異教」であるキリスト教に依存することで精神的結合を果たさざるをえなかった西欧世界が精神的にも文化史的にも東洋世界に対抗しうるだけの自意識を確立していくためには、ギリシア・ローマの古典古代の歴史と精神、さらにはキリスト教精神と歴史的伝統を自己のものとしていかなければならなかった。このことによって西欧は「自由」と「自然権」という社会生活上の生存の保証を得ることができた。そしてこの生存の保証を自己の権利の基盤にしえたのが「市民」であった。

このようにして西欧近代の世界史は本来的には自己のものではないギリシア・ローマ世界の歴史と精神、さらにはキリスト教の精神と歴史を自己の直系の父祖と虚構し、それをゲルマン世界という本来的な基盤のなかに溶けこませていく。歴史記述とは権力が介入すれば必ず監視され、管理された歴史になるが、権力が介入しなくとも歴史はかつてあった事実とそうであってほしかったという願望、そしてそれが未来の目標としての理念と結びつく入り交じった「イデオロギー」になってしまうのがその運命である。キリスト教の神聖世界の「普遍史」の理念に対抗して、世俗的な人間の歴史としての西欧近代の「世界史」が、特にイデオロギー性の強い歴史となるのは、人間の歴史が事実価値よりも理念価値によって再整序され、再構成されてきたからである。ともあれ、西欧近代が「世界史」という新しい歴史の見方を発見し、西欧世界の歴史を主導してきた理念を「進歩」と「自由」に求めるようになったことで、東洋世界や非西欧世界は、「停滞」と「隷従」がその歴史的運命とされてしまった。

ニュートラルな概念に変化した文明と文化

今日のわれわれは「文明」「文化」の概念を拡大し、人間的活動のほぼ全領域の営為とその成果にまで適応させてしまっている。その概念の適応範囲にいたっては、人間生活の全領域の習慣、しきたり、ならわしといった行動様式の個別的な特徴までをも含むものになってしまっている。このような用語法はその概念のもつ柔軟性、いいかえれば内在的な無規定性にも原因があるとはいえ、概念が人間活動の全領域にまで適応させられてくる原因は、一九世紀末から二〇世紀にかけての文化人類学、民族学、考古学、民俗学といった新しい学問領域の成立とその成果の一般的な承認過程と平衡して進んできたことである。だがこの概念の成立時においては、それは高度な価値概念であって、人間の選ばれた活動領域にしか用いられない概念であった。もっと端的に言えば、それは芸術や技術、学芸や高度な知的成果に対応する領域に限定されたものであった。しかもそれは、人間の自由意志と進歩の精神を前提とするものと概念連合することで、さらに西欧世界内の特定の人間活動の成果に次第に限定されてくることで、西欧近代世界の特権的な徴表概念の性格を帯びるものとなっていった。すでに述べたように、その概念が非西欧圏の人間活動に適応されるようになったのは、文化（社会）人類学、民族学、考古学、先史学といった人文諸科学の学的対象が非西欧圏の人間活動を学的な対象とすることで開始された概念拡大の結果である。

「文明」「文化」の概念はその生成期にあっては、「世界史」の理念的性格に基づき、文字通り世界全域と人類全体を一応は形式的に前提としていた。しかし、「世界史」が非西欧圏を「停滞」「隷従」世界と規定し、人類史的な発展から排除し、新しい人間価値の創造と自由精神を西欧世界に限定することで、自由の理念を基礎とする「文明」と「文化」を西欧世界の特権的な徴表としていったのである。もう一度カントの『世界市民という視点からみた普遍史の理念』第七命題の段にあることばを思い出してみたい。

たしかに文明も文化もその概念の生成期にあっては、ともに人間の「ふるまい」の洗練化、人間の社会行動におけるマナーの確立にかかわる概念であったが、概念の確立期にあっては個人の行動様式の範囲を越えて、社会集団間の生活の全様式の比較とその価値の序列化の指標とされるものになってきた。そしてそれは西欧社会内部の社会集団間の比較、社会集団の価値の序列化にとどまらず、国家間の自意識の優劣比較や先進性の対抗意識を生み出してくる。これと同時に国民性の強調とその優劣意識のナショナリズム的な思想化をもたらすものになってくる。だが文明と文化の概念が西欧社会内部での諸集団、諸国家の優劣比較にとどまらず、西欧世界と非西欧世界の関係に拡大されるとき、西欧の社会価値が全世界の指導価値となり、西欧が全世界の支配者的位置を要求する正当的な権利を有しているという意識をもったことが、「世界史」の運命を決定してしまった。

文明、文化が今日でも価値概念であることには変わりはないが、しかし、その価値は拡大され、分散化され、ほぼ実体を失ってしまったものになっているが、一九世紀末に至るまでは西欧近代が独自に創出した「芸術」「科学」「科学技術」「歴史学」「古典学」「哲学」といった近代の知的営為と、「進歩」と「自由」という理念を指標とした人間社会の道徳的規範から導き出された社会の規範価値とが不可分に結合した概念であった。「文明」や「文化」とは西洋近代が世界史的な過程で自己に与えた名誉心であり自負心であると同時に、西欧近代の諸国家が国家間の競争意識において自己の存在意義をそこに依拠せしめた自己価値の概念体系でもあった。

カントは「世界史の理念」を「自然の隠された計画の実現されるプロセス」といっているが、その自然の隠された計画とは、人間がそれぞれに独立した自由人、つまり「市民」として共同の社会組織、つまり「国家」を形成、最終的には国家をも越えた世界市民連合国家のなかに解消していく人間活動の諸成果を「文明」「文化」といっている。カントの『世界市民という視点からみた普遍史の理念』の第八命題は、「人類の歴史の全体は、自然の隠された計画が実現されるプロセスとみることができる。自然が計画しているのは、内的に完全な国家体制を樹立することであり、しかもこの目的のために外的にも完全な国家体制を樹立し、これを人間のすべての素質が完全に展開される唯一の状態とすることである」という。なぜなら「文明」「文化」とは人間の個人的な特性を越えた集団的特性であり、その集団的特性の集結点が国家であることから、その集合的特質を決定するのは、国家という人為的な集団の性格だからである。

カントはこの命題を敷衍し発展させて、最後の第九命題に至って、「自然の計画は、人類において完全な市民的連合を作りだすことにある。だからこの計画にしたがって人類の普遍史を書こうとする哲学的な試みが可能であるだけではなく、これは自然のこうした意図を促進する企てとみなす必要がある」（中山元訳）という。カントのいう「世界史」とは「自然の隠された計画」、つまり人類史の発展理念としての「進歩」と「自由」の達成であるが、進歩とは人間の知的進歩にとどまらず道徳的進歩と結合した社会制度の完成を意味し、自由とは市民の政治的自由と国家体制的な自由の保証の確立を意味するものである。したがって「文明」と「文化」とは歴史が無計画に、またそれぞれに勝手に集積してきた人間の活動成果ではなく、「世界史」が設定した理念的指標に沿って集積されるべき人間活動の成果に限定されるものを意味していたことになる。

カントにとって「世界史」とは人類全体がそれぞれの民族ごとに個別的に歩んできた時間的経過の総和ではなく、自然の計画として想定されるべき人類の進歩の理念の実現過程とみなされるべきものである。だから彼は第九命題を敷衍して次のようにいう。

これまでは人間の歴史は、人間の勝手で気ままな自由の行使がもたらした複合的な結集として理解されてきたが、すでに述べたように歴史を考察することで、このような導きの糸を発見できるだけではなく、将来にたいする新しい願望が開けて、慰めをえることもできるようになるのである。(自然の計画を想定しなければ、根拠をもってこれを期待することはできないのである)。そして自然が人類のうちに植えておいたすべての素質が完全に芽吹いて、地上における人間の使命を果たすことができるような高い段階を、そのはるか彼方に思い描くことができるのである。(中山元訳)

このように人類の歴史、すなわち「世界史」は諸民族、諸地域の個別的な歴史の加算的総和ではなく、「自然の隠された計画」ともいうべき人類史の理念的発展、さらには未来において達成されるべき人類の進歩に照準を合わせた人間活動に限定される発展のプロセスを意味するものである。したがってカントにとって歴史とは諸民族の諸王朝の政治史、経済史でもなければ、恣意的な戦争や事件の年代記的な記録でもない。それは人類が「進歩」と「自由」という理念にそって、人間をどのように集団的、社会的に組織化していったかという、「文明史」であり、「文化史」なのである。つまり「世界史」とはカントにとって歴史哲学が哲学なりに構築した「千年王国論」である。いいかえればキリスト教が神学的に構築した千年王国論の世俗世界の哲学的な理念であって、単なる夢想とはまったく異なったものである。

くりかえして強調しておきたいことは、今日では文明、文化の概念が全人類の人間活動や生活様式、慣習やしきたりなどの全体を覆うものとして使用され、さらには高度な人間活動の価値としての価値評価からも解放され、最終的には動物の生活様式とは区別される人間生活全体を意味し、言語をもつ人間すべての生活様式全体にまで適応される概念にまでなってしまっている。つまり、それは社会を構成している人間集団の共通の生活様式を意味するものになってしまったが、本来的にはきわめて高い価値概念であり、特定の人間集団のみがそれに達しえた最高の精神的所産を意味するものであった。もっと端的に言えば、それは西欧近代が人間の最高目標として設定した「進歩」と「自由」の理念にもとづいて新たに創出した人間価値であり、原始社会や未開社会、封建的前近代社会、非西欧世界が知らなかった人間価値を提唱する概念だったのである。

いいかえれば、「文明」とは原始や未開に対するアンチテーゼであり、前近代社会や非西欧世界に対するアンチテーゼあり、地域的な閉鎖集団の精神的営為に対するアンチテーゼとしての普遍的で世界的な精神的営為を意味するものであった。また「文化」とは単なる日常的な生活様式とは次元を異にする、精神的、理念的価値の実現であり、哲学、科学、芸術、宗教など民族が生みだした最高の精神的所産を意味するものであった。いいかえればそれは「さまざまの生（生活）」のかたちではなく、

「生（生活）以上のもの」としての精神的産物であり、創造的感性や思索的知性が客観的に形象化されたものである。もっと具体的に西欧近代史の次元でいうなら、それは「進歩」と「自由」の理念を歴史的に形象化していく「ルネサンス・イデオロギー」と「ゲルマン・イデオロギー」の共有財産化であり、民族を国民の自負心の理念的な指標とする「ネイション・イデオロギー」の共有から生まれた西欧世界の自己主張によって生みだされたものである。

繰り返し言えば、私がこれまで文明、文化の概念を括弧付きで用いてきたのは、それが全人類、全時代の人間活動に対等に適応されうる概念ではなく、西欧近代が自らの価値に対する抱負と自らが切り開き確立してきた現世的で世俗的な「世界史」の理念への信頼感を思想的に体系化する作業とその成果にのみ、特権的に与えた概念であったからである。いいかえればそれは「ヨーロッパ的伝統の連続性」という虚構の歴史像を喪失していく過程で、その「伝統」なるものを西欧社会の理念的価値に整序していくための概念化作業に最も適合したものが「文明」であり、「文化」であったということである。

ヨーロッパ的伝統の連続性という虚構

G・バラクラフの『転換期の歴史』（一九五五年）は、「ヨーロッパ的伝統の連続性」という虚構について次のように語っている。

西ヨーロッパに共通に「受けつがれてきた文化伝統」の学説は、数世代わたって、歴史家たちにとって、なじみ深いきまり文句であった。その学説は、十九世紀のすぐれて自由（主義的）な歴史的伝統――つまりランケ、ギーゼブレヒト、プライスそしてアクトンの伝統――の基礎のうえに立てられたものであるが、それがより広くゆきわたり、その歴史的状況からきりはなされて、一つのドクマ、あるいは信条として表面にあらわれてきたのは、ようやく、第二次世界大戦の余波の中においてであった。この重大な変形――それは思想の歴史に一般によくあることなのだが――はつぎの事実によって説明できる。つまり初期の段階では政治的含みをもたない（だからこそ歴史家は数世代にわたって、この学説が文句なしにふくんでいる真理と救済の要素を、社会におしつけることができなかったのだが）知的確信であったものが、いまや政治的内容を付与され、組織化された政治勢力の道具になったのである。すなわち、「西欧的伝統」のひじょうに戦闘的な支持者が、原子爆弾を装備した強力な軍隊を動員しようと、あれこれ策をめぐらすとき、それをおおいかくすイデオロギー的煙幕として再登場してきたのである。（前川貞二郎・兼岩正夫訳）

ここでは「西欧的な伝統の連続性」が、一九世紀の偉大な自由主義的な歴史家たちによる「西欧的伝統」の探索の努力のなかで、政治的なイデオロギーとは無関係に、歴史科学的な信念にもとづいて確信されてきたが、それが第二次世界大戦と戦後の西欧社会の東西分裂を契機に急速に政治ドクマとなり、イデオロギー的に再編されてしまったという。いいかえれば、この文章はそれが書かれた時代状況を考慮に入れて読まれるべきものだということである。それはヨーロッパがドイツを中心に自由主義圏と社会主義圏に分断され、「西欧的伝統」とは何かという問題が、思想問題の範囲を越えて、政治問題としても再解釈されるべきものとなってきたことを意味するのである。

それを突き詰めて再提示するなら、「ヨーロッパの伝統の連続性」というものが、歴史的真実なのか、それともある特定の思想状況のもとで虚構された歴史的なフィクションなのかという問題に帰着するものである。だからバラクラフは先の引用文のあとで次のように続ける。

しかし「西ヨーロッパ文化」の統一性やヨーロッパ文明の連続性の学説も、けっきょくは歴史事実についての一つの解釈であって、その解釈は、その基礎となっている歴史に左右されるものである。だからそれは当然、歴史批判固有の領域に入るものである。注目すべきことはつぎのことである。つまり十九世紀の先駆者たちのおどろくべき総合力にたいしては、今日すべての歴史家が尊敬をはらっているにもかかわらず、その基礎となっている歴史解釈が、歴史批判によって粉砕され、歴史学者によってすて去られてきたまさにその時に、この学説がドグマとして主張されるようになったということである。そしてなおもっと注目すべきことは、この学説の基礎となっている歴史的前提の基礎を、専門的歴史家が弱め、ほりくずしているのに、そのことが、政治的ドグマとしての効力を減ずることにならず、つねにくりかえされ、ほとんど批判されることなしに、この学説が与論におよぼしたあきらかな魔力を打ち破ることにも、ならなかったということである。（同前）

この右の引用文が改めて私たちに教えてくれることは、「西ヨーロッパ文化の統一性」とか、「ヨーロッパ文明の連続性」とは一九世紀の先駆的で総合的な歴史家たちによってつくられたひとつの歴史解釈、つまり「学説」であったということ、いいかえればひとつの「虚構」であったということである。そしてその歴史的虚構はその後の歴史研究と歴史批判によって、「粉砕され、歴史学者によってすて去られてきたまさにその時に、この学説がドグマとして主張されるようになった」ということである。

　バラクラフがこの文章を書いた第二次世界大戦後のヨーロッパにおいて東西二つの陣営に分裂をもたらさせた深刻な危機感が、ヨーロッパ文化の一体性、ヨーロッパ文明の連続性という思想を切望させていた時期であったことは十分に理解できる。だから彼は続けて、「共通の《西ヨーロッパ的伝統》という学説が、われわれの心につよい影響をおよぼしているにちがいないことは、容易に理解できる。けっきょく、それは動乱の時代に士気を鼓舞するときの声であり、現代の分裂から西ヨーロッパ文化の統一へ、そして西ヨーロッパ文明の連続性へのアピールなのである」といえたのである。しかし、この文章から半世紀以上も経過し、社会主義国家も崩壊し、EUというヨーロッパ連合も成立した今日においても、「ヨーロッパ的伝統の連続性」の学説が、いまなお生命を保っているというより強くドグマとして作用しているのを実感するとき、この学説がバラクラフが考えていたよりもはるかに根が深いことを知るのである。

　バラクラフはヨーロッパ的伝統の連続性、西ヨーロッパ文化の統一性と西ヨーロッパ文明の連続性を一九世紀の歴史科学の成果として、そのひとつの「学説」と考えた。いいかえれば、彼はそれをランケからアクトンといった一九世紀の専門歴史学がつくり出した「学説」として問題にしたのだが、それは彼の考察をはるかに越えて専門歴史学の範囲に留まるものではない、広大で、深い根をもつ問題だったのである。それは西欧近代がキリスト教の世界年代記にもとづいた神的な「普遍史《ウニヴェルザール・ゲシヒテ》」に代えて人間的で、世俗的な「世界史《ヴェルト・ゲシヒテ》」を創出していく過程で、西欧世界の起源をどこに求めていくかという問題と、「世界史」を成立させることのできる歴史的原理として何を設定するかという問題に帰着するものである。キリスト教的な「普遍史」の歴史を動かす原理とは神の摂理である。摂理とは神が自ら創造した被造物を救済へと導く永遠の計画を意味し、人間の行動の意志もその摂理の範囲内に含みこまれているがゆえに、またさらに人間の自由意志も行動の自由も普遍史的な視点からは、神の計画の中に含まれたものであるがゆえに、本質的には存在しないものであり、被造物の立場からすれば、大いなる予定調和のなかで規定された運命を受諾することを意味したのである。それに対して「世界史」とは人間が自らの自由意志で、自らが設定した「進歩」という理念に向けて自己発展の精神を涵養していくプロセス全体を意味する。

「進歩」と「自由」の理念が存在せず、「停滞」と「隷従」にとどまる非西欧世界は、「文明」や「文化」価値に結び付く歴史的伝統を形成しえなかったというのが、「世界史」の観念の成立の前提であった。バラクラフはさらに批判を一歩進めてヨーロッパ文化の統一性やヨーロッパ文明の連続性をギリシア・ローマ世界と接合させようとする試みだけでなく、新たにそこに「キリスト教文明」という要素を付け加えようとする試みをも批判する。つまりギリシア・ローマの古典精神、キリスト教精神とゲルマン精神の総合という一種の聖三位一体的な「ヨーロッパ・イデオロギー」の批判として、クリストファー・ドーソンの『ヨーロッパの形成』（一九四三年）をその代表例として次のようにいう。

それ［西ヨーロッパ的伝統という学説］は、われわれを過去の偉大な人びとにつなぎとめ、その人びとの確信をもって、われわれをささえるものである。それはわれわれをしてローマとアテナイの偉大さにあずからしめ、「われわれを、生かしつづけるべき偉大な遺産をもったギリシア文化とローマ帝国の擁護者」にする。ではこの「西欧的伝統」の縦系と横系とは、せんじつめるといったいなんだろうか。その構成要素は、「われわれ自身そこに根をおろしているギリシア文明とキリスト教文明の諸価値」であるといわれている。「人の心にヨーロッパの一体性の概念を現実的なものとして確立させるのに役だつ」ものは、なかんずく、「ローマ帝国、教皇権、さらに遠くアテナイの理念なのである」。（同前、カッコ内の文章はすべてドーソン『ヨーロッパの形成』のもの）

バラクラフのこのような「ヨーロッパ・イデオロギー」、あるいは「ヨーロッパ・ドグマ」批判は、いうまでもなく正当な批判であるが、「一つの新しい文明を古典的遺産、ラテン語、キリスト教から合成するこの物語は、ひとに印象を与える構想であり」、ヨーロッパ人の自尊心に快く受け容れられるだけではなく、ヨーロッパ人諸国民の国民精神と民族精神の発展を中世という「暗黒時代」で中断させることなく、連続性において架橋・接合させるのに好都合あり、しかも「それは中世に新しい威厳を与え、中世についての詳細な研究に最高の意義づけをするものです。それはそれがもたらす目的が完全だという安心感だけでなく、その固有の単純さゆえに、ひと（西欧人）をひきつけるものである」ということになる。

バラクラフが批判する「ヨーロッパ文明の連続性」「ヨーロッパ文化の統一性」という歴史的虚構は、「西欧的な立場からは離れて、公平に過去の広大なパノラマを見ようとする歴史家から見るとき、それは〈人の心を知的領域の拡大によって、地方人的根性から解放するかわりに〉、われわれが片よった好みにもっともふさわしい鋳型の中に過去をはめこむ、〈地方的〉な歴史家以外のどんな存在であろうか？」と手きびしく反論されなければならないものである。つまり、それは人類史という普遍的な価値規準を標榜した「世界史」が、単なるヨーロッパという一地方の地方人的な根拠によって地方的な歴史を「普遍史」に昇格させようとした歴史的虚構にすぎなかったということである。

このバラクラフの見解は、「文明」と「文化」の概念の複雑な多義性と複合性の由来を明らかにするのに役立ってくれるものに思われる。西欧近代は人類の歴史的な発展を「人間精神の進歩」という単一の規準で捉えようとした人類史上最初の時代であったといえる。そして、人間精神の進歩の中心にある基本概念は「自由の意識」の実現を意味するゆえに、「進歩」と「自由」が人類史の発展の理念として、両者が不可分な観念連合のうちに相互補完的な関係を形成して、人間の歴史とは人間が自由意識の実現過程を人間精神の進歩とする歴史意識をつくりだしたのである。

別のいい方をすれば、啓蒙主義の歴史哲学が創出した「世界史」とは、人間が自己の「自由」を自然権と考えることで、自由の意識を拡大させ、自由の意識を実現させうる社会状態を「文明」の段階、「文化」の段階と規定しえた歴史意識の産物であったということである。したがって啓蒙主義の歴史哲学の構想のなかでは、「文明」と「文化」は西欧近代のみが独占しうる特権であり、価値観念体系であった。ところが一九世紀において専門化していく歴史学は、「文明」と「文化」により大きな栄光と威厳を与えるため、「西欧近代」を生み出した先行する時代にまでこの両概念を適応させていったのである。それがバラクラフのいう「ヨーロッパ文化の統一性」「ヨーロッパ文明の連続性」という「学説」を生成させてきたヨーロッパ・イデオロギーあるいはヨーロッパ・ドグマというものである。

「文明」と「文化」の優劣比較と比較の意味

「文明」「文化」という概念が本来このようにヨーロッパの独占物であり、西欧世界の非西欧世界に対する優越性の証明のためにつくられた名辞であったものが、非西欧圏の歴史や社会、人間活動の成果にまで拡大、適応されることによって、西欧的価値領域を越えたものになってくるとき、「文明」と「文化」の概念は複雑な概念複合を果たし、概念の多義化をまねくことで、両概念の関係の理解を困難なものにしている。この複雑に錯綜してしまった「文明」と「文化」の関係を整理し、さらにはその両概念の関係の変化の諸相と両概念のイデオロギー的特質の同不同を整理してみる必要がある。そのために「文明」と「文化」の概念理解を四つの位相から考えていくことにする。そのひとつは「文明」を「文化」の上位概念とする見解、第二は逆に「文化」を「文明」の上位概念にする見解、第三は「文化」と「文明」は敵対的に対立するとする見解、第四は「文明」と「文化」を同一的、同義的な概念とする見解である。

そしてさらに、文明と文化の両概念間の関係が、ヨーロッパの文明、文化の連続性と統一性というイデオロギーとどのように連動してきたのかということをも考え合せてみたい。この「文化」と「文明」の両概念の関係のありようそのものがヨーロッパ文明の連続性と統一性というイデオロギーとも密接にかかわり、バラクラフがいうように一九世紀歴史学のヨーロッパ的伝統の連続性という学説として、次に挙げる三つの歴史学イデオロギーと深く関わっているものと考えられる。ひとつは、西欧近代の歴史的な起源をギリシア・ローマという古典古代の合理主義的精神と人間主義のヒューマニズム思想に由来する「進歩」精神の文脈のなかに見い出そうとする「ルネサンス・イデオロギー」である。ふたつめは、真の西欧近代精神の起源をゲルマン人の「自由」精神に求める「ゲルマン・イデオロギー」である。三つめは、西欧近代精神は近代人の自律した市民意識が、人間社会の新しい存在形態として、主権在民の共和主義的な社会統治機構としての国民国家の完成を目指すか、あるいは市民的な個人としての連合よりも、言語や伝統の共通性に支えられた民族集団の精神的連帯のなかに、人間社会の新しい統治機構の強化を目指すところの、いわゆるナショナリズム思想にもとづく「ネイション・イデオロギー」である。

この三つの西欧近代の歴史イデオロギーとその前に挙げた「文明」と「文化」の関係の四つの類型は、それぞれに密接なかかわりのなかで、文明、文化概念の複雑な観念と概念の多義性を生みだしてきただけでなく、「近代」という概念そのものを複雑化、多義化させてきたのである。

話を「文明」と「文化」の概念の関係に戻すと、両概念はその名辞の発生した西欧においても、その概念を借用している日本においても両語義の明確な区分はきわめて困難なものになっている。その原因は両名辞が当初は西欧近代が創出したかなり限定された価値領域にのみ適用された人間活動の特定の成果を指すものであったものが、次第に歴史的にも時間的・空間的にも適用領域を広め、ついには人類史全体と地球の全空間の人間集団全体の生活様式すべてに適用されるほど拡大させられてしまったからである。さらには両名辞がほぼ同義語に近いものでありながら、語源を異にし、ドイツでは文化という語で表現される価値領域を、フランスやイギリスが文明という語で表現するという厄介な事情まで抱え込んでしまっているからである。しかし、語義解釈を最も困難なものにしているのは、当初は啓蒙主義の歴史哲学が西欧の近代価値の指標とするために概念化した両名辞の使用領域を歴史学と社会学が広め、ついには文化人類学、民族学、先史学、民俗学といった新興の派生科学が際限のないほどに拡大させてきたからである。だが語義の適用領域の拡大にとどまらず、二〇世紀後半に興ってきたカルチュラル・スタディーズという新しい文化科学領域が比較文化学、国際文化学、文化政策学、文化資源学、総合人間文化学など、その派生領域を次々と拡大させているためでもある。

ともあれ、文明、文化の両概念の学的な厳密な定義が不可能なものにまでなってしまっていても、一般的な両語義の区分は、人間が歴史的に発展させてきた精神的、物質的な活動成果のうち、技術的、物質的な所産には文明を、芸術、宗教、学芸、宗教、道徳などの精神的な所産には文化をあてることで、大まかに納得している。しかし、本書にとっては、両概念の区分よりも、両概念の関係、つまりどちらがどちらの内包概念であるのか、どちらがどちらに対して上位概念であるのか、さらには両概念は相互補完的なものなのか、あるいは対立的、敵対的なものなのかといったことである。先にその関係を四つの位相で提示しておいたが、ここではそれを順を追って見ていきたい。

まず第一は文明を文化の上位概念とする見方である。その典型的なものとして、文化人類学者のクラックホーンの「文明とは単に文化の一つのタイプ、すなわち複合文化もしくは高度文化にすぎない。より具体的にいえば、文明とは、その語源が明らかにしているように、都会に住む人の文化である」といったものである。これは一見、文化が文明を内包領域に含み込んでいるので、文化を上位概念のように考えているように思えるが、本質的には逆である。つまり文明とは文化が最も高度に発達した段階に現われる文化のひとつの完成段階と見るゆえに、文明とは文化という下部構造の上にうちたてられた「高度文化」としての文化の精華を意味するものである。したがってここでは文化とは単なる人間生活の様態であるのに対して、文明とは人間活動の成果であり、価値指標として評価価値の対象水準に達した状態を意味するものである。いいかえれば、ここでの文明とは原始や未開に対する文明の意味で、文化は普遍的な遍在性であるのに対して、文明は個別的な特殊価値である。あるいは文化は歴史的にも地域的にも無数に細分化されるのに対し、文明はトインビー流に独立文明、派生文明、衛星文明と分類しても最大二四を数えるにすぎず、シュペングラー流にいえば西欧文明ひとつしか存在しないものである。

ただしシュペングラーの「文明」の用語法はきわめて特殊で、文明を「大文化」「高度文化」の意味に使用する点ではクラックホーンの用法と同じように、文明が高度文化、大文化として文化の最高段階とする点では同じであるが、その最高段階とは価値的なそれではなく、文化を終結させてしまうほど進展してしまい、文化の末期段階に達した状態に表われる衰退しか道の残されていない魂の非創造的段階を意味している。したがって彼の『西洋の没落』の「没落」という概念は、それは西欧が「文明」を達成したという事実を指すもので、いうなれば「文化」が過度に高度化したことで魂の創造性を失い、非創造性の状態に陥って、文化が没落の段階に入ってしまったことを意味するものである。

その意味でシュペングラーの「西洋の没落」とは、「近代の没落」と同義となるが、この概念の用語では、「文明」の概念は概念消滅しか残された道は存在しなくなる。

シュペングラーが「文明」を否定的な意味で使用しているのは、西欧近代の思い上がりに対する批判として、また啓蒙主義以後の西欧の歴史哲学と思想的にはその継承である一九世紀以後の専門的な歴史学による西欧中心主義の独善的な進歩思想と自由主義思想の批判への突破口の開鑿として重要な意義をもつものである。だが彼の思考法があまりにも抽象的で観念的であり、その用語法も、たとえば「文明」という語の用語法も「文化」に対応させられる場合、生成に対する存在、魂に対する知性、さらには文化の最後に来るもの、死んだものという風になって、歴史的な具体性から遠いものとなってしまい、歴史哲学や歴史学批判としてはほとんど有効性を失ってしまう。ともあれ、彼のネガティヴな文明上位論は、西欧近代の「文明」「文化」の独占論の裏返された投影像として、西欧近代が創出した「世界史」の自己中心的な成立基盤を明らかにしてくれるのである。一九世紀末に学的な独立を果たしてくる文化人類学が対象とする「文化」も、西欧文明に対する未開、原始、無文字文化、土着文化という観念を前提とした概念であることは否定しようもないものである。

二つめの文化を文明の上位概念とする思想とは、これまで繰り返し引用してきたカントの文章に代表されるものである。そのいわんとするところは、「文化」は道徳的に教化された人間「精神」と結合することで、人類がこれから登りつめようとする最後の段階への道を拓くものであるが、「文明」は人間の外面的で儀礼的な完成はもたらすが、道徳的な完成へいたらしめるものではないので、人間的価値において文化は文明の上位に置かれるべきものであるということである。

文明と文化は歴史的に見て、その概念の発生から今日に至るまでずっと混同されてきた。なぜならすでに見てきたように文明を文化の内包概念、つまり文明を文化の進化過程の最終段階とみることは、両概念の内包領域は本質的に同一であり、質的な違いはなく、相違は単なる段階の違いのみだからである。したがってドイツ以外の西欧の辞典が、文化を文明化における個別的な進歩の状態や段階と捉え、文明を社会的状態（文化）の進歩、あるいはその状態と説明するのは、文化と文明の本質的な同義性ゆえである。しかし、それに対してドイツの文化概念は、カントの規定の影響下で文明概念と乖離し、両概念は次第に質的な相違を拡大させていく。ここにおいてともに人間活動の成果であった文化と文明が人間の内面的・精神的価値と外面的・物質的価値とを分けていく概念となってくる。

ドイツにあっては、文化は精神的・理想的な価値の実現であり、それは哲学、宗教、芸術といった民族の生みだした最高の精神的所産を意味するものとなって、人間活動のうちでも至上・至高の成果、つまり人間活動の精華、いうなれば聖化されるべきものを基準とする概念となっていく。もともと超越者の意志のもとで、与えられた運命を甘受していた人間が、自由で主体的な意志で自己の活動領域を拡大させた成果に対して与えられたのが、文明、文化の概念であったので、近代的な価値尺度では当初からそれは価値概念であった。しかし、文明と文化がそれぞれに別の価値規準で測られ、功利主義的な社会価値としての文明が文化の下位概念とされることで、ドイツの文化概念は特別な価値として、国民全体のなかでの生動的な日常的生活の次元に存在して、人びとによって共有されるものではなく、特定の教養階層の占有物となってくる。つまり、それは芸術的創造活動、学術や研究、高度に知的な精神活動の対象となることで、はじめて所有されるような日常的価値を越えた精神価値となってしまうのである。エルンスト・R・クルティウスがたえずフランス文化との対比において批判しつづけたドイツ文化は、「フランスの古典的な文化にくらべて、はるかに伝達しにくい。その成立にあたってすでに大勢の注釈家に登場してもらう必要があった。研究され、説明され、解釈されねばならなかった」として、知識人に独占された価値として、学術的な説明領域内のものとなり、やがては「教養俗物」層の自己満足的な解釈に委ねられるものとなっていった「文化」のことを指すのである。

西欧近代は「文明」と「文化」を人間活動の至高の成果として概念化していった。フランス、イギリスは「文明」を、ドイツは「文化」を、そしてこのように至高価値化された「文明」「文化」はそれを生みだしていった西欧世界そのものを人類史における至高価値の創造者、恩賜者へと高めていったのである。「文明」「文化」の概念が人間活動における最も価値ある成果、つまり集団としての国民意識や民族意識にとっての自意識に誇りや優越意識を与えてくれる集団的業績とその精華を意味するのは、自己の所属する社会集団としての国家ないし民族が、それ以前の社会集団や同時代にあって未開状態にとどまっている社会よりも、自分たちが「進歩」と「自由」をわがものにしているという自負によるのである。つまり西欧の近代社会は、この両概念によって、自らの独自性、自らの価値、つまり自分たちの達した科学や技術の水準の高さ、学問上の認識領域の広大さ、人間的自由と人間の自然権を保証する諸制度の整備によって、自らの社会を特徴づけようとしてきた。

しかし、西欧社会は自らの社会集団を国民国家として形成する社会と民族国家として形成しようとする社会によって、その自意識の形成の方向を異にしてくる。前者は人間を市民として成熟させ、市民間の法的契約のうえでの合意を前提とした国民国家を志向する方向であり、後者は人間を民族的成員として覚醒させることで、個人を同族的紐帯に結束させようとする民族国家的な自己形成の方向である。前者はフランスとイギリスのような市民社会が成熟し、国民の自意識が功利主義的な社会制度の整備の方に向かうものと、後者はドイツのように国民の自意識が精神主義的に個々人の人格的完成と内面的価値の表出によって民族的な一体感の形成に向かうものである。この二つの方向での国民意識の形成が「文明」と「文化」の概念の対立比を生み出してくる。

これが「文明」と「文化」の対立的、敵対的関係である。この事情を最もよく説明してくれているのは、ノルベルト・エリアスの『文明化の過程』のなかの次の文章であろう。

「文明化」(の概念)はヨーロッパのさまざまな国にとって、同じものを意味するのではない。とりわけ、この語の英語およびフランス語の使用と、ドイツ語における使用との間には大きき相違がある。前者においてこの概念は、ヨーロッパと人類の進歩に対して自国民のもっている意義についての誇りをまとめて表現している。後者、すなわちドイツ語の言語習慣においては、「文明化」は確かに全く有益なものを意味してはいるが、二流の価値を意味しているにすぎない。すなわち人間の外面、人間存在の表面だけを包括するものを意味しているにすぎない。ドイツ語で自分自身を解釈するのに用られる言葉、自分の業績と自分の本質をまず第一に表現するのに用られる言葉は、「文化」である。

（赤井慧爾訳）

厳密にいえばエリアスのいうような「文化」と「文明」のドイツ的区分の明確化が始まるのは、一九世紀後半すぎからであり、さらにその区分が急激に加速化され、両概念がイデオロギー闘争にまで発展するのは、先にトレルチの文章の引用をもって示しておいたように第一次世界大戦前後からのことである。しかし、そうはいってもカントの引用文も語っているように両概念は相互補完的で、同義語的な意味を保持してきながらも、一方が精神的・内面的価値を他方が外面的・社会的価値を集約する概念に分化していく要因は両概念の語源のなかに内在していたのである。両者とも人間と自然の関係、いいかえれば人間が自然に対応してきた態度に由来するものである。「文化」は人間を自然の内部存在とみなし、「文明」は自然を人間の外部存在とみなすという相違をその概念のうちにとどめてきたことに概念分化の要因をもっていたのである。「文化」とは人間の内部の自然を積極的に人間性形成の要因として人間の精神的、知的、創造的活動と一体化させることで生み出されるものを意味し、「文明」は自然を人間の外部のものとして人間とは区別し、自然をあくまで人間の功利的な目的のために従属させていく活動として、技術、産業、経済、社会制度に適合させていくなかで集積された自然支配の成果を意味するのである。

しかし、両概念の厳密な区分はすでに多くの試みが明らかにしているように両概念の意味的な相違を明確なものとするよりも、ますます煩雑なものにしていく。結局、煎じ詰めていえば「文明」と「文化」の関係を対立的、敵対的なものとみる見方は、啓蒙主義とロマン主義を対立的、敵対的な思想とみる見方に帰着する。両概念が明確に対立的、敵対的となるのは、トレルチが指摘するように第一次世界大戦前後の英仏対ドイツの帝国主義的な利害闘争が思想戦という形で「文明」対「文化」のイデオロギー闘争に姿をかえて行なわれたためである。たとえば人類学の父といわれるE・B・タイラーがその著『原始文化』で一八七一年に行なった文化の定義では、それは「文化もしくは文明とは、知識、信仰、芸術、道徳、法律、習慣、その他、人間が社会成員として獲得したあらゆる習慣の複合的全体である」とされているように、文化と文明は同義概念、あるいは相互補完概念として、概念区分の必要性さえも感じられないものであった。さらにいえば、タイラーは両概念を西欧近代が西欧の価値として特権化した使用法を破棄し、全人類と人類史全体に適応可能な普遍概念への転化を意図したのである。「近代」社会にも未開と原始的な要素が多く残されており、未開社会や原始社会にも文明的要素が存在しているゆえに、「進歩」という価値尺度を安易に両者の比較に用いるべきでなく、また「文明」概念を西欧社会の独占物とすべきでないというのが彼の文化人類学構想の基本的な立場であった。後に発展するタイラーの思想の継承としての文化人類学がその思想をどれほど継承しえたかは別問題である。

ともあれ、文化人類学によって端緒を与えられた「文明」と「文化」の両概念の脱価値化、相対化、普遍化の流れは、第一次世界大戦のイデオロギー闘争の中でふたたび、国家や民族の自意識、自己価値の主張として、価値概念を復権させた。さらにそれだけでなく、「文明」と「文化」を概念分化させ、諸国家と諸民族はいずれか一方の概念を自意識の基礎とする自己のイデオロギー的な流れをつくり出した。第一次世界大戦にあっては、英仏が「文明」を、ドイツが「文化」を自己価値のイデオロギーの支柱とした。進歩主義と革新主義によって自己の先進性を主張する国家や国民は、「文明」を支柱とし、伝統と歴史のなかに自己の精神価値を見いだし、保守主義と伝統主義的な心情によって自己の価値を主張する国民や民族は、「文化」を支柱にすることが第二次世界大戦以後の世界の大勢となっていった。

二〇世紀以後の両概念の分化と対立の状況は、エリアスの『文明化の過程』の次の文章がよく表わしている。

文明化という概念は、民族間の国家の相違をある程度まで後退させる。この概念は、すべての人間に共通であるか、もしくは——この概念の担い手の感情にとって——共通であるものを強調する。国家としての境界と国民としての特性が完全に確定しているために、それらが何百年来もはやとりたてて論じられることのない民族の持つ自意識、ずっと以前から国境を越えて広がり、国境の彼方に植民している民族の自意識がこの概念に表われている。

これに反して文化というドイツ語の概念は、国民の相違、グループの独自性を特に強調する。そして特にこの機能によってこの概念は、たとえば民俗学と人類学の研究領域において、ドイツ語の言語領域とこの概念の根源状態をはるかに越えて意味を獲得した。その根源状態とは、両方の諸民族と比較すると非常に遅れてやっと政治的な統一と安定に達した民族の状態であり、その国境では何百年も前から現在に至るまで、何度も領土がちぎり取られたり取られようとした民族の状態である。

（同前）

これを要約的にいいかえれば、「文明」とは、西欧近代においていちはやく国民国家を形式しえた国民の自意識であり、「文化」とは西欧にあってドイツやイタリアのように国民国家の形成が遅れた国民、つまり民族集団を国民として統合し、国家とのアイデンティティ獲得が遅れた国民、さらには非西欧地域のように伝統的権威や権力に従属し、主権在民的な国家形成が遅れた地域の民族の自意識ということになる。エリアスのこのような「文明」と「文化」の対立の強調と鮮明化こそ、エリアスが自覚のない西欧イデオロギー論者であり、文明イデオロギー論者であることを語っている。そもそも人類の歴史的展開の意味と価値を「進歩」や「自由」という、西欧近代の特殊な価値規準で判定することと自体が「思いあがり《ヒュブリス》」なのである。そのヒュブリスが神や超越的な絶対者に対する反抗であり、自己価値の承認を求めての闘争であるかぎり、それは意義ある闘争であるが、それが同類の人間に対する優越意識や特定の規準での人類の序列化となるとき、それは唯我独尊で自己尊大化のイデオロギー的主張に転化するものである。

文明と文化の三つ目の関係として、両概念の相互補完的な関わりが検討されるべき意義はこの点にある。西欧近代が創り出した新たな価値とは、すべてがそれぞれに自律的価値を主張し、それぞれが達成点をすぎると、外からの抑止機能を欠くために、独自の暴走と逸脱の本性を表面化させてくる。西欧近代が創出した「科学」や「芸術」といった価値も価値の自律性を要求し、道徳価値や宗教価値、社会的効用価値からの独立を主張し、自己の内的な価値の発展のみを求め、外からの干渉や抑止に鋭敏に反応し、それを極力排除し、自己の価値体系を完結させようとする。その特性は「文明」も「文化」も同じである。両概念がそれぞれに自己の優位性を主張するとき、一方が他方を自己の下位概念ないしは内包的従属概念としようとする。潜在的には概念分化や対立化の要因を内在させていたとはいえ、西欧諸国が帝国主義的な利害闘争を文明と文化のイデオロギー的な思想闘争に転化させていく以前の段階では、それぞれが他方を自己の内包領域に取り込む働きを示し、相互補完性を維持してきていた。

「文明」と「文化」が相互補完性を維持する必要性は、西欧近代が「世界史」という虚構の人類史モデルを創出し、西ヨーロッパ世界にのみ進歩主義的で自由主義的な歴史形成能力を認め、残余の地球上のいかなる地域や民族や国家にも歴史形成能力を認めず、そこに存在するのはただ「停滞」と「隷属」のみで、「文明」や「文化」という人間の自己完成を目指す歴史形成意志が欠如した世界として自己を対置させたためである。いいかえれば「世界史」とは超越的な絶対者の意志の支配を拒否した人間の自由意志が自己の歴史と自らの選択意志で設定した理念や目標にそって世界を変革していこうとする歴史創造の意志なのである。したがって西欧近代の歴史とは過去に起こった出来事や事件ではなく、進歩への意志をもった人間が進歩の目標に照準をあわせた理念を価値規準として過去の人間活動を再整序したものである。つまりそれが「文明」であり、「文化」なのである。

したがって「世界史」や「文明」「文化」という概念は本来的には、今日の歴史科学や社会科学が目指すような価値判断を排除し、可能なかぎり中立的で中性的な方向を目指すものではなく、西欧近代の優越性を証明する価値概念そのものだったのである。西欧の優越性を西欧人の空想的な思い上がりではなく、実体的で明証性のあるものにしていくためには、ヘーゲルに代表されるような「世界史」という歴史哲学的な思考によって、「進歩」と「自由」という観念と実体的、実証的な歴史的制度化の軌跡を西欧社会においてのみ見い出していくことが必要であった。そしてその西欧の実体的な優越性を観念的な方法ではなく具体的で明証性のある方法で呈示するために、「文明」と「文化」が西欧近代の人間活動全体を包括する概念が選ばれ、育成されたのである。

西欧近代が個別的な分野での優越性ではなく、人間の活動領域全体における優越性を主張していくためには、「文明」と「文化」の相互補完的な役割は必須なものとして要求されてきたのである。なぜなら「文明」は人間活動の価値を「進歩」という理念のもとに、人間が未来に向けて開発していく諸価値に照準を合わせた概念であり、「文化」は人間活動の価値を「歴史」の観念のもとに、人間精神が達成した発展の諸段階とその実績の評価に照準を合わせた概念だからである。ということは、「文明」と「文化」という概念は、「進歩」と「世界史」という観念の発明なしには人間活動を歴史的に明証的に実体化しえないものとして、西欧近代独自の思考を基盤として生み出されたものだったのである。

西欧近代の歴史思考の革命的な独自性は、人間活動の歴史的変遷に「進歩」という観念を導入したことである。前近代と非西欧世界の歴史観はすべての歴史的な価値規範と価値尺度は過去においてすでに先験的に提示されており、人間活動における進歩を想定することも、また進歩に価値を置くという思考も発生させなかったところにその特徴が存在する。シドニー・ポラードの『進歩の思想』によると、前近代社会に「進歩」の観念が存在しなかったのは、前近代社会において人間は進歩を実感する経験をもたなかったことに由来するという。そして進歩の観念の成立を西欧近代における「科学」の成立に求める。このようなホワイトヘッドの『科学と近代世界』（一九二五年）に代表される科学的進歩主義の理論は、結果的には「宗教と科学の闘争史」に論点を帰着させる方向に向かうので、宗教と科学が闘争的関係にない非西欧圏や非キリスト教圏の「進歩」の観念の受容の問題を包み込むことができない。したがってここでは「進歩」の観念と「文明」「文化」の概念の関係に問題点をしぼっていきたい。

「文明」と「文化」の価値の継承と廃棄

西欧近代が「文明」と「文化」の双方を相互補完的に必要としたのは、近代が進歩主義の補完物として保守主義を必要としたからである。近代とはその根本に社会変革、技術革新、自由主義経済という進歩主義と密接にかかわる人間活動の新領域の開拓を前提として生まれる社会体制の創出であるが、一方においては現存制度の維持、歴史的価値の保存という変化を欲しない傾向、つまり自然的な伝統主義と進歩主義によって取り残される人間の精神的、内面的な価値を理論的に体系づけることで生まれる、いわゆるマンハイムの「近代的保守主義」が相互補完的に支える社会体制のことでもある。「近代」とは科学技術の進歩と政治機構の改良だけで成立しうるものではなく、人間精神の内面的な充足、いうなれば芸術的、宗教的、教養的な充足という双方向での「進歩」のうえに成立するものである。

いうなれば西欧近代とは啓蒙主義とロマン主義、合理主義と反合理主義、進歩主義と保守主義が一見それぞれに独立した要請をもって相互対立、相互敵対しているようだが、実のところはそれぞれが相互補完的に作用することで、ひとつのまとまりを成している時代のことである。つまり「文明」と「文化」の共存時代である。それは「文明」の外面性と「文化」の内面性が対立的、敵対的に分離して存在しているのではなく、相方がそれぞれに不足している所を相互補完していることで成り立っていることを意味している。これらのことを総合して別のいい方をすれば西欧近代とは、「文明」と「文化」が相互補完的な密月状態にあった時期を意味するものといえるのである。両概念はこれまでも見てきたようにつねに一方が他方を内包概念化し、自らが上位概念となろうとする要求を内在させるものであったが、西欧近代がその分裂を回避させてきたのは、両概念の密月的一体化の状態こそが、西欧近代の栄光と優越を保証してきたからである。西欧近代はミュージアム制度で「文化」を、博覧会制度で「文明」を視覚化し、西欧近代の優越を可視的なものとしえたのであった。しかし、この可視化された「文明」と「文化」が逆説的にそれぞれの概念の相対化を招き、西欧近代の諸価値の優越性と相対化をも招くことになった。

すでにマルクス主義のような進歩主義の極点が保守主義の価値を無化する論理大系を構築することで、「文明」価値の優位性と独立性の道を拓き、また帝国主義的な利害関係のなかでフランスやイギリスのような先進国民国家がドイツのような後進的民族国家の「文化」に対する「文明」の優位性をイデオロギー化することで、さらには人類学や民族学が「文化」概念の相対化を促進させることで、「文明」と「文化」の相互分離をもたらし、結果的に「近代の終焉」という西欧近代の弱体化と相対化をもたらすことになる。

科学と技術の発展は科学革命や産業革命と呼ばれるほどの成果をあげたにとどまらず、科学研究領域の拡大と専門分化をもたらし、技術開発の加速度的進歩は人間生活の全分野において予測を越える恩恵を与えた。だがそういった産業、医療、交通、通信、情報技術などにおける恩恵的発展は、大量殺戮、大量破壊兵器や爆弾などによって、つねにその価値を相殺される側面をもつにいたった。また原子力発電の恩恵もその故障や事故によって相殺されるという側面をも伴うものである。このようにして近代の最大の価値であった「進歩」と「文明」は、当初の楽観主義によって支えられた信頼に疑念が投げられるようになる。それは科学技術の進歩、文明の進歩はかならずしも人間の幸福を増大させるのに貢献するだけでなく、人間の不幸の増大の要因ともなるという認識の発生と浸透でもある。

「文明」がこのように楽観的な自己信頼のなかに否定的な自己不信を抱きはじめたとき、内部的な価値分裂を開始させるだけではなく、「文化」とも決定的な分裂を生じさせてくる。なぜなら「文化」そのものも自律的な人間の自己展開の産物であるゆえに、「科学」や「文明」の否定的な側面を救済する能力を持ちあわせていないからである。つまり両者とも自己絶対性、自己優越性のみを基盤にして成長してきた思想であるゆえに、内省機能をもたず、価値の相対化によって存立基盤を失うと同時に、自らを成りたたせていた理念を失ってしまうからである。より具体的にいえば、「文明」はアメリカ合衆国やロシア連邦、日本という新興国の胎頭によって、「文明」の独占を維持できず、ヨーロッパの地位低化が必然となったからである。いいかえれば「西欧」と「近代」は等記号で結ばれたものとして、非西欧圏に対して「文明」の理念をもって優越性と指導的位置を維持してきたのだが、その「文明」が非西欧圏においても容易に育成、成長が可能であることが明らかになったとき、「近代」は絶対的な価値ではなく、相対的な価値になってしまったのであった。

「文化」においても同じことが起こった。「文化」も歴史学、人類学、民族学によって相対化を余儀なくされてくると、西欧的、近代的理念の支柱を失い、個々の国家、民族、集団の価値へと分解を開始する。「文化」の概念に最初に確固たる理念が与えられたのはドイツ古典主義の芸術においてであった。だがそれは、「文化」とは人間の完全性を目指す理想としての人文主義（Humanität）の理念を実現させるプロセスの総称で、その基礎は人間の「美的教育」にあるとする選良主義の考え方へと方向を進めてしまった。美的教育とはシラーだけの用語ではなく、同時代の古典主義者、ロマン主義者に共通の概念であるが、それは人間の芸術的能力の開発だけを意味するのではなく、人間の完全性を目指す理想としての感性的能力の拡大が、理性や道徳性の拡大と育成の基礎にもなるという考え方である。つまり「芸術」を通じての人間教育は単に芸術教育にとどまるのではなく、人間の教養的完成や人格的完成の基礎となりうるという思想なのである。それはのち人格主義や教養主義として日本にも馴染みとなる思想である。またこれは後にW・イェガーの『初期キリスト教とパイディア』（一九四五年）によって、ギリシアのアレテー（徳性）とパイディア（教育）と「文化」が結びつけられるものである。ともあれ、このような理念価値としての「文化」のエリート主義的な特権が相対化され、個別的な人間集団の生活様式や習慣といった集団的関心へと分解されていくとき、それは「文明」のように漸進的な自己縮小の経過をたどるのではなく、独自の概念転化で生き残りの道を開拓していこうとする。

いいかえれば「近代」が西欧世界の独占物でなくなり、非西欧圏へ転移されることで、「文明」も「文化」も西欧の独占物ではなくなり、西欧人の絶対的な自己優越意識の徴表概念ではなく、相対的な価値概念となり、歴史学や人類学、民族学や社会学の学術用語のなかで適宜その意味範囲を規定されるものとなる。本書がこれまで扱ってきた「文明」「文化」の概念は西欧近代が自己価値と自意識の表明としてのものであって、二〇世紀に入って歴史学や人類学や民族学などがそれぞれの対象世界の認識のために学術的に規定した概念ではなかった。つまり世界全域のどの時代、どの地域の人間の集団的行動様式や思考様式にも対応させられてきた文明や文化の概念でなく、まさしくそこから区別されるために括弧付きにさせられるところの西欧近代のみが独占してきた絶対的な価値概念としてであった。

「文明」と「文化」がこの絶対的価値を失うのは、第一次世界大戦期の英仏の「文明」とドイツ語圏の「文化」のイデオロギー対立を契機とする西欧近代思想の分裂、そして戦間期と第二次世界大戦期に至る西欧の衰退のなかにおいてであった。この西欧の衰退と「文明」と「文化」の絶対的価値の喪失を象徴的に明示してくれるのは、シュペングラーの『西洋の没落』（一九一八―二二年）とトインビーの『歴史の研究』（一九三四―三九年）である。両者は西欧近代の「文明」と「文化」へ捧げられた墓碑銘ともその終焉へ向かう道程の記録ともいえるものである。シュペングラーは「文明」とは文化が非生産的に鈍磨し、永結し、硬化し、結晶化した状態である段階に至ったものであるという。いうなれば西欧近代の「文化」が発展の極に達し、生産的創造力を失った段階に自分たちが達してしまったという、まさしく「西洋の没落」の自覚である。それとは対蹠的方法でトインビーは、シュペングラーが「世界史」上唯一の「文明」とした西欧文明をギリシア・ローマ文明とに分けて二つにしただけでなく、歴史上に二四の文明の所在を確認していくという作業を通じて、西欧文明の絶対価値を相対化する。そして彼はこの相対化によってシュペングラーと同様、「西洋の没落」を確認し、西欧近代を絶対化してきた「文明」概念の衰退と相対化を宣告するのである。

相対化された文明と文化はもはや括弧付けを必要としない。文明はシュペングラー的な自己縮小とトインビー的な自己拡大というそれぞれ相反するベクトルの方向をとりながら相対性のなかで休眠状態に陥り、夢想状態のなかに過去の栄光をとどめる概念となってしまった。

つまり、シュペングラーとトインビーの「文明」「文化」の概念の相対化とは、それがもはや「ヨーロッパ的伝統の連続性」の指導原理でもなく、ヨーロッパの優越性やヨーロッパの世界支配の正統性を保証する価値概念ではなくなったことを意味する。ただ、それがただちに「西洋の没落」と第三世界の急速な興隆や非西欧世界の優越性や指導性への移行を意味したのではない。それは「ヨーロッパ的伝統」の正統性の嫡子とはいえないが、その庶子として、それを受け継ぐべき権利を十分に主張しうるアメリカやソヴィエト連邦が依然として、「西欧文明」の優越性と支配性を継承保持する立場にあったことを意味する。

だが、第二次世界大戦後の「冷戦」状態の進行とその構造は、「世界史」の指導理念と目標を「文明」軸の理念と「文化」軸の理念に分断させてしまった。社会主義陣営は特権的少数者による世界支配「革命」という変革を理念とするために、最大多数の最大幸福を指導理念とする「文明」価値の推進者となり、自由主義陣営は「世界史」が実質的な歴史的実践のなかで築き上げてきた諸国民、諸団体の国家体制、国家伝統の維持を目指すがゆえに、「文化」価値をその指導原理、理念とする立場に立つことになる。このように冷戦時代は「ヨーロッパ的伝統の連続性」を支えた「文明」と「文化」の価値理念が、米ソにまで拡大された「世界史」の理念として、世界を支配し、方向付けする力を保持していた。

しかし、その指導原理、理念が、「冷戦」という世界不安構造のなかで、その相互補完性を完全に失い、徹底的な対立関係に置かれる。当初、全人類の解放の導き手とみなされた社会主義が、その「革新」の理念を推進させえないだけではなく、逆に一党独裁という権力維持のみの実践過程のなかで、「文明」理念が最も敵対視した自由の抑圧と専制主義へ転落することで、自由主義体制に敗北してしまった。一方、「文化」の擁護に回った自由主義陣営は、資本主義と国家権益の推進のなかで、社会主義が「進歩」主義から「保守」主義へ急旋回したのと真逆に、「保守」主義から「進歩」主義へ方向転換し、グローバリゼーションという金融資本の世界化、貿易の国家間障壁の排除、撤廃ないし軽減、通信や情報伝達の一元化を提唱することで、「保守」主義を「革新」主義的な方向に転換させるという逆転現象を招来させてきている。

これによって「文明」という概念は死語化の方向をたどり、代わって「グローバリゼーション」が「世界史」の指導原理、指導目標のごとき役割を演じる振りをしている。つまり、現在の「グローバリゼーション」はかつての「文明」の役割を擬態的に演じる段階にあって、人の目を誤らせる作用をなしている。一方、「文化」も「文明」と同様、もはや自己の優越的価値を歴史哲学、政治哲学が領導してきたような価値概念ではなく、せいぜい自国の文化財が「世界遺産」に認定、登録されたとき、ささやかな自意識の満足としかならないような矮小な価値概念になり下がっているか、あるいはカルチュラル・スタディーズという一九六〇年代以後にイギリスのニューレフト思想によって、国家の文化政策への学問的関与をなすものとして方向転換が開始されたものとなって、学問的な整備を進行させてきている。しかし、カルチュラル・スタディーズという形で組織化された文化諸科学は、人類学、民族学、文化人類学、民俗学、風俗学、生活史学、芸術学、音楽学、演劇史学といった競合分野のなかで、たえず不安定な位置に置かれ、なかなか学の存立基盤を確定しにくいものになっている。カルチュラル・スタディーズや文化諸科学が、「文化」にまったく新しい価値と理念を設定するか、あるいは逆にまったく価値のニュートラル化を進め、それを脱価値概念にしないかぎり、「文化」は人間の思想活動や社会活動の方向規定の範囲内のいかなる価値指標も提供しえないであろう。それどころか、カルチュラル・スタディーズや文化諸科学、文化社会諸学は、それをなしうる理論構築に成功しないかぎり、単に大学という閉鎖空間のなかでのみ、その棲息場所を見いだすか、あるいは「御用」社会学としてであれ、反体制学問としてであれ、国家の行政と運命をともにするものになってしまうであろう。

引用文献一覧

G・W・F・ヘーゲル『歴史哲学講義』長谷川宏訳、岩波文庫、一九九四年
G・バラクラフ『転換期の歴史』前川貞二郎・兼岩正夫訳、社会思想社、一九六四年
J・N・シュクラール『ユートピア以後——政治思想の没落』奈良和重訳、紀伊國屋書店、一九六七年
J・S・ミル『自由論』塩尻公明・木村健康訳、岩波文庫、一九七一年
インマヌエル・カント『永遠平和のために／啓蒙とは何か』中山元訳、光文社古典新訳文庫（「世界市民という視点からみた普遍史の理念」「人類の歴史の憶測的な起源」「万物の終焉」所収）、二〇〇六年
インマヌエル・カント『永遠平和のために』池内紀訳、綜合社、二〇〇七年
ヴォルテール『ルイ十四世の世紀』丸山熊雄訳、岩波文庫、一九五八年
ヴォルテール『歴史哲学——「諸国民の風俗と精神について」序論』安斎和雄訳、法政大学出版局、一九九〇年
エルンスト・H・カントロヴィチ『祖国のために死ぬこと』（「中世政治思想における〈祖国のために死ぬこと〉」）甚野尚志訳、みすず書房、一九九三年
エルンスト・カッシーラー『啓蒙主義の哲学』中野好之訳、紀伊國屋書店、一九九七年
エルンスト・カッシーラー『国家の神話』宮田光雄訳、創文社、一九九五年
エルンスト・トレルチ『ヨーロッパ精神の構造』西村貞二訳、みすず書房、一九五二年
オットー・ブルンナー『ヨーロッパ——その歴史と精神』石井紫郎・石川武・小倉欣一訳、岩波

書店、一九七四年
クシシトフ・ポミアン『コレクション――趣味と好奇心の歴史人類学』吉田城・吉田典子訳、平凡社、一九九二年
クライド・クラックホーン『人間のための鏡――文化人類学入門』光延明洋訳、サイマル出版会、一九七一年
ジークムント・フロイト『幻想の未来／文化への不満』中山元訳、光文社古典新訳文庫、二〇〇七年
ジェイムズ・ボズウェル『サミュエル・ジョンソン伝』中野好之訳、みすず書房、二〇一一年
ジュール・ミシュレ『世界史入門――ヴィーコから「アナール」へ』大野一道編訳、一九九三年
ジョゼフ・フォークト『世界史の課題――ランケからトインビーまで』小西嘉四郎訳、勁草書房、一九七六年
ジョン・ロック『市民政府論』鵜飼信成訳、岩波文庫、一九六八年
ジョン・ロック『統治論』(『統治についての二つの論考』) 宮川透訳、中央公論新社、二〇〇七年
ディドロ&ダランベール編『百科全書』(世界の名著)「奢侈」項目(河野健二訳)
トマス・ホッブズ『リヴァイアサン』永井道雄・宗片邦義訳、中公クラシックス、二〇〇九年
ノルベルト・エリアス『文明化の過程――ヨーロッパ上流階層の風俗の変遷』赤井慧爾・中村元保・吉田正勝訳、法政大学出版局、二〇一〇年
ピーター・ゲイ『自由の科学――ヨーロッパ啓蒙思想の社会史』中川久定ほか訳、ミネルヴァ書房、一九八二年
フェデリコ・シャボー『ヨーロッパとは何か』清水純一訳、サイマル出版会、一九六八年
フランシス・ベーコン『ニュー・アトランティス』川西進訳、岩波文庫、二〇〇三年
フリードリッヒ・マイネッケ『歴史主義の成立』菊盛英夫・麻生健訳、筑摩書房、一九六七年
ベネディクト・アンダーソン『想像の共同体――

ナショナリズムの起源と流行』白石隆・白石さや訳、NTT出版、一九九七年
ヘルムート・プレスナー『遅れてきた国民――ドイツ・ナショナリズムの精神史』土屋洋二訳、名古屋大学出版会、一九九一年
マックス・ホルクハイマー&テオドール・W・アドルノ『啓蒙の弁証法』徳永恂訳、岩波書店、一九九〇年
ヨハン・ゴットリープ・フィヒテ『ドイツ国民に告ぐ』小野浩訳、角川文庫、一九五三年
レオポルト・フォン・ランケ『世界史概観――近世史の諸時代』鈴木成高・相原信作訳、岩波文庫、一九六一年
立川孝一『フランス革命――祭典の図像学』中公新書、一九八九年
伊東俊太郎『文明の誕生』講談社学術文庫、一九八八年
岡崎勝世『世界史とヨーロッパ』講談社現代新書、二〇〇三年
岡崎勝世『聖書 vs. 世界史――キリスト教的歴史観とは何か』講談社現代新書、一九九六年
村上陽一郎『近代科学と聖俗革命』新曜社、一九七六年
冨岡倍雄・中村平八編『近代世界の歴史像――機械制工業世界の成立と周辺アジア』世界書院、一九九五年

あとがき

かつて、記憶は定かではないが、たぶん一九八〇年代の後半頃でなかったかと思うが、歴史学者の網野善彦氏が「日本」とは律令国家の確立期に王の称号としての「天皇」とセットになって定められた国号であるという、古代日本史学会の多くの研究者のほぼ共通の認識となっていた事実を踏まえて、それ以前の日本列島には「日本」も「日本人」も存在しなかったと発言したとき、かなり大きな反響を呼び起こした。この発言は、歴史を厳密な概念規定で使用すべきだという意識を呼び覚まし、歴史学上の諸概念を無批判に慣用的な用法で用いることへの反省をうながすと同時に、共感をもって迎えられた。

しかし、他方では強い反撥と不快感をも呼び覚ましたようであった。「日本」という国号が成立していようがしていまいが、縄文、弥生、古墳時代の日本はやはり日本であったし、「日本」という国号があろうがなかろうが、日本列島の大半はやはり日本固有の日本人の生活空間であったはずだというのが、その反論の論拠とされた。

両者の論拠がそれなりの正当性をもつものであっても、ここには微妙な論旨と論拠の提示のすれ違いが存在しているのである。「日本」や「日本人」という概念が存在しなくとも、日本や日本人が存在していたのは事実である。網野氏の説明が誤解を生んだ要因はその説明の不十分さにあった。氏が言わんとしたことも「日本」という国号の存在以前には日本も日本人も存在しなかったというのは、生物学的な意味でそのルーツを「日本」という国号以前に求めることはできないと言ったのではなく、歴史学的な認識および歴史哲学的な思考においては、日本と日本人のありようを別物として考えなくてはならないということなのであって、人種的な意味での日本人の存在を否定したことを意味しているのではない。

私がこの本で提示しているのも、実は網野氏の問題提出と共通したものである。いうならば、「文明」や「文化」の概念の成立以前には文明も文化も存在していなかったということを論じたものである。「文明」と「文化」という概念が成立し、一般的な社会使用用語として成熟してくるのは、一八世紀後半以後のことで、それ以前はかなり未定形でひとり立ちのおぼつかない用語法の段階で、未熟、不全のままに留まるか、大きな概念展開と発展によって、人間生活と人間活動の全領域を包括するまでの巨大概念に発展するのかは、まだ予測不能な段階に留まっていたともいうべきものだった。

それが、特に一九世紀を通じて、西欧人の自意識と歴史認識にとって不可避なほど必須な概念となり、概念肥大するとその概念が存在しなかった歴史段階までがすべてこの概念下で理解されてくるようになる。

「エジプト文明」「オリエント文明」「ギリシア・ローマ文明」、あるいは「イスラム文化」「中世文化」「ルネサンス文化」「バロック文化」などといった文明や文化はそれぞれが存在していた歴史段階には概念として存在していなかった。しかし、一八、一九世紀以後の西欧人がそれを実体的なものとして認識する歴史事実や歴史要因が存在していなかったわけではない。

問題は「文明」や「文化」の概念が存在しなかった時代や段階で、その歴史段階の人びとが「文明」や「文化」に対応するもの、あるいはそれに相当するものをどのような概念で理解していたかということである。またそれぞれの当該の歴史段階が、自ら認識していたその概念相対物が、「文明」や「文化」の概念で理解されるものと、どんな違いがあるかということである。

もっと具体的にいえば、「日本」という国号と「日本人」という概念が存在しなかったとき、日本人は日本をどのようなものと理解し、また日本人をどのような存在として自覚していたかということである。「文明」や「文化」にとっても、まったく同じ問題意識を提起できるのではないか。

本書はまさにこのような問題意識と問題提起を念頭に置いて書かれたものである。いうなれば、「文明」や「文化」という概念が存在しなかった歴史段階の人びとは、自分の文化や文明をどのような概念で捉え、また自己の歴史価値や自意識をどのような観念体系のなかで理解しようとしたのか、また自己の歴史意識や存在意識と「文明」や「文化」の概念とそこから導き出されてきた人間存在の価値観念の特質はどこに存在しているのかというものである。

意図したものがどの程度達成されたかは、当然のことながら自分では判断も計測もできない。ただこの本が曲がりなりにもなんとか完成を見たのは、前二著においても多大のお世話をいただいた白水社編集部の岩堀雅己さんの忍耐と助力の賜である。その労に深く謝し、感謝のことばを捧げたいと思う。また、前二著の場合と同様、本書の装丁の労をとってくださった文京図案室の三木俊一氏にも合わせて感謝の意を表させていただくことにしたい。

二〇一四年六月二四日

松宮秀治

著者略歴
松宮秀治（まつみや・ひではる）
一九四一年東京都生まれ。早稲田大学第一文学部（ドイツ文学専攻）卒業。同大学院修士課程・博士課程を経て、教員となる。二〇〇六年定年退職。
著書・編著書
『ミュージアムの思想』（白水社）
『芸術崇拝の思想――政教分離とヨーロッパの新しい神』（白水社）
『ロマン主義の比較研究』（共編、有斐閣）
『《米欧回覧実記》を読む』（共編、法律文化社）

文明と文化の思想

二〇一四年 七 月一五日 印刷
二〇一四年 八 月 五 日 発行

著　者 © 松 宮 秀 治
発行者　及 川 直 志
印刷所　株式会社 三 陽 社
発行所　株式会社 白 水 社
東京都千代田区神田小川町三の二四
電話　営業部 〇三（三二九一）七八一一
　　　編集部 〇三（三二九一）七八二一
振替　〇〇一九〇―五―三三二二八
郵便番号 一〇一―〇〇五二
http://www.hakusuisha.co.jp
乱丁・落丁本は、送料小社負担にてお取り替えいたします。

誠製本株式会社

ISBN978-4-560-08375-8

Printed in Japan